大展好書　好書大展
品嘗好書　冠群可期

大展好書　好書大展
品嘗好書　冠群可期

道學文化 5

王慶餘、曠文楠／編著

道醫窺秘

——道教醫學康復術

大展出版社有限公司

編委會

顧　問：付圓天　卿希泰　李養正

主　編：王家祐　譚洛非

副主編：蔡行端　郝　勤（常務）

　　　　李　剛　黃海德

編　委（按姓氏筆劃排列）

王家祐　王慶餘　甘紹成

孫旭軍　李　剛　沙銘壽

曠文楠　楊光文　張澤洪

郝　勤　黃海德　蔡行端

譚洛非

總序

中華道學歷史源遠流長，內容博大精深，既是中華民族的文化精華，又是世界文明的寶貴財富。

道家歷來崇尚黃帝。黃帝是中華民族的創始者，五千年的偉大中華文明皆同黃帝有着千絲萬縷的聯繫，現在我們中國人仍然說自己是黃帝的子孫。先秦時代，道家之祖老子著《道德經》五千言，影響深遠，道家思想遂蔚爲『顯學』。道教創立，奉老子爲教主，以其《道德經》爲主要經典，規定爲教徒必須誦習的功課，道家與道教融合而爲中華道學。幾千年來，它經過長期的演變和發展，積累成豐富的道學文化，對中國社會的政治、經濟、哲學、倫理道德、文學藝術、醫藥學、養生學、文化學以及民族心理、社會風俗等方面都產生了十分深刻的影響，起過相當重大的作用。因此，如果不瞭解中華道學的豐富内容，也就不可能全面、深刻地瞭解中國的歷史和文化。在現今中國建設現代化國家的過程之中，也需要吸取道學文化的精華，以推進中華民族的精神文明和物質文明建設。

一

中華道學文化的核心是『道』。那麼，什麼是『道』？

老子認爲，『道』是產生宇宙萬物的總根源，也是天地之間萬事萬物盛衰變化的總規律。《道德經》開章明義就講：『道可道，非常道；名可名，非常名。無名，天地之始。有名，萬物之母。』大道既無形象，又無名稱，不能用人類的語言和文字去形容它、描述它。《清靜經》說：『大道無形，生育天地；大道無情，運行日月；大道無名，長養萬物。』故大到宇宙空間，小到瓦礫微塵，無不有『道』的存在。《道德經》四十二章說：『道生一，一生二，二生三，三生萬物。』學者們評述說，這是老子在中國哲學史上首次提出的宇宙創生模式。對於這些話，我是這樣理解的：『道』即是無形無象的浩然正氣，在宇宙還未形成之前的混沌時期，由浩然之氣將混沌一分爲二，分出了陰陽天地；之後，又是浩然之氣運行日月，天生成萬物，地長養萬物，如此週而復始，永不停止，『獨立而不改，週行而不殆』。大道化生萬物以後，『生而不有，爲而不恃，長而不宰』，讓萬物自然生長，『夫莫之命而常自然』。

二

『道』的法則落實在社會層次方面，這就是人們的道德行爲規範。老子説：『人法地，地法天，天法道，道法自然。』按照『道』的原則行事，這個行爲規範的核心就是『清静』、『無爲』和『自然』。也就是説，人們應該效法『天道』，體會天地自然的規律，順其自然地把握自己，成就高尚、完整的人生境界，才能獲得人生與社會的永恒。

人生一世，應該和諧、美滿與幸福，人們相互理解、幫助、支持，與自然相協調。但是，怎樣才能實現這樣的人生目標呢?我想首先應該做到道家的『清静』。老子認爲『清静可以爲天下正』，意即清静是天下最高的法則，心清神静，就可以處理好天下之事。道家的『清静』並不是現代語言中的安寧寂静之意，而是去私寡慾、摒除雜念的意思。在老子看來，這是一種最高的人生境界。老子認爲，一個人只有不斷地反省自己，剔除從外在環境沾染上的私慾雜念，才會像渾濁的流水一樣，静止下來重新變清。人出生之時，自然純淨，一無所有，隨着生命歷程的展開，逐漸生出和沾染上種種慾念，如果不時時用淡泊寧静的『道』來抵禦心中的私慾雜念，整日争名逐利，耽於聲色犬馬，就會迷失生活的方向，步入生命的歧途。人生路向誤導的結果，便是『甚愛必大費，多藏必厚亡』，爲身外之物破費精神，耗盡心力，到頭來一無所有，空抛却寶貴的人生。明於此，就當『致虛極，守靜篤』，堅守清靜自然之道，人生於是走上正軌。

『無爲』是道學的中心思想，早爲人們所熟知，但是相當多的人對它並没有正確的理解，衹是望文生義地解釋爲『無所作爲』；其實，道家的『無爲』是順其自然，按照天道自然的法則辦事，不妄作爲的意思。老子《道德經》中說，『無爲而無不治』，『無爲而無不爲』，這才是『無爲』的真正宗旨。譬如人生處世，有人用淡泊寧靜的心與利於他人的觀念去面對世間一切事物，不貪婪，不存非分之想，總想爲社會做點力所能及的好事，用這樣的心情去對待家庭，尊老愛幼，『老吾老以及人之老，幼吾幼以及人之幼』。這樣，他就會受到人們的尊重，自身又無掛礙，無煩惱，既能適應繁忙的事務，又能神清氣爽，内心寧靜，得到充分休息，使體内的組織細胞保持正常的新陳代謝，滋養生息，長此以往，他自會身强體壯，延年益壽。這就是『無爲』的人生實踐。反之，如果有人總想『有爲』，貪慾之心太重，隨時想把别人的財富據爲己有，貪贓枉法，胡作非爲，『不知常，妄作兇』，每天都在煩惱與恐怖中生存，結果只能加速自身的死亡。人是天地之間一衆生，如果人人都用道家『無爲』的思想告誡自己，規範自己的行爲，用淡泊寧靜的心和利於他人的意念去生活，去工作，去創造，那麼人類自然就會和諧相處，社會自然得到平衡發展。

三

世人都有永生的願望，這是人類自古以來便有的傳統。從遠古開始，中國人的內心深處就藏着一個秘密願望——長生不老，不死長存。這樣的民衆心理，由中國道教神仙長生的生命哲學充分顯示了出來。道教信仰神仙長生，認爲世間具有上根之人通過修習神仙之道，可以使生命獲得永恒不朽。儘管到目前爲止，長生不死尚無實證，但長期以來道教對這一境界的追求，却産生了不少有益於人類的寶貴文化遺産，在人類探索養生長壽之道的歷史進程中，做出了獨特的貢獻。

道家與道教的生命科學實踐，主要有道教醫學、道教養生學、道教仙學三個方面的內容。道教醫學與中醫學有密切的血緣關係，但又以其祝由、秘方、氣功診病治病等構成獨立於中醫之外的獨特醫療治病系統。道教養生學包括導引行氣（即今之氣功）、食養食補及日常生活等方法、技術和理論。它構成了中國傳統養生學和保健學的主體與基本內容。道教仙學包括內丹、外丹等修仙之術，雖然其中含有一定的宗教內容，但却對人體科學、智能開發以及古代化學等領域的研究實踐做出了重要貢獻。

道教主張『我命在我不在天』，即人的生命由自己控制掌握，人發揮自我主體能動性，可以延續生命的長度，提高生命存在的質量。這方面的途徑和方法是多種多樣的，可以歸結爲兩大方面：一方面是養生，一方面是道德修養。這種關於生命科學的歷史實踐，對於現代社會具有重大的現實意義。它在理論和方法手段上彌補了西方近現代醫學、保健學與實踐體系的不足。

首先，道家與道教主張在養生活動中應當身心並重、形神俱完、性命雙修；在形體保健中强調心智完整與道德修養的雙重意義。這種以修德養性爲養生第一要務的修道特徵，對於今天社會具有相當重要的指導意義。

其次，道學提倡全面養生，即從精神修養、飲食、鍛鍊以及日常生活衛生等各個方面來進行養生、發展身體、增進健康與延長壽命。道家和道教反對偏頗和單一的修煉，認爲生命是一個大系統，必須從各個方面、採用各種方法和手段來加以養護和發展。

其三，道家與道教認爲生命健康長壽的關鍵是人體內部精、氣、神的充盈旺盛。因而養生治身的原則是動静結合、内外結合、煉養結合、形神結合，重在提高與發展人的内在精神和生理水平。其手段方法也就不是那種激烈的運動和比賽，而是重視静養精神、内煉精氣、導引形體、飲食補養，從而構成了在世界醫療保健體系中堪稱獨樹一幟的具有中國傳統文化特色的養生文化體系。

由此可知，道教養生的方法無疑對延長人的生命，充實人的生活具有重要的意義；然而，僅僅如此還是不够的，生命還欠缺了一方面，不能盡善盡美。要使生命發出光華，萬古不朽，還必須在道德上下功夫，通過自我努力，成爲道德上無懈可擊的君子。養生加道德實踐，這才是完美的人生，這才是生命的坦途，這才能够不朽。這就是道教生命的哲學的主體性原則。

道教認爲，要想從根本上解脱生死的煩惱，使人生走向永恒，必須加强身心的修煉，過一種合乎道德的生活。道教經典從《太平經》、《清静經》到後來民間流行的功過格，都提倡人生在世，應該多行善事。一個行善的人，光明正大，心中充滿正氣，活得自在踏實，所謂『爲人不做虧心事，半夜敲門心不驚』，這種充滿浩然正氣的心態對生理健康大有好處。人的長壽是由心理健康和生理健康交互作用而完成的，一個具有善良意志的人，心地是清静無爲的，摒棄了種種邪惡慾念，一心向善，自然有利於身體安康。

總之，德行充實者必會長壽，這是道教用『道』指導人生解決生命問題的一個準則，它對於世界文明和人類健康長壽事業具有重大的價值。

道教認爲，要想長生不老，僅有個人的道德實現是不完美的，還必須濟世救人，利他利民，建功立德。如果僅滿足個人的修煉，只能拯救自我的生命，這是很不够的，而且不能證道成仙。只有廣建陰德，濟物救世，行種種方便，做無量善事，拯救普天之下人們的生命，自己的生命才能得到拯救。道教文化中保存了許多中華民族的美德，如孝敬父母，敬老恤孤，憐貧憫疾，先人後己，損己濟物，助人爲樂，濟人貧困，解人之厄，扶人之危，抑惡揚善等等。這些美德都值得發揚光大，以淨化社會的空氣。

四

道教不僅試着解決生命的最終歸宿，而且熱切關懷生命存在的質量高低問題，也就是關心世人是否生活得幸福快樂。

怎樣才算是幸福生活？古今中外的哲學家、宗教家都在探討這一問題。古希臘的哲人德謨克里特告訴人們：幸福不在於佔有畜羣，也不在於佔有黄金，它的居處是在我們的靈魂之中。古希臘的另一大哲人亞里斯多德認爲，人的心靈可分爲『理智德性』和『道德德性』兩大部分，人們衹要具備了這兩種德性，並進而使兩者處於有秩序的和諧狀態，就進入幸福和至善的境界。所以他認爲，幸福就是心靈完全合於德行的活動。老子以『無爲』作爲人類本性和最高的道德，認爲『道常無爲』。無爲包含有無慾的意思在內，這種無慾無爲的道德，老子又把它叫做『自然』，講『道法自然』。人按照道的這種無爲無慾生活即是幸福。老子讚美『貴柔』、『知足』、『不争』等品行，在道德修養方法上主張『少私寡慾』、『爲道日損』、『滌除玄覽』等。認爲據此修行，人生就可以免禍得福。

道教的幸福觀可以說與以上中外哲人的思想頗有異曲同工之妙。道教認爲，幸福不在於佔有物質財富的多寡，物慾的滿足並不意味着就是幸福。比如餐宴過度之後人們常常感到腸胃的痛苦便是一例。道教同樣認爲，精神的因素在幸福中佔有很大的比例，主張精神上逍遙自在，不爲外面的花花世界所勾引，不爲外物所染，心靈便清靜明亮。心如赤子，知足常樂。精神上與至善的德行合拍，人就生活得充實美滿。道教繼承老子，主張無慾無爲。所謂無慾，不是禁慾，不是『存天理，滅人慾』，而是合理地控制自己的慾望。人慾是貪得無厭的，如不加以控制，就會走火入魔，縱慾傷身，談何幸福？所謂『樂極生悲』，就是縱慾過度，帶來的只是痛苦。因此合理控制自我慾望，既不縱慾，也不禁慾，適度得中，就找到了幸福的感覺。所謂『無爲』，並不是坐享其成，什麼事也不幹，而是不妄爲，不亂來。比如君子愛財，取之有道，這就不是胡作非爲，就屬於『無爲』的範疇。搞假藥假酒，以假冒僞劣產品坑人騙人，甚至不惜圖財害命，這就不屬於道教講的『無爲』，而是屬於『有爲』。有爲必傷生，最終弄巧成拙，在人生舞臺上演出一幕幕悲劇，哪裏還有幸福可言？所以按照『無爲』的原則生活，就是讓自己的行爲合乎自然規律，合乎道德規範，過一種合乎理性的生活。無慾無爲，效法自然，按照這一原則去生活，去體證生命，相信一定會達到一個新的人生境界。

五

成都恩威集團與四川省社會科學院聯合創辦了『中華道學文化研究中心』，其宗旨是『弘揚中華文化，光大民族美德，繁榮學術研究，促進社會文明』。爲此，中華道學文化研究中心邀請了一批在道教研究方面卓有建樹的專家、學者，編撰了這套『道學文化』叢書，包括有道教醫學、道教内丹與養生學、道教倫理、道教神糸、道教儀禮、道教文學、道教音樂、道教宫觀等方面的内容。旨在客觀介紹，以使熱心中華文化的社會各界人士對道學文化有一客觀、正確、全面的瞭解。在此基礎上，我們再進而發掘這座思想文化的寶庫，用之於當用之處，無疑將對現代社會的發展起到一定的推動作用。我相信，炎黄子孫，同心協力，必能使中華民族之傳統文化發揚光大！

蘇永新

目録

下　編

引言

道醫一詞，為近世對道家醫學或道教醫家之稱謂。在中華傳統醫學中，道醫是一支有着鮮明特色並帶有某些神秘色彩的重要流派。道醫以其獨特的醫療技術和顯著療效，千百年來，獲得人們的熱情讚譽與崇敬，在祖國傳統醫學中佔有特殊的地位。

在中華傳統文化巨系統中，道家文化與中醫文化是兩支絢麗的並蒂蓮，有着極為緊密的聯繫。道教是中國土生土長的宗教，與世界上其它宗教相比較，道教有着鮮明的民族特色，那就是現實主義的宗教精神。西方基督教原罪思想，把解脱的希望放在死後靈魂進入美好的天國，印度佛教極力宣揚生之苦難，追求永寂的『涅槃』，到達西方極樂世界。而中國的道教，反映了華夏民族重現實的精神，主張修煉成仙，長生不老，肉體飛昇。這種重人貴生的思想，是道教教義的精華，道教修為的瑰寶。衆所周知，醫學的主旨是治病救人，維護生命，促進健康，因此，在根本的性質上，道教與中醫是完全相通與一致的，這就使得道教文化與中醫文化之間產生了有機的聯繫與交溶。從二者的歷史發展來看，它們共同發源於上古原始巫術文化的母體，商周以後，在上古學術文化的黃金時代春秋戰國時期，它們以道家經典《老子》學說、《易經》及陰陽五行哲學，作為共同的思想淵源與哲學基礎。雖然中醫的形成較道教的宗教體系的最後形成的東漢末年還要早許多，但作為道教的前身——道家神仙方術之士和黃老道，則早在先秦便已有較多的出現。先秦至秦漢之際的醫者與神仙方士，常常是互生共存、亦醫亦道，可謂醫道一體。上古名醫苗父，以祝由為主要醫療手段，中古名醫俞跗，主要以按摩穴位治病，這些多是神仙方術之士的手段與方法。醫道一體的現象，不僅存在於先秦兩漢，道教體系正式建立之後，更出現許多集醫道於一身的大家，如東晉抱朴子葛洪、南朝陶弘景、唐代號稱『藥王』的孫思邈等，即使許多未曾入道的醫家，也多喜好、精研道術，明末大醫李時珍亦『幼以神仙自命』。（顧景星：《白茅堂集》卷三十八）醫道互濟或醫道一體，對中醫學的發展起了巨大的促進作用。代表中醫最大特色的經絡學說是如何發現與建立的？這個以內省與感悟而達到的對人體的形而上的機能的認識，恐怕與神仙方士的氣功體驗分不開。馬王堆漢墓出土西漢帛畫導引圖，這一迄今所見最古老的醫療導引文獻，與《莊子》描繪的『導引之士、養形之人』的『熊經鳥伸』有直接的淵源。中醫最重要的經典《黄帝内經》，不僅其主要思想貫穿道家哲學，而且此書的整理與註解更為唐代道家學者啟玄子王冰的功勞分不開。至於道教醫家對中醫方劑學、本草學的巨大貢獻，從葛洪、孫思邈等人的著述中得到充分體現。中醫學中的針灸、按摩、導引、點穴、行氣及祝由科等，更多是對道教醫學的直接汲取與採納。

醫家與道家的逐漸分流並形成各自的重點與特色，大致為宋代以後。主要的表現是中醫理論研究方面有了巨大的發展，出現了衆多流派，如創『寒凉派』的劉完素，『攻下派』的張子和，『温補派』的李東垣，『滋陰派』的朱丹溪，所謂金元四大家，把中醫的病理學、治療學、方劑學發展到一個新的高度。至明末，醫學家吳又可創温病學説；清代中醫學術又有較大發展，出現了葉天士、薛雪、吳鞠通、王孟英等所謂『温病四大家』。

總之，宋以後，中醫病理、治療學的發展形成了以方劑、湯藥為最主要的治療手段。此一時期道醫逐漸形成與中醫以方劑、湯藥為主相區別的醫療特色，以氣功、針灸、按摩、導引、點穴以及符籙、祝禁等為手段的醫療方式。宋以後，道教内丹養煉術有巨大的發展，出現了以張伯端創始的内丹南宗及王重陽開創的北宗，明清時期，又出現了伍守陽、柳華陽為代表的伍柳派丹法及劉一明的『易道同一』的内煉學説等。宋以後道家發展的重點是内丹養煉，因而道醫的種種治療手段均以道家内丹修煉為基礎，道醫治病則以醫者的道功法力為主要憑藉。

道家修煉，其主要目的是使練功者自身通過煉精化氣、煉氣化神、煉神還虛，追求仙家真人的境界，煉功達一定程度，真氣充盈，或出現某些人體特異功能，此時用道力於某些疾病的治療，收到較好的甚至神奇的效果，便是自然之事。由此可見，道醫之醫療治病，實乃道家修煉之副產物，是道家性命雙修之養煉功能在醫療方面的表現。

以上所述，是就中醫與道醫的主流方面而言，當然中醫中亦有擅長按摩、針灸、氣功等能人，道醫中亦不乏精通方劑湯藥之高手，但就中醫與道醫在宋以後的總體發展趨勢與基本特色而言，的確是各有側重的。

宋元以後，道家發展中的另一特色是道與武的結合，這主要表現是武術對道教文化的採納與吸收。中華武術在宋元以後漸趨成熟，並多方面汲收道家功理功法以發展武術，甚至出現道家人物成為拳術創立者之傳說，如明人黃宗羲《王徵南墓誌銘》記宋代武當丹士張三豐為『內家拳』之創立者，以致至今海內外許多太極拳社團仍供奉張三豐為祖師。武家與道家結合的另一結果，是促進了道醫中傷科治療的發展。這方面的典型代表是明代異遠真人著《跌損妙方》，該書採經絡學說子午流注原理運用於創傷的治療，對骨傷科醫術有重要價值。

從以上對道教醫學的極簡略的概述中，我們可以感知到道醫的確是源遠流長精深宏富，而且至今有着强大的生命力，在社會生活中為人們保健療疾、祛病延年發揮重要的作用。因此，無論從宗教學研究或是傳統醫學的研究，乃至氣功、武術、人體特異功能等，有關人體科學的研究的種種角度看，都應該對道家醫學或道教醫學進行系統的研究與整理，從而更好地承繼、發展這一份寶貴的文化遺產，以造福於人類，豐富精神文明的建設。

八十年代以來，以道家宗教思想理論、道家氣功及道家武術等為內容的書籍出版了很多，但系統而較全面地研究與論述道家醫學的卻極少。因此，本書在這方面也是一項開創與嘗試。本書《上編》側重道醫歷史、理論的介紹，分章敘述道醫源流、特色、道醫生命觀、健康觀等基礎理論，道醫氣功保健治療原理，道醫生理學說與按摩、導引、針灸、點穴等治療原理，道醫中的符籙、禁咒療法等。《下編》則在系統總結道醫治療實踐的基礎上，分章介紹幾種主要的道醫治療技術，有道醫七診、道醫與運氣學說、道醫點穴、按摩術、道醫氣功診療及道醫方藥舉要等。

道教是一種宗教，有自己的神學理論體系，屬於道教文化組成部分的道醫，必然要反映出道教的宗教色彩和神學特色，籠罩着一層神秘的迷霧。應該指出，道醫的治療方法和技術在根本上是符合科學的，道醫明顯的治療效果，便是道醫符合科學的證明，只是有些科學原理至今還沒有被人們認識清楚罷了！正如氣功和人體特異功能，數千年來的人類學、宗教學、民俗學的歷史現象，證明了它們的存在與功能，但它們的科學道理至今沒弄明白一樣。近年來隨着人體科學研究的開展及取得的大量成果，使得那種輕易地斥氣功、人體特異功能為迷信和偽科學的人，是大量減少了，但面對某些不可理解的神秘現象時，或許又令人產生懷疑與迷惑。須知在人類文明的歷史上，科學與迷信常常是辯證地存在於一體的，迷信的外衣下，往往隱藏着某些科學；一些現象一時不能理解或解釋時，是迷信，一旦弄清了它們的原理與機制，便成了科學。道醫中有許多方法，至今仍屬於這種情況，如符咒、祝禁、厭殃以及某些氣功治療等等，便充滿神秘的色彩。

道教既然是一種宗教，當然免不了有迷信的因素，但應該把迷信外衣後邊科學的東西保留下來，加以整理，不能把孩子和髒水一齊倒掉，中國當代著名科學家錢學森先生近年來大力倡導人體科學的研究，多次指出對待氣功等事物應有正確的態度，他在《開展人體科學的基礎研究》一文中說：『氣功師的活動在我國兩千年的歷史中，從來披着神秘的色彩，常常被斥為歪門邪道而受到政治上的壓制，因而人們印象上總以為氣功是不那麼科學的，不正規，不能登現代科學技術大雅之堂。真是如此嗎？我不同意這種意見……氣功、中醫理論和人體特異功能，蘊育着人體科學最根本的道理，不是神秘的，而是同現代科學技術最前沿的發展密切相關的，因而它們本身就是科學技術的重大研究課題。』（錢學森《論人體科學》）我們願意努力以科學的方法，對有宗教色彩的道醫進行一些探索與研究，使道教醫學這一文化瑰寶能發揚光大，更好地造福人類。

上編

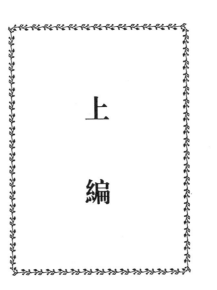

一、醫以道行　道以醫顯

——道醫源流與特色

道教這一土生土長極富民族特色的宗教，一般認為具有這樣一些主要特徵：它以遠古以來的民間信仰為基礎，以長生不死的神仙學說為理論核心，以道家哲學、陰陽五行學說、易學理論及讖緯、占星、巫術等為組成部分，以宗教生理學說及神形並煉的修為方法，指導其宗教實踐，形成一種現實主義色彩濃厚的自然宗教。道教的上述基本特徵，集中反映在道教醫學上，這就使得道教醫學與中國傳統醫學有着許多同根同源之處，如它們都以追求人體生命的健康與延長為目標，以道家思想、易經理論、陰陽五行學說為指導思想，以精、氣、神及經絡理論為共通的生理學說等，這就使得中醫與道醫在很長的歷史時期內同源共濟，互生共存，結成了醫以道行、道以醫顯的血肉關係，在相當長時間內形成醫道一體、亦道亦醫的狀況。直到金元之後，二者在歷史發展中逐漸形成各自的側重與特色，才出現醫、道的分流。但即使分流之後，道醫互滲的情況仍然存在，這不僅因為二者根本性質有一致之處，也在於中華傳統古代文化的各分枝，常常是相通與互滲的。本章將對醫、道歷史發展概況作簡要的介紹。

（一）醫、道同源

醫源於巫，道源於巫，醫道同源。巫，是原始宗教的產物，也是原始文化的一個重要形態。在原始社會後期，隨着人類意識的發展，人類面臨風雨雷電、水火寒熱、毒蟲猛獸，自然界的一切被視為像人同樣有知覺意識，並且使人產生畏懼，這樣便產生了萬物有靈的自然崇拜，圖騰崇拜；原始人對人類意識的一種特殊活動——夢境沒法理解，為什麼夢中能與死去的祖先和同伴重逢？夢中為何出現千奇百怪的生活場景？這樣，能够脱離軀殼而存在的靈魂觀念出現了，產生了祖先崇拜、神靈崇拜。萬物有靈及靈魂神祇的觀念，導致了『巫』的產生，因為人類需要與神靈溝通，向神靈表達敬畏的感情，乞求的心願，更希望神靈表示它們的意旨，為人類的行為作出指引，造福於人們，於是人與神靈之間的使者及神靈們的代言人——巫，便產生了，巫的種種與神交流和表示意願的活動與方式，便是巫術的出現。

原始時期巫術文化滲透於生活的各方面，因為原始人任何生活內容均離不開巫術的指引：人們的降生與死亡，成年時期的婚娶，疾病的治療，農業的祈雨，狩獵的神祐，乃至政治、軍事如部落間的交往與戰爭等等，均離不開巫術。正如英國著名人類學家馬林諾夫斯基所指出：『巫術屬於人類，不但是因為巫術為人類所有，而且因為巫術的題材主要是人事的題材，如漁獵、園藝、貿易、調情、疾病、死亡之類……嚴重的疾病，顛倒的愛情，舉行貿易的慾望，以及人類機體與心理其他類似的表現，都是咒與儀式的直接結果。』（馬林諾夫斯基：《巫術、科學、宗教與神話》第五章。）

一切宗教思想的核心是神與靈的存在，因此，原始巫術可說是所有宗教的最初原始形態的起源。從中國道教看，道教中的符籙派的祈禳、禁咒，更直接起源於遠古的民間巫術。道教所謂『道』，來自古代『神道設教』的『神道』一詞。公元前十六至十一世紀的商殷奴隸社會，盛行鬼神崇拜，祭祀與占卜成為社會生活中重大事件的必有內容。此時的巫祝在社會上有重要地位。《周易·觀卦彖辭》：『觀天之神道，而四時不忒（無差錯），聖人以神道設教而天下服矣。』神道的主持者為巫祝，巫祝不僅參與決定國家大事、戰爭交往、農事狩獵、祭祖娛神，而且還掌管文教、醫療等各文化領域。《說文》：『巫，祝也，能齊肅事神明者，在男曰覡，在女曰巫。』巫祝便是道教的遠古淵源。

遠古的巫祝，也掌管人們的疾病與健康，承擔醫療的職務，因此，醫的重要淵源亦來自巫。陳邦賢在《中國醫學史》中指出：『中國醫學的演進，始而巫，繼而巫和醫混合，再進而巫和醫分立。以巫術治病，為世界各民族在文化低級時代的普遍現象。』這幾句話，扼要地說明了醫與巫的淵源與歷史演變的關係。

早在先秦『巫醫』一詞已常見，並認為『巫醫』是具有專門技能與知識的人，需要一段時間的學習才能達到的。孔子還以巫醫作為『持之以恒』的例子，教育學生說『南人有言曰：人而無恒，不可以作巫醫。善乎！』（《論語·子路》）上古時期的傳說中，有許多著名的巫醫，如巫咸、巫彭等。有關巫咸的傳說很多。如《太平御覽》引《世本》云：巫咸，堯臣也，以鴻術為帝堯之醫。』《山海經·大荒西經》云：『大荒之中……有靈山。巫咸、巫即、巫盼、巫彭、巫姑、巫真、巫禮、巫抵、巫謝、巫羅十巫，從此昇降，百藥爰在。』這裏記載一群巫師都在此山上下採藥。又《山海經·海內西經》：『開明東有巫彭、巫抵、巫陽、巫履、巫凡、巫相，夾窫窳（神身人面之神）之屍，皆操不死之藥以距之。』說巫彭等羣巫以『不死之藥』救活了被殺死的神怪『窫窳』。《世本》云：『巫彭作醫』，則把巫彭說成是發明醫術的始祖了。

中國醫藥起源甚早，早在公元前三千年前的仰韶文化時期，已發現了砭石，或稱石鐮、砭鐮、石針，為近似鐮刀之器具，尖銳處可刺，鋒刃可切割。據《素問·異法方宜論》：『東方之域，……其病皆癰瘍，其治宜砭石。』表明砭石用於切割癰瘍治療，亦發現了石器時代之骨針、骨刀。但從關於上古醫療傳說記載看，更早的巫醫治病是不作針石藥物，而是用祝由——即對天祝告，符咒治病。《內經·素問》之《移精變氣篇》記載了這一情況：

> 黃帝問曰：余聞古之治病，惟其移精變氣，可祝由而已。今世治病，毒藥治其內，鍼石治其外，或癒或不癒，何也？歧伯對曰：往古人居禽獸之間，動作以避寒，陰居以避暑，內無眷慕之累，外無伸官之形，以恬憺之世，邪不能深入也。故毒藥不能治其內，鍼石不能治其外，故可移精祝由而已。

這段話中歧伯的回答所描述的『古人』，實為遠古與禽獸居之野蠻時代，其『邪不能深入』是不須藥物鍼石治病的理由。對遠古巫醫形象的描繪在劉向《說苑》中保留了一段生動記載：

> 上古之爲醫者曰苗父。苗父之爲醫也，以菅爲席，以芻爲狗，北面而祝，發十言耳，諸扶而來者，輿而來者，皆平復如故。

讓病人躺在菅草席上，用稻草紮成草狗，面向北方念念有詞，不過十語，病者均恢復健康。

這些描述當然有誇大，但巫醫治病的祝由方式是明顯的，用草狗的方式顯然是巫術的厭殃法。

從古代文字形態的構造來看，也反映了醫源於巫的歷史。巫字在商代早期銅器銘文中圖語形為一人左右手各牽一馬，脚下一彘，用以表現用禁咒術制服野獸以使人獵取。甲骨文亦象一人牽二獸，表明巫者有禁咒魔力。（見康殷：《文字源流淺說》）甲骨文、金文無醫字，古醫字作『醫』、又作『毉』，《説文》釋『醫』曰：『治病工也。殹，惡姿也。醫之性然得酒而使從酉……一曰殹，病聲，酒所以治病也。周禮有醫酒，古者，巫彭初作醫。』以酒等湯液治病，故醫字從『酉』。《經籍纂詁》直接解釋『醫，巫也』，『釋文醫本作毉』。古書中『醫』、『毉』作同義字通用之例不少：

《管子·權修》：『上恃龜筮，好用巫毉，則鬼神驟祟。』

《國語·越語上》：『將免（同娩）者以告，公毉守之。』

漢·楊雄《太玄經·四常》：『疾其疾，能自毉也。』

二者通用，表明早期醫術中多有巫術存在，以及巫者即為醫者的史實。

一些醫學史論著認為醫起源於人類生活經驗的累積，這當然是正確的，早期原始文化的各方面，可說都是原始人長期生活經驗累積的結果。但這與醫源於巫並不矛盾，因為巫術活動內容的許多方面也來自生活經驗。或許認為醫乃科學，巫是迷信，二者不可相提並論。須知上古時期巫術與科學是交織在一起的。巫祝不僅是宗教、倫理觀念的根源，文化、教育、藝術的根源，也是醫學和科學的根源。天文學與占星術分不開，化學與巫術關係尤為密切。著名人類學家弗雷澤這樣論述巫術與科學的關係：

肯定没有人比野蠻人的巫師們具有更强烈追求真理的動機……如果有一個錯誤被發現，就可能要以付出他們的生命爲代價，這無疑會導致他們爲了隱藏自己的無知而實行欺詐。然而這些也向他們提供了最爲强大的動力，推動他們去用真才實學來代替騙人的把戲……他們不僅是內外科醫生的直接前輩，也是自然科學各個分支的科學家和發明家的直接前輩。（弗雷澤《金枝》第五章：為公衆服務的巫師）

弗雷澤深刻地指出了是生活的需要，迫使巫覡們去研究醫學和科學，而用之於以巫術治病等各方面，由此可見巫術活動中，在大量迷信外衣下，也有不少科學因素的存在，這便是醫源於巫的客觀依據。

醫、道同源不僅表現在原始巫術文化中，更充分體現在先秦時期醫與道以共同的文化思想為源泉，以同一的哲學觀念為指導思想。而且最主要的表現是中醫的基本思想來自先秦道家的思想體系，陰陽五行觀念及易經哲學，構成了中醫與道教思想理論的核心骨架。

被道教奉為至上經典的老子《道德經》的哲學思想，深深地滲透於中醫的基本理論之中，被中醫奉為經典的《黄帝内經》開篇《上古天真論》之『天真』二字，即道家用語。道家思想成為貫穿《内經》的基本觀點。老子思想的元氣論、陰陽變化論、自然無為論、形神統一論等無不成為中醫理論的重要指導原則。

構成中醫辯證論治理論核心的陰陽五行觀念，來自上古《易經》哲學，《易經》形象化的陰陽雙魚《太極圖》，成為道教的重要標誌。因此，《易經》思想亦是醫家與道教的共同思想源泉。我國醫家向來重視《易經》，孫思邈在《備急千金要方》中說：『周易六壬，並須精讀，如此乃得為大醫。』把精通易理列為大醫的必備條件。張景岳指出『醫易相通，理無二致。』易者，具陰陽動靜之妙；醫者，合陰陽消長之機。雖陰陽已備於《内經》，而變化莫大於周易。故曰：天人一理者，一此陰陽也；醫易同源者，因此變化也。』（張景岳《類經附翼·醫易義》）張景岳這段精闢的論述，也正説明了中醫與道教有共同思想根源的緣由，因為二者都是研究陰陽變化之理、天人合一之機的。

道醫同源還有着共同的地理文化因素，這與我國古代巫術盛行於南方，巫醫共存在南方巴蜀、荆楚、吳越等文化現象中較早出現分不開。記載上古巫師採藥，以不死之藥活人的

《山海經》，反映了較多上古醫藥情況，其神話故事中記載動植物及礦物的藥物已達一百二十餘種，並有『食之不饑』、『食之已勞』、『食之多力』、『食之無臥』等對藥物作用的記載，據史家研究《山海經》為西周時期巴蜀作品（《略論〈山海經〉的寫作時代及其產生地域》，《中華文史論叢》第一輯）。

道教在東漢末年正式形成宗教亦為蜀中張道陵於鶴鳴山創立『五斗米道』，該道最先即以符水等為人治病的方式傳播宗教。荊楚之地為道家之發祥地，道教奉為始祖的老子為楚苦縣人，老子汲取荊楚傳統民間神話思想，將其昇華理念化，創造出一套『玄之又玄，衆妙之門』的哲學體系，成為醫家與道家共同思想源泉。楚地巫風特盛，詩人屈原《楚辭》中描繪了大量巫覡活動的生動場景，描寫不少巫師應用靈草妙藥，如芙蓉、菊花、芝蘭、蓀荃等花卉藥用植物。楚地又是上古氣功導引的發源地，《楚辭·遠遊》中描寫了服氣修仙的神仙術，如：『聞赤松之清塵兮，願承風乎遺則。貴真人之休德兮，羡往世之登仙……仍羽人於丹丘兮，留不死之歸鄉。』《戰國策》、《韓非子》等書中有『獻不死之藥於荊王』的記載，荊楚之地的服氣、食藥修仙的方術之士，是道教與醫家的形成的重要淵源。

道教與醫家多發源於祖國南方，這與長江流域多山川叢莽，氣候濕熱，易生疾病的自然條件有關；同時，南國瑰麗的高山巨川、茂林廣澤，也為古代神仙傳説與巫醫方術的孕育衍生，提供了人文地理的獨特環境。

（二）醫、道一體與古醫的發展

所謂醫、道一體，是指醫學與道教在歷史發展的長河中，曾經有過的極為緊密的血肉聯繫，這種聯繫表現在兩個方面：一是出現許多著名的道家兼醫家，他們既是高道，亦是名醫，集醫道於一身；二是道家與醫家在醫學理論發展中互相滲透，對古代中醫重要理論的建樹起了較大的作用。上述二者總的結果是：道教與醫家的共生一體有力地促進了中國古代醫學的發展。

早在有關先秦時期著名醫家的記載中，我們便可窺見醫、道結合的現象，儘管當時作為宗教的道教與道士尚未產生，但道士的前身，仙道方術之士常與醫家分不開。《呂氏春秋·至忠》記載宋國醫家文摯善治病。齊王患病，文摯診視之後謂太子云齊王之病可癒，但必須激其大怒，則恐遭殺身之禍。太子固請，醫摯遂激齊王大怒，病果癒。但齊王『果以鼎生烹文摯，炊之三日三夜顏色不變。文摯曰：誠欲殺我，則胡不覆之，以絕陰陽之氣。王使覆之，文摯乃死。』又《古今醫統》記文摯『洞明醫道，兼能異術。龍叔子有疾，文摯令背明而立，從後視之曰：『吾見子心方寸之地虛矣，治之遂癒。』文摯用心理治療，手段特別，且有透視功能，烹之不死，帶有神異色彩，是醫道結合之例。

在先秦名醫扁鵲身上，我們也可以看到某些道、醫一體的跡象。據《史記·扁鵲傳》載：扁鵲乃中醫『望聞問切』診法之創始人，為先秦名醫。扁鵲原名秦越人，因古人有『靈鵲報喜』之語，可能因成為名醫被人稱為『扁鵲』。但扁鵲身上有許多神異之處，其師長桑君向扁鵲傳授『禁方』之後，『忽然不見，殆非人也。』可能就是一位神仙方術之士。而扁鵲按照其師的指示『飲藥三十日，視見垣一方人。以此視病，盡見五臟症結。』扁鵲獲得了隔牆透視功能，診病時能看清五臟中病症所在，前述文摯亦透視診病，看來這並非誇大的描述，當代人體科學證實人的確有透視特異功能，扁鵲得到方士長桑君傳授而獲得透視功能，也是可能的。在扁鵲身上亦體現了古代醫、道一體。

最能表現醫道一體的生動例證，是古代流行的讚美醫家高明的成語『杏林橘井』。這個成語包括兩則典故，據晉·葛洪《神仙傳》：『杏林』為三國時道士兼醫家董奉的故事。董奉醫術高明，曾以丸藥治活已死三日之人。『奉居山，不種田，日為人治病亦不取錢，重病癒者，使栽杏五株，輕者一株。如此數年，計得十萬餘株，鬱然成林。』『橘井』故事亦出《神仙傳》。『蘇仙公者，桂陽人也，漢文帝時得道』，生平神異之事甚多，後欲昇天成仙，『母子欷歔，母曰：『汝去之後，使我如何存居？先生曰：『明年天下疾疫，庭中井水，簷邊橘樹，可以代養。井水一升，橘葉一枚，可療一人……來年果有疾疫，遠近悉求母療之，皆以水及橘葉，無不瘉者。』這兩個典故都是用來讚美醫術高妙，表明道醫結合一體，醫以道行，道以醫顯，表現出了醫術的神奇。

道家習醫，也是為了修道中維護健康。葛洪《抱朴子·雜應》：『古之初為道者，莫不兼修醫術，以救近禍焉。』故葛洪本人亦精研醫術，編《肘後備急方》三卷，成為古代重要醫家方書。除葛洪外，古代集醫、道於一身的大家不少，如陶弘景、孫思邈、王冰等都是最傑出者，都有頗多建樹。下邊，從中醫學理論的幾個重要發展來看看醫、道互滲對醫學的促進。

衆所周知，經絡學説是中醫用藥、針灸、按摩、氣功等的基礎理論，亦是道教生命理論及性命雙修學説的重要原理。在人類科技史上，經絡學説是一個偉大的發現，而這一發現，又是一個偉大的奇蹟。可是，時至今日，在經絡學説的研究方面還籠罩着一層神秘的迷霧。為什麼這樣呢？就在於經絡是一種為千百年來豐富實踐所證實的客觀存在，而這種客觀存在又得不到現代科學方法的驗證。以致至今仍有不少的人對經絡學説半信半疑。當代自然科學已發展到深入分解人體機能至分子的水平，如一九九三年諾貝爾化學獎獎給美國的穆利斯和加拿大的史密斯，因為他們發明的方法可以檢測到人體血液中的微量遺傳物質，以及能改變人體遺傳物質ＤＮＡ（脱氧核糖核酸）分子。但如此尖端的科學在經絡學説面前則無能為力，因為尚沒有人能用現代科學手段來驗證它。

實質上經絡是一種特殊的存在，我們可以把它稱為『形而上的』人體生命體系。因此，對這種形而上的生命體系的發現，就不可能是一般『形而下的』方法，而只能是用內省、感悟的方法，即人體超常智能的內求法，而這種方法又是和古代神仙方士的修煉聯繫在一起的。據馬王堆漢墓出土的醫學帛書中《足臂十一脈灸經》、《陰陽十一脈灸經》等古代經絡文獻的研究，經絡學說的形成可能在春秋戰國時代。這一時期，神仙家方士仙道大量出現，這些方士在以呼吸冥想為主要方式的修煉中，或出現了內視功能，或從內氣運行路線的體驗中，感悟到了經絡的存在及其形態、結構，這樣，便有了這一偉大的發現。先秦名醫文摯、扁鵲均有透視功能，能看清人體內部構造。經絡的發現與這些醫家的觀察、體驗分不開。這一過程，可以在現代的一些特異功能者能透視他人經絡內氣的事例得到證實。可見先秦時期對經絡學說的偉大發現，是醫、道結合、道醫一體的貢獻。

從馬王堆漢墓出土帛書及竹木簡等十五種古醫書中，可以看出其內容除了醫經、經方外，還有與神仙家修煉有關的書如《卻穀食氣》、咒禁方術《雜禁方》及不少講陰陽交合之術的房中類著作，表明當時醫家與神仙養生方士的緊密聯繫。漢代把醫、神仙等稱為『方技』，劉向父子整理古籍的目錄《七略》中有『方技略』，包括四種：醫經、經方、房中、神仙。從以上書籍內容亦可以看到當時醫家與神仙方術之士的關係密切，正是醫、道一體的反映。從這些古醫書的內容看，可知許多是直接來自先秦神仙家，如馬王堆出土《導引圖》，為現在所見最古老的反映導引治病的珍貴文獻，其中有『熊經』、『鳥伸』二式。《莊子·刻意》描述當時養生家云：『吹呴呼吸，吐故納新，熊經鳥伸，為壽而已矣。此道引之士，養形之人，彭祖壽考者之所好也。』《導引圖》中的熊經、鳥伸正是淵源於《莊子》所描述的導引行氣術。《莊子》描述的是氣功修煉，《導引圖》則把氣功運用於治病，這些，都反映了醫、道一體及其對古醫學的促進。

秦漢以後，道教醫家對中醫經絡學說的研究亦有不少重要的貢獻。其最著者如元代滑伯仁對十二經及任督二脈之陰陽往復氣穴駐會詳加考證、訓釋，著《十四經發揮》，圖詳穴明，導竅施治，無不應驗，誠為古代針灸之醫學要典。（《道藏精華》第六集）

醫家之經典《黃帝內經》貫穿了道家哲學的思想，該書寫作時代至今有不同看法，但其博大精深，可知絕非一時一地之作，可能為春秋戰國數百年不斷累積而至漢代最後成書，其內容反映了先秦道家、醫家、神仙、養生各家學說而集上古生命醫療學術之大成。《內經》與道家思想完全一致，是道、醫結合的又一偉大成果。《內經》之『氣一元論』來自老莊。《莊子·知北遊》：『人之生，氣之聚也，聚則為生，散則為死……故曰：通天下一氣耳。』《內經·素問·六節藏象論》：『氣合而有形，因變以正名。』《內經》之『天人合一』論亦來自道家。《老子》：『人法地，地法天，天法道，道法自然。』《內經·素問·寶命全形論》：『人以天地之氣生，四時之法成。』《內經》的『形神統一論』亦為道家生命觀。《莊子·至樂》：

『氣變而有形，形變而有生。』《内經·靈樞·本神》：『生之來，謂之精，兩精相搏謂之神。』《素問·移精變氣論》：『得神者昌，失神者亡。』貫穿整個《内經》理論體系的『陰陽五行變化論』更是道家哲學的核心。《老子》：『萬物負陰而抱陽，沖氣以為和。』强調萬事萬物變化不離陰陽。《内經·素問·陰陽應象大論》亦詳論陰陽變化之理：『陰陽者，天地之道也，萬物之綱紀，變化之父母，生殺之本始。』總之，《内經》的思體系就是道家思想的體現。故《内經》一書，其意義遠超出醫學的範圍，因而過去對中華古典文化研究的『國學』，亦列《内經》為重要的傳統思想學術著作之一。

《黃帝内經》與道醫的密切關係，還表現在今本《内經》為唐代著名道教學者王冰與楊上善精心整理註釋的成果。王冰道號啟玄子，他在註解《内經·素問》序中云：『冰弱齡慕道，夙好養生。』他以道家思想整理註釋《内經·素問》，將原為第九卷的《上古天真論》移至卷首，『天真』本道家用語，以此篇體現道家生命觀思想統帥全書。認為《素問》之『世本紕繆，篇目重疊，前後不倫，文義懸隔』，乃精勤訪尋，『時於先生郭齋堂，受得先師張公秘本文字，昭晰義理，環周一以參詳，羣疑冰釋』歷時十二年，合成八十一篇，二十四卷。對後世研究《内經·素問》起到很好的指導作用。楊上善精於老莊之學，以道家思想註釋《内經太素》，將有關養生内容列入一、二卷，體現道家養生主旨。《黃帝内經》與道教關係密切，有人認為《靈樞》為道教徒所命名，《靈樞》一語在《道藏》中多有出現。總之，《黃帝內經》之成書到整理研究均與道家分不開，亦可視為道醫一體的突出成就之一。

醫、道一體，道、醫結合，對發展中醫的藥物學、方劑學等方面也起到巨大的促進作用。東晉著名道醫大家葛洪，廣泛收集民間驗方寫成《玉函方》百卷，並在研究基礎上編撰《肘後備急方》三卷，成為當時最重要的方劑學專著。南朝道教學者陶弘景在葛洪《肘後備急方》基礎上加以增刪成《補闕肘後百一方》，不僅有方劑學，而且結合道家生理、病理學說明治療的原理。唐代著名道士、醫學家號稱藥王的孫思邈所著《千金要方》、《千金翼方》至今仍是中醫方劑的巨著。特別值得指出的是：道教煉丹術的發展，對中醫外科治療的藥物學有極為巨大的貢獻。中醫對腫瘤、炎症的治療，至今仍使用的如『紅昇丹』、『白降丹』等藥物均為道教煉丹術所創造，中醫外科學之重要著作《仙傳外科秘方》、《理瀹駢文》等，均與道教有直接關係。由此可見，醫、道一體對中醫外科學的發展，亦起了巨大的作用。

道、醫共生，醫、道一體，是古代醫學發展過程中的一個突出現象，也是中華傳統文化特色的表現。中華傳統文化巨系統，有其共同的價值觀與思維模式，有同一的精深宏偉的哲學思想為基礎，故古代文化各領域本質上多相通之處。醫家常謂『醫儒同道』，又謂『醫道，古稱仙道也，原為活人。』儒家思想核心為『仁愛』，這與醫家倫理宗旨完全一致，故醫亦儒也。道家窮性命之理，講修身之術，與醫家在本質上亦完全一致，故醫道同源，醫道一體，亦為歷史的必然。醫、道兩個文化體系的交融，在中華文化史上，結出了豐碩的成果。

（三）醫、道分流與道醫特色的形成

在醫道一體的發展過程中，道教醫學的內容幾乎涵蓋整個中醫的各門類與各方面，舉凡本草、方劑、針灸、按摩、導引、祝由、無不屬於道教醫學研究的對象及治療的手段，這在道教大量經典中有關醫學內容及歷代著名道教醫家的著述中，均有充分的反映。因此，可以說在宋元以前，道教醫學是與整個中醫同步發展的。唐代太醫署設太常寺之下，其「醫部」分四科：醫師、針師、按摩師、咒禁師，其中醫師包括了內科、外科、小兒、五官等（《舊唐書》《職官三》）。至宋代，據《宋會要輯稿》太醫局分醫學為九種：大方脈（內科）、風科、小方脈（兒科）、眼科、瘡腫、產科、口齒咽喉科、金鏃兼書禁科、瘡腫兼折傷。此時，在分科中已不列針灸、按摩、祝由、咒禁，表明這些科已不屬於一般中醫重要科目。儘管金元之後乃至明代的太醫院又把針灸、祝由等列入（元·陶宗儀《南村輟耕錄》），但重點仍不在這些方面。宋元以後官方醫學分科的這種變化，表明了中國醫學史上的一個重要發展歷史情況，即宋以後，中醫在理論研究上有了重大的發展，產生了不同的學說與流派。正如《四庫全書》的編者所評述的：『儒之門户分於宋，醫之門户分於金元。』所謂『醫之門户』之分，除中醫病理治療理論出現四大流派外，還包括道醫與一般中醫的分流，形成各有側重，各立門户的局面。南宋時期開始，出現了所謂『金元四大家』：宋代劉完素精研《内經》，創『五運六氣』學說與病理之『火熱論』。金代張從正字子和，亦在深研《内經》之後大有所悟，創治療學之『攻邪論』，以吐、汗、下之法療疾。金代李明之號東垣，辨析外感與内傷，創『脾胃論』，以飲食為治病之根本。元代朱震亨號丹溪，其醫學理論核心認為人體『陽常有餘，陰常不足』，因而主張以『養陰論』為治療原則。金元四大家把中醫的病理學、治療學、方劑學發展到了新的高度。其後，明末醫家吳又可著《温疫論》創温病學說以治療當時温疫流行。在他的影響下中醫温病學派迅速壯大，名醫輩出，清代出現了號稱温病四大家的葉天士、薛雪、吳鞠通、王孟英。值得注意的是此一時期中醫理論巨大發展，把病理學、醫理學、方劑學推向新的高度的過程中，道醫的參與及影響大為縮小，表明此時道醫注意的重點已非中醫的病理學及以方劑湯藥為主要治療手段，而是緊密結合道教内丹養煉術的發展，使道家醫學側重於養生、氣功、導引、按摩，以及符籙、祝禁等方面，並由此而逐漸形成中國道教醫學的特色。不少道醫在醫療上的成績獲得人們的崇敬，如明代道醫王金以醫術獲帝王賞識。王金為西安人，『年十七，遇道人墜水救歸，敬事之，已，道人携入終南授以秘術，試輒驗。』後被明世宗召入宮中，『並膺榮寵，歷官太常，出入禁闥二十年。』（《開封府誌》）下邊就道醫的幾個主要特色作一概述。

1、道家修煉功夫在醫療上的運用

中國道教以老莊哲學為思想基礎，以神仙思想為核心，對長生不死的永恒生命的執着追求，促進了道教對養煉術的不斷研究與提高。道教承繼先秦以來導引、行氣、服食、房中等各派方仙道術，經漢魏至唐代，道教修煉術已形成體系。漢末原始道教經典《太平經》詳述了『守一』、『存神守真』等氣功煉養方法。天師道（五斗米道）之重要秘典《老子想爾註》在修煉方面提出了『結精』、『煉氣』、『養神』、『守戒』等內煉理論。東漢魏伯陽著《周易參同契》，被尊為『萬古丹經之祖』，系統論述了內、外丹法之要訣。晉代醫、道一體的大家抱朴子葛洪，參透道、醫，綜合佛、儒，提出『衆術合修』學說，集道教養煉之大成，論述了守真、行氣、導引、按摩、叩齒、咽津、辟穀、房中、服餌等多種煉養方術。相傳由魏存華夫人傳世之《黃庭經》一書，分《內景》與《外景》兩篇，論述了道教修煉之生理、命理學說，奠定了道教醫學的理論基礎。南北朝時高道陶弘景著《養性延命録》，分類總述秦漢以來諸家養生內煉要旨，對前代各家加以容納匯集。至唐代，道教內煉體系發展至一個新階段，在藥王孫思邈總結的導引、行氣、存思、存神煉氣、內視、禪觀等功法基礎上，鍾離權、吕洞賓及陳摶等人提出並發展了道教『內丹』修煉理論，把道教修煉學說深入化、系統化。至唐、五代時期道教養煉體系產生了一個重要轉折，即『服食成仙』的外丹術因不少人

（包括唐代的幾個皇帝）丹藥中毒而遭致否定，更促進了道教修煉向內丹方面深入發展。入宋元之後，隨着醫、道的分流，道教內丹修煉術有了更大提高，以陰陽變化、天人合一、形神並完的原則為指導，總結出了『性命雙修』的修煉體系。所謂性命雙修，乃指人體生命為兩大部構成：曰性，曰命。性指心神，命指精氣；性為精神意識，命為氣血形骸。性命雙修即形神兼煉，身心兩全。清代劉一明《悟真直指》說：『古真云：性命必須雙修，功夫還要兩段。蓋金丹之道，為修性養命之道。修命有作，修性無為，有作之道者，以術延命也；無為之道者，以道全性也。』修性、修命為修煉的兩個方面，道教內煉功夫深入發展至宋元時期產生了『先命後性』的南宗與『先性後命』的北宗兩大流派。南宗以張伯端及其《悟真篇》為基本思想，有所謂『南宗五祖』一脈相傳。北宗為王重陽所創。北宗又稱『全真道』，北宗七真中有著名的『長春真人』丘處機。南北二宗的內煉方法、步驟雖有不同，但其最根本的原理則是一致的，即經過調心、調息、調身等『築基』階段，由『煉精化氣』、『煉氣化神』到『煉神還虛』，成真登仙。至明清時期，道教養煉日趨成熟，出現了張三豐、李西月等各具有特色的丹法，尤其是伍守陽與柳華陽師弟創『伍柳派丹法』，衝破門户之見，取歷代各家之長，溶釋、道、儒、醫為一爐；且說理深入淺出，易為人所信從，使道教養煉法術有更廣的流傳與影響。

綜觀道教內煉功夫，雖體系龐大，功法多樣，但總的特徵是以氣功為核心的修煉，以內丹為最典型代表。此外，尚有以調心為主，虛靜坐忘的『煉神』類氣功；以調息為主的閉氣、胎息等呼吸吐納的『服氣』類氣功；以觀想、存思為主的『存神』類氣功；有以守一、意守等以意念修練為主的『守竅』類氣功。而『內丹』氣功則是上述多種功法的綜合運用與最上乘功夫。再加上導引、按摩、辟穀、服食等動靜功法，使道教修煉更為全面與完善，其方法與理論對儒、佛、醫、武諸家養煉功夫均產生了巨大的影響。今日社會上流行各種流派與特色之氣功功法，可說絕大部分或淵源於道家，或受道家影響。因此，道教內煉功法實為中華傳統修煉功法的核心。

道家修煉，煉精化氣，煉氣化神，真氣充盈，不僅身體强健，異於常人，而且修煉到一定程度即可出現某些特異功能，如透視、遥感、致動、致燃、穿壁等等。當代人體科學對這些現象進行了許多研究，稱之為『人體異常功能態』。這在道家典籍中謂修煉得道成真。劉一明註《周易參同契》謂：『真人，即上所謂神明，又曰聖胎，乃先天虛無真一之氣，凝結而成象者。這個真人，至神至妙，非色非空，即色即空。』得道成真之後，即具『神通力』。此本佛家用語，道家借之以喻神力，為『六神通』：神足通、天眼通、天耳通、他心通、宿命通、漏盡通。道家用此神力於診病治病，則是道力的運用而產生奇效。故道醫治病，實乃修煉功夫的運用，此類事例，古籍多有記載，茲録一典型例證，以説明道家治病之種種特徵。有《松陽道人》事蹟載《湖廣通誌》：

松陽道人，不知何許人，萬曆初，雲遊至桂陽州，與樵牧雜處。一日遇雨，衣服霑濕，樵者爇火燎之，道人趺坐，氣蒸如炊，不移刻而衣燥。衆異而問之，道人曰：『吾體有真火，非薪火可及也』。問：『能療疾乎？』曰：『吾療人疾，即取藥於臟腑，非金石草木之比也。』會有咯血者延之往視，道人命以舌餂紅紙視之，曰：『脾未絕，可療也！』扶起坐，以己華池水日飲之，病者起，神氣漸復。一日，聞鄰有哭聲，問之，則某已屬纊（臨危），道人至榻前，以手按摩其肢體，曰：『可活』。以湯灌之，稍甦；再按之旬日，漸能步武，後竟瘉，授徒數人，皆爲名醫。

這段史料真實地準確地描述了道醫治病的情況。用體內真火烤乾濕衣，表明此道醫有較好的修煉功夫。自云『取藥於臟腑』，表明道醫是憑借己體修煉之內丹功力以治病。其治咯血者所用『華池水』，『華池』為道家內煉名詞，有指口、指心、指鉛、指腎之液等數義，此處文義應指煉功時舌下分泌之唾液。《黃庭外景經·下部經》：『頭戴白素足丹田，沐浴華池灌靈根。』梁丘子註：『華池，口也；靈根，舌也。當漱滿醴泉，灌沃舌根也。』道家視煉氣時舌下唾液為玉液瓊漿，咽下有助元氣。咯血一般屬陰虛火旺之症，道者以己練功之華池水滋陰補腎，使元氣大增，故能治病。以按摩治病危者，於按摩兼以外氣治療，故有神效。此段史實，準確地揭示了道醫治病的特色與機制。

以氣功治病，是道醫的主要特色之一。今日氣功治病已成為社會習見事物，但其原理與作用機制尚遠遠未能揭示。錢學森先生極力倡導人體科學研究，指出人體科學在當前主要的研究方向是中醫理論、氣功和人體特異功能三位一體，核心是氣功的研究。（錢學森《論人體科學》七十七頁，四川教育出版社一九八九年版）。道家治病的特色可說是集中體現了這三位一體，因此，對道醫運用修煉功夫於醫療開展深入的研究與總結，不僅對發展道家醫學，而且對現代人體科學的研究均有着重要的意義。

2、道教煉丹術與道醫丹藥

明代崇禎年間，浙江杭州出了一位以丹藥治病的名醫，善治瘡瘍腫毒。這位得道家傳授丹藥之秘的醫生叫姚應鳳，據《錢塘縣誌》、《杭州府誌》等典籍記載，姚應鳳青年時『詣齊雲山，有老人卧大雪中，氣嶐嶐如蒸釜狀。應鳳再拜求教，老人曰：『若有緣，當授爾丹藥之秘，應鳳由是術大進，以瘍醫顯。』古籍記他得道家傳授丹藥治外科神效之例甚多，如『撫軍喻思恂，毒發背間，劇甚。召應鳳至，刲腐肉二大器，傳以丹藥，越二日，癰平。』以丹藥治病，特別是治療無名腫毒瘡瘍潰腐之外科疾病，往往有奇效，這是中國道醫的又一特色，是道教古代煉丹術在醫學上的傑出貢獻。

道教煉丹術（外丹）已有近二千年的歷史，起源於道家對神仙不死之藥的追求。陳國符

《道藏源流考》指出：『我國金丹術和黃白術，可溯源至戰國時代燕齊方士之神仙傳說與求仙藥……及前漢，始有金丹術與黃白術之發端。』《史記》記秦始皇曾多次遣方士入海求不死之藥。至漢代，黃白之術興起。此時煉丹術分為金丹術和黃白術，金丹術是以各種金石藥物的煉製希圖得到一種『長生仙藥』，即『金丹』、『仙丹』。黃白術是因黃金白銀得之不易，故術士希圖通過藥物的煉製使銅、鉛、錫等金屬轉變成黃金、白銀。煉製金銀的目的並非為了發財，而是當時人們認為金、玉等物質不朽，以之為藥，人服之亦可不朽，以致長生。葛洪《抱朴子·金丹》註：『夫丹之為物，燒之愈久，變化愈妙，黃金入火，百煉不消；埋之，畢天不朽。服此二物，煉人身體，故能令人不老不死。』又《仙藥》：『服金者壽如金，服玉者壽如玉也。』魏伯陽《周易參同契》云：『巨勝尚延年，還丹可入口，金性不敗朽，故為萬物寶。術士服食之，壽命得長久。』巨勝為植物，又稱胡麻，古人認為可延年。此處說明術士之煉金亦主要為求得不死之藥。為了與後來道教修煉氣功之『內丹』相區別，煉丹術又被稱為『外丹』。自漢代至唐宋千餘年間，道教術士對煉丹術作了大量的研究與實驗。當然，『不死金丹』没能煉出來，鉛、錫之類也不可能變化成真正的黃金白銀，但道家煉丹術對古代的化學和藥物學的研究，卻作出不可估量的貢獻。

道教煉丹術所使用的數十種藥物中，以水銀、丹砂、鉛、雄黃、雌黃、礬石、砒石等為主，其中大部分藥物都含砷的化合物，砷有强烈的毒性，鉛、汞亦能使人慢性中毒。但內服少量砷劑，可以使紅血球迅速增殖，皮膚營養良好，顏色紅潤，發熱禦寒。所以才有不少道人服食仙丹之後臥冰雪中熱氣蒸騰之故事。（道家內丹修煉亦可不畏嚴寒，但這與外丹藥性發熱有本質不同。）這些表面現象使人們對仙丹的作用深信不疑，但時間一久，劑量偏大，人體即出現各種慢性中毒病變，如狂亂煩燥、疼痛嘔吐、癰瘡陷背、脊肉潰爛乃至舌縮入喉等，終致死亡。故煉丹史上亦造成大量悲劇。但出於對『長生不死』、『服食飛昇』的執著追求，所以道教煉丹術一直發展千餘年。並在煉丹的實踐中得到許多化學、藥物學的知識，對醫藥學的發展起到良好作用。東晉道教學者抱朴子葛洪對煉丹術有極深入的研究，《抱朴子·內篇》中《金丹》、《黃白》二篇為化學史上的重要文獻。葛洪對丹藥的毒性有清醒的認識，並總結出不少藥物學知識。《肘後救卒方》中記載了鹽水用於霍亂、傷寒、中風及清洗疱瘍傷口等，水煮礬石治卒死；燒礬石末置腋下治狐臭；水銀、胡粉、豬脂合藥治瘡瘍，以及用雄黃、麝香等藥物防毒蟲之類。

南北朝時期皇室貴胄多迷信金丹，煉丹術盛行。道教學者陶弘景亦煉丹達二十年。據《梁書》、《南史》及《道藏》等有關文獻載：陶弘景主要煉『九轉金丹』，他曾煉過七次，總結了不少藥物學知識。其《肘後百一方》中，載有不少化學製藥方法，並多為外科用藥。如以胡治水銀丸治水腫，礬石與硝石為末治女疸，雄黃治惡瘡，雄黃、雌黃合用療癰疽，雄黃、硫黃、礬石入藥療面癘瘍，與丹砂為末療蠱毒，鹽與酒洗疸瘡，蒸鹽燙耳止耳痛等。陶

弘景經過實踐，開始認識到服金丹成仙不大可能：『世中豈復有白日昇天人？』『於是乃不試。』（宋·賈嵩：《華陽陶隱居內傳》）

唐代為道教煉丹之鼎盛期。唐代帝王多崇奉道教，信仰金丹，把煉丹術的研究提高到一個新階段。首先是理論的繁榮，提出了『自然還丹』、『臨爐火候』、『藥物相類』等丹道理論。並產生外丹諸流派：主張金砂服食的傳統派；主張鉛汞大藥的時興派，以及晚起的硫汞轉煉合成派等。唐代丹家輩出，著名道教醫家藥王孫思邈亦精於煉丹術。《雲笈七籤》收有孫思邈《太清丹經要訣》，記有『神仙大丹異名三十四種』，『神仙出世大丹異名十三種』和『非世所用諸丹等名有二十種』。值得注意的是服食成仙之說在唐代開始動搖，孫思邈煉丹的目的多從研究藥物以『救疾濟危』。他在《太清丹經要訣·序》中寫道：『但恨神道懸邈，雲跡疎絕，徒望青天，莫知昇舉……豈自衒其所能趨利世間之意，意在救疾濟危也。』他所煉製的太一玉粉丹、小還丹、艮雪丹、赤雪流朱丹都用於治療疾病。關於『太一精神丹』他寫道：『余以大業年中數以合和，而苦雄黃、曾青難得，後於蜀中遇雄黃大賤，又：大獲曾青……遂於蜀縣魏家合成一釜，以之治病，神驗不可論，宿症風氣，百日服者，皆得痊癒。』『太一神精丹』由丹砂、曾青、雄黃、雌黃、磁石、金牙組成，這是利用磁石等氧化劑從雄黃、雌黃中製取含『砒霜』的丹藥治療瘧疾。孫氏針對瘧疾不同症狀詳細規定了藥物劑量及服法。孫氏含砒霜之藥物治療瘧疾，較之歐洲十八世紀末用『砒霜』治瘧疾早上千年，在藥學史上有著十分重要的意義。孫氏的研究，標誌着道教煉丹術與醫學的結合，把煉丹的目的引向了正確的途徑。

道教煉丹術向醫藥療疾方向的轉化，是歷史的必然。因金丹成仙之説不但從沒實現，而且因服丹求仙反而中毒致病喪命的事屢見不鮮。唐代帝王中即有不少金丹中毒者。唐太宗本來不信神仙，但晚年卻一心想長生，『發使天下，採諸奇藥異石。』貞觀二十二年（六四八）命天竺方士耶羅邇婆娑造延年之藥，次年，因服此藥而患暴疾死亡（參見《舊唐書·太宗記》《天竺傳》）。唐高宗、玄宗仍篤信道教長生術，推崇丹藥。唐憲宗因服丹藥患狂燥疾，怒責左右。宦官陳弘志等人因怕被殺而弒殺憲宗。晚唐時唐武宗廢佛倡道，《舊唐書·武宗本紀》記：『帝重方士，頗服食修攝，親受法籙。至是，藥躁，喜怒失常，疾既篤，旬日不能言……是月二十三日…崩，時年三十三。』宣宗繼位，不汲取教訓，仍服丹藥致病不能理政，數月即亡。唐代大臣文學士中，服丹中毒者亦不少，憲宗時金吾將軍李道古『服丹藥嘔血而卒。』德宗時檢校左僕射李抱真服金丹而死。高祖時杜伏威餌雲母被毒暴卒。文豪韓愈、詩人元稹等也因服食丹藥早喪。現實生活中血的教訓使道教煉丹之士不得不重新認識外丹術的利與弊，促使煉丹術向藥用療疾方向轉化。唐代治病用之丹藥漸漸增多，《太清石壁記》中有『造水銀霜、朱砂霜……治疥癬、丁疱內癰、久瘻痔、蛇咬、牙痛。』唐末沈知言集《通玄秘術》，其自序稱其丹法得自滎陽鄭公，『皆是濟世治療人間一切諸疾延駐之門，並製服五金八石，點變造化，辟除寒暑，絕粒休糧……取箭拔鏃』之法，書中載三生丹、青花丹、太陽流珠丹、黃庭丹、華蓋丹、紫金丹、陰伏紫金丹、太陽紫粉丹……造花露粉、練花粉等數十種丹法要訣及治療疾病。如『青花丹』主治『霍亂、肚脹、冷氣』；『紫金丹』偏治五勞七傷，……補益筋骨；『太陽紫粉丹治反胃、痃癖，一切冷病』等。至於『花粉』服之甘美，生髮明目』，其藥物已不限於丹砂之類了。

宋元時期，道教內丹術興起，外丹之作用進一步向醫療方向轉化，宋代道家編集之《諸家神品丹法》六卷，對宋以前重要丹法加以匯集，其卷三有造黃芽法、製丹法、服藥法、長壽真人素砂訣、換骨留形降雪丹、修丹製法、赤雪流珠丹法……等，均多為醫療用丹藥。其『赤雪流珠丹法』以雄黃、苦酒、白鹽等製，可治『卒患及垂死欲絕及已絕者……小兒瘧疾，入口即癒。』明、清時期，中醫丹藥承繼道家煉丹術進一步發展。康熙五十七年（一七一八）有師成子《靈藥秘方》一書，收丹藥方劑三十個，為道教醫家丹藥專著。清同治年間吳尚先著《理瀹駢文》，為中醫外治療法專著，作者寫道：『其占卦之師見我，云我之前世為山中道士』，亦表明丹法與道教有淵源。現行中醫丹藥的煉製方法大體有昇、降、燒三種，丹藥組成有硫化汞、氧化汞、氯化汞等，皆由道教煉丹法衍化而來，成為中醫外科主要藥物。如『紅昇丹』，為氧化汞類藥物，主殺菌、消毒。『白降丹』為氯化汞類藥物，主殺菌、防腐。近人張覺人清末曾向貴州平越福泉山高真觀丹道醫家廖復陽學得『玄門四大丹』：乾坤一炁丹、混元丹、金龜下海丹、毒龍丹（見《中國煉丹術與丹藥》四川人民出版社一九八一年出版）。道醫丹藥治瘡瘍癰等外科疾患，提膿生肌，殺菌去腐，往往有奇效，成為祖國醫學寶庫中的一顆閃亮的明珠，是道教醫家所作又一傑出貢獻。

3、道武結合與道教傷科的發展

中華武術文化與宗教文化有着緊密的聯繫。早在南北朝時期，佛門的少林寺習武即已發端，而道家與武術也開始了交融。武術與道家有共同的哲學淵源，老莊思想的『以靜制動，以柔克剛』、『因敵變化，後發制人』以及道家陰陽辯證、五行生剋等思想，均成為武術技擊理論的指導原則，武術中的太極拳、形意拳、八卦掌及峨眉、武當諸流派之技擊理論，無不以道家思想為指針。在道教發展過程中，不少道士精習武藝，亦武亦道，除利用武術於亂世中自衛防身，保護道教廟觀財產外，更借武術以習道法，使道家神仙思想與武術相結合，形成宗教文化的一個重要特徵。

早在魏晉時期，早期道教中即有武術與神仙思想的結合，借武術來顯示道教的宗教意識與法力，這主要表現在關於劍的神話與道術上。由於自先秦以來劍術受到人們特殊喜愛，人們練劍佩劍，除習武之外，更有着英雄氣概高貴不凡的象徵，因而劍這一武器逐漸由被人崇敬而神化，表現在認為劍有靈異性，劍能體現祥瑞以及劍能降妖、誅鬼、辟邪等方面。如

《晉書·張華傳》記吳國之地斗牛間常有紫氣，是『寶劍之精，上徹於天』。張華命人掘出寶劍佩帶，起事稱王的故事。又《晉書》還有劉曜得道童獻寶劍，後來當了前趙皇帝的故事。王嘉《拾遺記》：『昆吾山下多赤金……越王勾踐使二人以白馬白牛祠昆吾之神，採金鑄之，以成八劍……六名滅魂，挾之夜行，不逢魑魅；七曰卻邪，有妖魅見之則伏。』這是神劍能辟邪誅鬼的傳説。這些神話傳説，成為道士把寶劍作為法器的重要根據，道士作法，降神誅妖，均離不開寶劍。陶弘景喜歡研究武術，著《刀劍録》，自述造神劍十三口，每口神劍均刻有道教銘文符籙，並有特殊作用。如『一曰凝霜，道家三洞九真劍，劍上刻真人玉女名字……五曰伐形，刻符籙道家登真口訣，六甲神，長五尺……七曰五威靈光，長二尺許，半身有刃，上刻晨辰北斗，天市天魁，二十八宿。服此，除百邪魑魅，厭即伏用之。』劍除了種種神異作用外，還能上天入雲，飛劍斬殺。這些傳説即後世劍仙故事之由來。

道術與武術的結合，還表現在道教修煉中借寶劍『屍解』成仙的道術上，葛洪在《抱朴子·論仙》中把神仙分為三等，即天仙，地仙和屍解仙：『上士舉形昇虛，謂之天仙。中士遊於名山，謂之地仙。下士先死後脱，謂之屍解仙。』即天仙、地仙都已能不死，肉體成仙。而第三等仙人，則須先死，借某一物體『屍解』——代替自己死身，而後成仙。代替之物，多用寶劍，亦稱『劍解』。《太極真人遺帶散》云：『凡屍解者，皆寄一物而後去，或刀或劍，或竹或杖，及水火兵刃之解。』《神仙傳》謂：『真人去世，多以劍代形。五百年後，劍亦能靈化。』道家典籍記載亦有『刀解』，死後棺內屍體變成寶刀。屍解的法術，也是道教和武術結合的另一種形態。

道家與武術的緊密聯繫，更主要的體現在道門習武練武，道家而兼武家。晉代著名道教理論家葛洪即精通武術。《抱朴子·外篇自序》：『少嘗學射……昔在軍旅，曾手射追騎，應弦而倒，殺二賊一馬，遂以得免死』。可見葛洪曾參加部隊指揮作戰，並精於射術。葛洪自述曾練習多項武藝：『又曾受刀楯及單刀、雙戟，皆有口訣要求，以待取人，乃有秘法，其巧入神。若以此道與不曉者對，便可以當全獨勝。所向無敵矣。晚又學七尺杖術，可以入白刃，取大戟』。可見葛洪掌握了刀楯、單刀、雙戟等當時實戰中常用武藝及棍法，學到一些較為高超的本領。葛洪青年時即學道，晉惠帝泰安年間，曾應召從軍，並立下戰功，獲得『伏波將軍』稱號。戰爭平息之後，復返道門。可見當時不少宗教徒也參軍服役，這也是道門尚武的一個歷史原由。南朝時期著名道士陶弘景亦精於武藝，他一生經歷宋、齊、梁三朝，早年出仕，後入山修道，因其學識淵博，深受帝王崇敬。其祖父陶隆、父陶貞寶均文武全能，善騎射，有力好武。陶弘景承其家傳，亦『便馬善射』，精研兵法，對刀劍有深入研究，著《刀劍録》，記歷代名刀寶劍，自己於『弘景造神劍十三口，用金銀銅鐵錫五色合為此劍，長短各依洞劍術法。』陶氏亦喜煉寶刀，曾煉寶刀二口，『其一名善勝，一名威勝，並為佳寶』，獻給梁武帝，受到嘉獎。

中國武術發展至宋代，漸趨成熟，此時，已開始形成各種拳法，流派，且出現了『十八般武藝』之說，表明武藝器械已多樣化，在武術發展過程中與道家的關係進一步密切。特別是明代出現了有關張三豐與武當派武術的傳說，把武當武術的首創者歸於道士張三豐。明代學者黃梨洲撰《王徵南墓誌銘》一文記下了這一傳說：『少林以拳勇名天下，然主於搏人，人亦得乘之。有所謂內家者，以靜制動，犯者應手即仆，故別少林為外家，蓋起於宋之張三豐。三豐為武當丹士，徽宗召之，道梗不得進。夜夢元帝授之拳法，厥明，以單丁殺賊百餘。三豐之術，百年以後流傳於陝西，而王宗最著。』（《南雷文案》卷六）王徵南為明末內家拳武術家，在這個墓志銘中，記下了內家拳為道家張三豐所創。這一傳說雖無更多的史料來印證，但從內家拳及內家拳的體系太極拳、形意拳及八卦掌等流派看，其拳法思想理論，則多為道家思想觀點，因此，其與道教有着緊密的聯繫是存在的。近世八卦掌傳人董海川之傳記，亦敘董之拳法得之於道士：『董公海川者，八卦掌傳世之始祖也。世居文安城南朱家塢，生有神力，幼習技擊，以武勇名鄉里……嘗訪友於皖之江南九華山，迷途誤入亂山中，得一道士而從之習打拳擊劍之法，練神導氣之功。凡其所傳皆所未聞未睹者。』（《武當絕技》·《董海川先生傳》吉林科技出版社一九八八年版）明清以來，各種典籍中記道士精於武術技擊者不少，突出者如明人唐順之《峨眉道人拳歌》寫道：

浮屠善幻多技能，少林拳法世稀有。
道人更自出新奇，乃是深山白猿授。
……
忽然豎髮一頓足，崖石迸裂驚砂走。
去來星女擲靈梭，夭矯天魔翻翠袖。
……
險中呈巧衆盡驚，拙裏藏機人莫究。
……
百折連腰盡無骨，一撒通身皆是手。
猶言技癢試賈勇，低蹲更作獅子吼。
興闌顧影卻自惜，肯使天機俱洩漏。
餘奇未竟已收場，鼻息無聲神氣守。
道人變化固不測，跳上蒲團如木偶。

這首詩極生動地描繪了峨眉道人的拳技，說他是能與少林拳法媲美而更新奇的拳術，詩中形象地寫出了道人的深厚功力和武術風格，可作當時道家武術的代表。

中華武術具有多種社會功能，用之於戰鬥的實戰性，用之於强健體魄的健身性，以及用於愉娛身心的競技娛樂性是其主要方面。武術離不開殺伐搏擊，其多種社會功能均與其技擊性分不開，而技擊則免不了傷人或自傷，因此，無論從武術的習練或實戰看，武術均與對人體創傷的防護與治療有緊密聯繫。所以，自古以來，習藝練武必兼習創傷治療，武師多為傷科醫師，武科與傷科成為不可分割的孿生姐妹，在歷史的長河中共同發展。道家與武家相結合，在道教醫療中自然表現了傷科的特色，而且由於道教醫家在傷科方面的成就，使道教醫學對中華傷科形成與發展亦作出了傑出的貢獻。

晉代道家大醫葛洪在傷科方面也有巨大的貢獻。他論述了開放創口感染的『毒氣』之說，强調早期處理傷口的重要性，他所主張並提倡的骨折和關節脱位用小夾板局部固定法和手術整復療法，在中國骨傷診斷與治療史起到劃時代的開創作用。

葛洪對危重創傷及大出血者指出：『凡金疱去血，其人若喝，慎勿鹹食，若多飲粥輩，則血溢出殺人，不可救也。』（《外臺秘要》引《肘後方》）他對胸腹內傷治療，繼承並發展了漢代《治百病方》之法，以活血逐瘀為主，創『桃枝湯』治墮落瘀血，以活血化瘀止痛。為防感染，葛洪以藥水洗創口，再敷『神黃膏』，他製成多種金瘡止血止痛之膏散常備急用。葛洪創造性地運用按摩牽引等手術於脱位、骨折等創傷的整復。《肘後方》載：『治失欠頷車蹉開張不合方：一人以指牽其頤，以漸推之則復入』。這種治療下頷關節脱位的方法至今還用於臨床。葛洪在《肘後救卒方》中首次提出用竹板固定骨折法：『肘後療腕折，四肢骨破碎及筋傷蹉跌方：爛搗生地敷之，以裹折傷處，以竹片夾裹之，令遍病上，急縛，勿令轉動。一日可十易，三日則差。』這種首先外敷上藥，然後用夾板固定骨折療法，成為中國醫學千餘年來治療骨折的獨特療法，葛洪首創之功不可磨滅。其外用藥修復骨折，續筋接骨，也是道醫傷科的特色。葛洪提出腰連腿痛是『腎氣虛衰而當風卧濕』所致，他選用的方藥，構成『獨活寄生湯』，至今仍常用。《肘後備急方》載運用灸法：『治卒腰痛、不得俯仰方：正立倚小竹，度其人足下至臍，斷竹，及以度後當脊中，灸竹上頭處，隨年壯……或灸腰腿中七壯……治反腰有血痛方，搗杜仲三升許，和苦酒和塗痛上，乾復塗，並灸足踵白肉際三壯。』這是治扭傷腰痛的方法。長於治療腰腿病痛，亦是道醫特色之一。

唐代著名道醫孫思邈之《千金要方》為醫家百科式巨著，在傷科方面，輯錄了不少治傷藥方，記錄了孫氏治內傷的經驗。以人尿治內傷至今仍為外科用藥。《千金要方·備急》：『凡被打損，血悶搶心，氣絶不能言，可擘開口，尿中令下咽，即醒。』他還介紹了以泥土蒸熱包熨損傷之法，有一定療效。孫思邈還對針灸、按摩、導引等治筋骨痹症、風濕痹症進行了總結，其治扭挫傷腰疼痛的導引法是：『正東坐，收手抱心，一人於前據攝其兩膝，一人後捧其頭，徐牽令偃卧，頭到地，三起三卧，止便差。』孫氏此法簡便有效。

在唐代，出了一位對中醫骨科診斷與治療作出劃時代貢獻的道教醫家——藺道人。正史没見他的傳記，他所傳授《仙授理傷續斷秘方》之序言，説他在唐武宗會昌年間（八四一——八四六）已『百四五十歲』。藺道人原籍長安，其名不可知，晚年隱居江西宜春鍾村，村民彭叟與道人為友，彭叟之子受傷『折頸挫肱，呻吟不絶』，藺道人為其治療數日即癒，人們才知其精傷科醫術，求者益衆。藺道人以其方授彭叟，《仙授理傷續斷秘方》才得以流傳於世。該書以氣血學説立論，以整復、固定、活動及內外用藥為治療骨折的大法，對開放性骨折，應先衝洗傷口，後行手法整復骨折或擴創復位、縫合傷口、小夾板外固定和內外用藥的治法。其治內傷有七步內治傷損法，分七個步驟按不同的階段服以不同的方劑藥物，計『一湯二藥三丸一丹』，體現了辨證論治的原則。其整復骨折有『相度』、『忖度』、『拔伸』、『撙捺』和『捺正』，即手摸心會、拔伸牽引、端擠提按等整骨手法，再加小夾板固定與活動相結合的治療。藺道人的骨科診斷治療形成了一套完整的體系，成為後世千餘年骨傷治療的準繩，至今有着重要的學術價值。

明清時期，中國武術有極大發展，此時，拳種併出，流派林立。所謂少林、武當、峨眉為其最著者，此外各家拳脚器械，何止數十百家。從宗教與武術關係看，佛道及民間宗教都與武術有緊密聯繫，而且以武為核心，往往突破宗教界限。如著名武術大家少林派中，卻有不少道家；武當派本出自道家，卻有不少高僧强手。現在所見成書於清乾隆年間的為少林拳術最早的完整拳譜《少林衣鉢真傳》四卷，包括拳術、短打、器械及內功，整理者為昇霄道人，為此譜作序者為弗遑道人。其內功《十八羅漢功圖譜》中，還附有道教內丹修煉的《內觀圖》，表明少林武術亦汲取了不少道教修煉的理論與方法，道家人物對少林佛門武術亦有重大的貢獻（參閱曠文楠：《繪像羅漢行功全譜評述》，《中華武術》一九九二年四期）。在武術傷科方面，亦是如此。明清時期武術傷科有較大發展，其中包含不少道醫兼武家的成就。

明朝正德嘉靖年間有異遠真人，著《跌損妙方》，內容有《治法總論》、《用藥歌》及《血頭行走穴道歌》等，該書為武術傷科較早著作，其作者異遠真人事蹟生平不可考，顧其名可能為道醫兼武家人物。《跌損妙方》一書對明清武術傷科有較大影響。其藥方『七厘散』至今為少林傷科要藥，其基本成分是承繼唐代藺道人的整骨方發展而來。《跌損妙方》、《用藥歌》論述了傷科藥物性味及主治，為明以前治傷藥方的總結。特別值得注意的是《跌損妙方》中《血頭行走穴道歌》，說明人身氣血運行在十二時辰中分別經過不同穴道，這是中醫經絡學說子午流注理論在傷科中的運用。早在晉代，道教大醫葛洪《肘後救卒方》中就記載了人體受傷致命的部位、穴道，異遠真人承繼了歷代傷科有關穴位的經驗，提出子午流注運用於傷科，為以後少林武術的跌打點穴治傷法指明了途徑。至今，道醫治療中還十分重視運用子午流注理論，點穴按摩、針灸治療，都是承繼、發展了異遠真人的傷科血頭穴道理論而來的。異遠真人的《跌損妙方》為清代武家兼醫家的王瑞伯、江考卿、趙廷海等人繼承，對清代骨傷科的發展起了重要的作用。時至今日，傷科仍是道醫的特色之一，不少知名的武家兼醫家，許多是承繼與發展道醫的這一特色而來的。

4、道教醫療的神秘色彩

富有神秘色彩是道教醫療的的特色之一。道教是一種宗教，因而道教醫療必然帶上某些宗教神學因素，乃是自然之事，綜觀道家醫術大致可分兩大類，一為與中醫共同使用的治療方法，如湯藥、針灸、按摩等；一為屬於道家特有的治療方法，如氣功治療、仙丹、符籙禁咒等。前一類本屬一般正常醫療方法，但出自道家之手，便使人產生幾分神秘感。後一類本有濃厚的神秘色彩，加上道家神學因素，就更令人覺得玄之又玄、神妙莫測了。神秘的東西，本來往往難以取信於人，但道家醫療的顯著療效的事例，又令人於神秘中信服。醫療活動的本質就是與疾病苦痛作鬥争，以維護生命與健康，而人類病痛疾苦的來源，在科學遠未發達的古代，自然使人們感到茫然，即使在科技昌明的今天，人類的許多疑難病症仍是一個謎團。這樣，在醫療領域内本易產生神秘感的心理因素，再加上道教的宗教神學理論，道醫有着濃厚的神秘色彩，更是不足為奇了。如果對道教醫療具體分析一下，可以發現產生神秘色彩的直接因素，大致有如下三個方面：

（1）神奇獨特的醫療方法與療效

《曹州誌》記了一位宋代道醫：『黄冠道人，姓名不傳，熙寧間曾見於楚丘棗垌村，黄冠，青衣，以醫名一方。有疾者往求，一與之語，不藥而癒。居數月，忽不見。人皆神之，疑為扁鵲，立祠祀焉。』見面講幾句話，便治好了病，當然會被當作神靈，今日人體科學研究，已表明某些具有特異功能的人在對坐交談間即已佈氣療病，因而這則故事還是可信的。《宣城縣誌》記一位道醫徐文中，善針術。鎮南王妃患重病，徐文中在診視之中便扎了針而王妃毫無感覺，次日便病癒了。這位道醫還能符咒求雨，『文中振袂一揮，雲冉冉北方，大雨如注，迅雷震天。』針術神奇尤可，能呼風喚雨就更神了。道醫的仙丹，許多典籍多有記載，更富神秘色彩，《太平廣記》卷八十五載：『教坊樂人有兒，年十餘歲，恒病，黃瘦尤甚。忽遇一道士於路，謂之曰：『汝病食癥耳，吾能療之。因袖中出藥數丸，使吞之。既而復視袖中曰：嘻，誤矣！此辟穀藥也，自此當不食，然瘍亦瘳矣。』錯把『辟穀』藥當神丹治病，取得療效，這則記載比許多仙丹故事倒可信得多，因為『辟穀』丹藥的確有調節腸胃的作用。

（2）善治疑難怪症

善治疑難怪症亦為道醫令人感到神秘的原因之一。許多怪病奇症，一般醫生往往無能為力，道醫卻迎刃而解。《船牕夜話》載：『四明延壽寺一僧，自首至踵，平分寒熱，莫曉所以。遍問醫者皆不知也。遇有道人，囊藥就市，人皆忽之。既出，不得已召而問曰：『此何疾也？道人曰：此生偏腸毒也。藥之而癒。』從頭到腳半截寒半截熱的症狀就奇特了，道人取名為『偏腸毒』則更奇，但病治好了，更顯醫術奇特。某些外科疾患今日手術治療為習見，但在古代道醫能手術治療，亦令人驚嘆，《嵊縣誌》記：『道人無名氏，不知何來，戴華陽巾，披鶴氅衣，自言精方藥，凡針藥所不到者，能刳割湔洗，若華陀然。人不信，過長樂鄉，有錢遵道者，病噎，不治，自念刳割不驗死，不刳割亦死，均死，請以醫試。道人用麻沸散抹其胸，刲之，開七八寸許，取痰涎數碗，遵道暈死無所知。頃之甦，以膏摩割處，四五日差，噎亦瘉。道人不受謝而去。』從錢某症狀看，梗噎不治，類今日謂食道癌之類。此道醫竟用麻醉開刀手術治瘉，在古代，亦神奇矣！道法廣大，此或可為一例。

（3）符咒魔力的神秘性

從上古傳下來的符咒祝由治病，一直流傳不絕，而且在古代醫療機構中有一定地位。唐代醫生有咒禁師，金代明代太醫院亦設祝由科。符籙咒禁恐怕是最帶神秘性的醫療方式了。道家典籍中有關符籙咒禁之術十分豐富，道醫亦常以符籙祝禁為手段。

孫思邈《千金翼方》列《禁經》二卷，詳述各種禁咒之法，並云『但按法施行，功效出於意表。』道教神話中記符籙語之運用事例比比皆是。時至現代，道教醫家亦有用符籙咒治病者，特別是廣大農村及少數民族地區，巫術治病的運用還較多，而且民間盛傳其神奇療效（張紫晨《中國巫術》三聯書店一九九〇年版）。祝由咒禁的神秘機制，與藥物、心理精神、氣功及人體特異功能等因素均有一定聯繫，是值得深入研究的課題。我們對道醫的神秘性，恐怕應多用探討研究的態度，簡單的懷疑與否定，是無助於對文化遺產的科學整理與繼承的。

二、究天人之際　窮性命之理

——道醫生命觀、生理觀發微

道家既以神仙思想為宗旨，以養性全神、延命全形為目的，故道家典籍中，充滿了對宇宙、天地、性命、形神的探究與研討；人體生命之本質為何？人體生理之機制何在？成為道家修煉首要解決的問題。而這也是道教醫家面臨的問題，因此，道教醫家的又一顯著特點與優點是道醫有着博大宏富的基本理論作實踐的指導，因為道醫作為醫家與道教的宗教教義的本質與對象是完全一致的。從科學範疇看，道教經典所討論的問題，除宗教神學和極少部分與政治倫理有一定聯繫之外，可以說大部分是屬於自然科學、生理科學及醫學的範疇，而在古代思想文化系統中與道家並立的儒家，其主要理論體系幾乎全是所謂修身、齊家、治國、平天下的政治倫理學說，與自然科學、生命科學幾乎毫不沾邊。對道教的這一根本特徵，英國研究中國科技史的大學問家李約瑟博士曾精闢地指出：『在中國古代十分清楚的，是儒家倫理學的唯理論是與科學的發展不相容的，而道家的經驗主義的神秘論則對科學有利。當他們說到「道、」「抱一」……等等時，就達到宗教很難與科學分開的階段，因為人可能是宗教神秘論中的「一」，或自然界的宇宙秩序之「一」，像我們在科學意義上所理解的那樣。它可能兼指這兩者。』這位著名學者還引用了中國哲學家馮友蘭的話來加强他的論點：『道家哲學是世界從未看到的，不是基本上反科學的唯一神秘論體系。』（《李約瑟文集·中國古代的科學與社會》遼寧科技出版社，一九八六年）

李約瑟博士從道家研究的對象是「人」——人體、生命，撩開神秘主義的面紗看到它具有科學性的一面；而同為宗教形態之佛家，雖然也在某些方面接觸到人及人的生命（如止觀法等），但其主要的教義與理論則是探討生命結束之後『涅槃』，這就偏離了現實的人生而成了純宗教的神學，是不能與道家相提並論同日而語的。

道醫的基本理論包括宇宙生命的本體論、結構論以及人體形態論等，以下將從五個方面加以探討。

（一）重人貴生，我命在我

史學家一般認為構成一個民族的主要因素有三，即血統、語言及宗教。因此，不同宗教信仰反映了不同民族的基本特色。道教這一土生土長的宗教，其最主要的特徵具有現實主義的宗教精神，即其宗教信仰的主旨是直接服務於現實的人生，而不像其它許多宗教往往追求遠離現實的虛幻理想。這主要表現在道教重視生命、重視人身的教義與修為法則上。而道教的這一特色，正是中華民族現實理性色彩濃厚的民族性的體現。

早在上古先秦時期，中華思想文化體系中即充滿了『重人貴生』的觀念。即萬物之中以人為貴，而人的生命更有重要的價值。孔子常常講到『人』，如『仁者，愛人』（《論語．顏淵》）、『節用而愛人』（《論語．學而》）。不過儒家所講的『人』，是從倫理出發，把『人』作為社會羣體而言的，真正從人的個體出發追求人的價值和尊重人性的，則是道家。《老子》曰：『道大、天大、地大，人亦大。』把人與天地並列，認為『域中有四大，而人居其一焉。』莊子的主張是『使天下欣欣焉人樂其性』（《莊子．在宥》），提倡『尊生』：『能尊生者，雖富貴不以養傷生。』（《莊子．讓王》）《呂氏春秋》一書中的《貴生篇》為道家思想作品，明確指出『天下莫貴於生。』重人貴生的觀念成為先秦神仙方術之士的行為準則，如何養生成為從思想理論到具體方法所探究的重大課題，如馬王堆漢墓出土帛書《養生方》借堯舜對話來闡明人之貴重：『堯問於舜曰：天下孰最貴？舜曰：生最貴』。道教從其開始形成誕生之時，即全面承繼了先秦重人貴生觀念，並作為宗教的本旨。道教早期重要經典《太平經》即反覆告誡人們要重人貴生：『人最善者，莫若常欲樂生，汲汲若渴，乃後可也。』（《太平經合校》八十頁）又云：『三萬六千天地之間，壽為最善。』並直接指出貪生怕死不僅是人之常情，亦是仙之常情：『天者，大貪壽常生也；仙人亦貪壽，亦貪生；貪生者不敢為非，各為身計之。』（《太平經合校》二百二十頁）既然仙人亦貪生，學仙者『是曹之事，要當重生，生為第一。』（太平經合校》六百一十三頁）此後道教典籍，無不反覆強調重生之觀念。《抱朴子·勤求》：『天地之大德曰生，生，好物者也。』唐代司馬承禎云：『大夫之所貴者生，生之所貴者道。』（《坐忘論》）類似強調生命貴重的論述，道書中比比皆是。

然而綜觀世界各民族思想文化，莫不視生命為可貴，惡死樂生實乃人類共通之本性。因此，更重要的是不僅重人貴生，而是要發揮人之主觀能動作用以養生、護生來達到長生、永生。與消極等待命運的安排或被動地乞求上帝神靈對生命的賜與不同，中國傳統思想中更為重要的一頁是『我命在我』的光輝命題。先秦哲人中已有不少論述，把天或神的旨意和人的意志置於同等的地位，最突出的如荀子不僅肯定人『最為天下貴』，而且還提出『制天命而用之』的可貴思想，道教承繼了這個寶貴思想，並以之作為道教修煉長生的根本觀念。《太平經》響亮地說道：『人命近在汝身，何為叩心仰呼天乎？』明白地否定向天乞求。成書於漢魏之際的《西昇經》借老子的口大聲疾呼：『老子曰：我命在我，不屬天地。』晉代葛洪總結出了『人命在我不在天，還丹成金億萬年』（《抱朴子·黃白》）的響亮口號。陶弘景進一步闡述道：『仙經云：我命在我不在天，但愚人不能知此道為生命之要，所以致百病風邪者，皆由恣意極情，不知自惜，故虛損生也。』又說：『夫形生愚智，天也；强弱壽夭，人也。天道自然，人道自己。』（《養性延命録》）明白指出人的健康與疾病，强弱壽夭都在自己而不在天。《雲笈七籤·元氣論》亦云：『我命在我，保精受氣，壽無極也。』我命在我的思想，是一種與天命論、宿命論和神靈主宰論背道而馳的人生哲學，是一種進取的、積極的人生態度。

作為一種宗教，本當是上天、神靈的無比崇高，信徒們都要無條件地服從，由天帝神靈主宰一切。道教的神學理論中，也的確充滿了神仙世界的描述及對神力的讚頌，但在宣揚天地鬼神的同時，卻又極力倡導重人貴生、我命在我的觀念，而且把整個修煉宗旨，即通過修煉達到從凡胎變成神仙，從常人達到超脱生死輪迴以至長生、永生的理論體系，建築在『我命在我不在天』這一命題的基礎之上，這是何等的矛盾，然而正是這種矛盾，顯示了道教神學與現實人生的統一，顯示了天帝神仙與凡人的統一，偉大神奇與平凡人生的統一。這也正是道教神學的外衣底下，掩藏着科學因素的緣由，使道教被科技史家李約瑟博士評價為：『世界上其它國家沒有這方面的例子，這種不死思想對科學具有難以估計的重要性。』（《中國科學技術史》第五卷）道教與科學的相通，使道教醫學具有了可靠的科學基礎，歸根結蒂，這正是『重人貴生，我命在我』的可貴觀念的實現。

（一）象天法地，天人一體

象天法地，天人一體，即是『天人合一』的觀念，這一觀念是中國傳統文化的核心思想，是中國宗教信仰的基礎，也是道家的本體論思想。所謂『天』，古代有多層含義，代表天帝、神靈，代表萬物主宰，然而更多的是以『天』為宇宙自然的代表。老子說：『人法地，地法天，天法道，道法自然。』即表明天即是道，也即是自然。老子又說：『天長地久，天地之所以能長久者，以其不自生，故能長生。』老子在這裏提出『長生』的觀念，並解釋了『天地』能長生的原因在於『不自生』，即純任自然，順乎自然。老子的這一思想，是道家學說的關鍵，意思是人們『修道』，也就是象天法地，以天地自然為楷模，做到天人一體，就達到了『道』，也就能『不自生』而長生了。

總之，道教的修煉，就是『道法自然』，所謂養性、養心、養神、養氣、養生，其核心均在『象天法地』，做到『天人合一』。天人一體既是道家思想的基本觀念，亦是古代中醫的指導思想，因此，道教醫家更無時不遵循天人一體的法則以祛病療疾。具體看來，道家天人一體的思想，主要表現為『天人相通』與『天人相應』兩個方面。

1、天人相通

所謂『天人相通』，即人體系統與自然宇宙系統是統一的整體。宇宙自然的巨細變化，無不在人體系統中有所反映。莊子所謂：『天地與我並生而萬物與我為一。』（莊子・齊物論）就是指出人與天地是統一的整體。先秦道家著作《列子》曰：『一體之盈虛消息，皆通於天地，應於物類。』張湛註云：『人與陰陽同氣，身與天地並形；吉凶往復，不得不相關通也。』說明人體的吉凶變化往往是天地陰陽變化的反映。《黃帝內經》云：『人以天之氣生，四時之法成』。既然天人相通，人就應據天地四時之變化來養生祛病，指出應該『法則天地，象似日月，辨列星辰，逆從陰陽，分別四時。』（〈上古天真論〉）根據天人相通的原則，《內經》提出應根據不同季節之特點來調整人體養護的不同重點，其《四氣調神大論》一文中詳盡論述了四季特徵與攝養側重：『夫四時陰陽者，萬物之根本也。所以聖人春夏養陽，秋冬養陰，以從其根，故與萬物沉浮於生長之門。』《內經》還論述了自然界陽氣一日的變化與人體的關係：『故陽氣者，一日而主外，平旦人氣生，日中而陽氣隆，日西而陽氣已虛，氣門乃閉。』（素問·生氣通天論）道家依據此理，服氣練功有『子後午前行』之語，即按一日陽氣運行之消長。《素問·脈要精微論》還根據四季不同反映在人體脈象的變化：『四變之動，脈與之上下，以春應中規，夏應中矩，秋應中衡，冬應中權。』說明春季少陽春生之氣上昇，脈象稍弦；夏日陽氣旺盛而脈象洪大；秋日陽氣收斂故脈象漸趨和平；冬日陽氣潛藏，而脈象沉伏。道家經典中亦多强調天人相通之理以用於修攝。《鍾呂傳道集》指出：『氣液昇降如天地之陰陽，肝肺傳導若日月之往復。』說明了人體內氣運行及體液傳導皆與季節時日關係密切，指出了人體的生物節律，為服氣、內丹等修煉時辰與功法提出了依據。

2、天人相應

所謂『天人相應』，指人體與宇宙自然不僅相通，而且在構成系統上也是相似的；人體的器官及氣血運行，皆與宇宙結構相似。即人體小宇宙，宇宙為大人體之意。《內經》云：『善言天者，必有驗於人』，即此意。《內經·陰陽應象大論》寫道：『故清陽為天，濁陰為地。地氣上昇為雲，天氣下降為雨；雨出地氣，雲出天氣。故清陽出上竅，濁陰出下竅。清陽發腠理，濁陰走五藏；清陽實四支，濁陰歸六府。』意為宇宙自然中有雲昇雨降等現象，人體中亦有類似情況，體內亦有清陽與濁陰二氣。清陽之氣向上散佈，營養五臟、四肢，濁陰之氣及臟腑，精華之物營衛全身，廢物則排出。《內經》認為人體代謝過程與宇宙活動完全一致，這便是天人相應。道家充分運用了『天人相應』之原則以作養性修命之指引。《太平經》指出：『人生皆含懷天氣具乃出，頭圓，天也；足方，地也；四肢，四時也；五腑，五行也；耳目口鼻，七政三光也……人生皆具陰陽，日月滿乃開胞出户，視天地當復長，共傳其先人統，助天生物也，助地養形也。』（《太平經合校》三十六頁）此把人體之構成與器官作用與宇宙天地加以比擬，指出其相似相應，雖然有些比擬不完全準確，但其總的精神則是對人體性命的修煉養護應按宇宙運行之規律，則是正確的。道教內丹經典《周易參同契》即以周易之天人合一之宇宙模式，把天道日月變化陰陽消長與人體陰陽變化六氣修煉結合起來，創造出道家天人爐鼎修煉的內丹理論，對道教修煉影響極大。俞琰在《周易參同契發揮》中寫道：『人身法天象地，其氣血之盈虛消息，悉與天地造化同途……天地有晝夜晨昏，人身亦有晝夜晨昏；天地有晦朔弦望，人身亦有晦朔弦望；其間寒暑之推遷，陰陽之代謝，悉與天地相似。』這是說人體與天地自然結構相似，功能相應。在此基礎上，人仿效天地陰陽，便可修煉。他指出：『觀天之道，執天之行，遂借天符之進退，陰陽之屈伸，設為火候法象以示人。蓋天地儼如一鼎器，日月乃藥物也。日月行乎天地間，往來出沒，即火候也。人能即此，反求諸身，自可默會火候進退之妙矣。』說明觀察天地日月如何運行，即可體會修煉內丹如何用功之玄妙，所謂藥物，即體內之精氣也，所謂火候，即以意控制呼吸也。這裏把內丹修煉的關鍵與宇宙天地相照應，是天人相應理論在道教修煉中的最佳的運用。

元代道士陳致虛對這一點也解釋得明白：『天地運度，以道用言，則人之身得天地正中之炁，頭象天，足象地，故曰：人身一小天地。夫天地之造化生人生物，而人身之造化生佛生仙。《靈寶畢法》曰：道生萬物，天地乃物中之大者，人為物中之靈者。別求於道，人同天地，心比天，腎比地，肝為陽，肺為陰，一上一下，仰觀俯察，可以賾其機，一始一終，度數籌算，可以得其理。』（《元始無量度人上品妙經註解》卷下）這段話包括了天人相通和天人相應的兩層意思，人與天地都是『道』的產物，它們本質上是相通的。人與天地的機制又是相似的，而因天地日月運動變化之理就完全可以用來指導人體神形臟腑的修煉，以達到與道合一、歸於自然了。

（二）先天真炁，造化之源

道醫的宇宙生成本體論中，元氣觀念是其核心，即認為元氣是萬物之本始，性命之根源。因此有關元氣的理論，成為道教醫學的重要指導思想。道家始祖老子云：『道生一，一生二，二生三，三生萬物。』這個道的體現也就是氣。莊子云：『氣變而有形，形變而有生。』（《莊子·至樂》）又說：『人之生，氣之聚也。聚則為生，散則為死……通天下一氣耳。』（《莊子·知北遊》）莊子明確指出了氣是宇宙萬物及人體生命之本源。道教產生之時，完全承繼了先秦道家的元氣思想，並把這一思想充分運用於道教理論之中。《太平經》就講了許多有關元氣的認識：『天地開闢貴本根，乃氣之元也。』（《太平經合校》十二頁）『夫天地人本同一元氣，分為三體，各自有祖始』（同上書二百三十六頁）『一氣為天，一氣為地，一氣為人，餘氣散備萬物。』（同上書七百二十六頁）元氣為構成宇宙萬物及人的總根源。氣如何演化為萬物？《太平經》解釋云：『天，太陽也。地，太陰也。人居中央，萬物亦然。天者常下施，其氣下流也。地者常上求，其氣上合也。兩氣交於中央。人者，居其中為正也。兩氣者常交用事，合於中央，乃共生萬物。萬物悉受此二氣以成形，合為情性；無此二氣，不能生成也。（《太平經合校》）六百九十四頁）這裏，指出元氣化為陰陽二氣，陰陽對立而統一，化生了萬物。這種解釋是《老子》『道生一，一生二，二生三，三生萬物』思想的具體化，充滿了樸素的辯證觀。醫家經典《黃帝內經》本是醫、道一體的產物，因此《內經》中亦貫穿了萬物由氣構成的觀點。《素問·天元紀大論》云：『在天為氣，在地成形，形氣相感而化生萬物矣。』

應該指出，道家、醫家關於氣的許多理論中，對『氣』字的運用有多種意義，大體說來，分先天之氣與後天之氣，先天之氣即元氣（炁），又稱真氣或祖氣，即指萬物本始之氣。後天之氣，為元氣在人體中物化之氣，包括口鼻呼吸之氣，人體營氣、衛氣以及五臟之氣等。先天之氣與後天之氣相互作用，構成了人體性命之基礎。這一先天氣與後天氣的理論，是道家修煉學說的主要根據，亦是醫家生理、病理及治療學說的主要根據。先天之氣，亦寫作『炁』以示與後天元氣相區別。《雲笈七籤·元氣論》云：『元氣無號，化生有名。元氣同包，化生異類。同包無象，乃一氣而稱元。異居有形，立萬名而認表……一含五氣，是為同包；一化萬物，是謂異類也……夫一含五氣，軟氣為水，温氣為火，柔氣為木，剛氣為金，風氣為土。』這裏說明了先天元氣化生萬物之多種後天之氣的道理。《道樞·元氣篇》云：『夫人稟天地元氣而生者也。一呼一吸，內外之氣應矣。氣有六，曰心曰肺曰肝曰脾曰腎曰三焦，為之主焉。』呼吸之氣以及五臟諸氣，即為先天元氣變化而來之後天之氣。故道教修煉，即修『先天真一之氣』也。

清代道教學者劉一明指出：『先天真一之氣，為人性命之根，造化之源，生死之本。』（《周易闡真》）『性命之道，始終修養先天虛無真一之氣而已，別無他物。採藥者是此，煉藥者是此，還丹還者是此……以道全形者是此……長生長者是此。』（《指南針·百字碑註》）精闢地指出了修養先天之真氣乃修道之關鍵與核心。《雲笈七籤·元氣論》云：『夫元氣者，乃生氣之源，則腎間動氣是也。此五臟六腑之本，十二經脈之根，呼吸之門，三焦之源，一名守邪之神……此氣是人之根本，根本若絕，則臟腑筋脈如枝葉，根斷葉枯亦以明矣。』從人體生理角度指出了元氣的主宰作用，與《風經》的說法完全一致。《內經·六微旨大論》云：『出入廢，則神機化滅；昇降息，則氣立孤危。故非出入，則無以生長壯老已；非昇降，則無經生長化收藏。指出人體的生化運動就在於氣的出入昇降，運動平衡。氣的運動機制失常，則產生各種疾病。《素問・舉痛論》云：『百病生於氣也，怒則氣上，喜則氣緩，悲則氣消，恐則氣下，寒則氣收，炅則氣洩，驚則氣亂，勞則氣耗，思則氣結。』並分析了各種痛症均由寒氣停留在一定部位所致，是從後天之氣論述病因。上述氣的運行與作用機制，是道醫以氣治病的根據，總的原則是以佈氣、導氣、引氣、排氣等方法，調整人體內氣之運行，達到扶持正氣、元氣，排除病氣，使人體生理生化趨於協調與平衡，達到祛疾療病之目的。

（四）神將守形，形乃長生

身心並練，形神俱全，性命雙修，全真永生，這便是道家修為的根本特色與指歸，亦是道醫診治的根本原則。此一思想便是形神統一觀。

形神統一是道家生命觀的核心。早在先秦道家、醫家經典便對神形統一有精闢的論述。莊子即提出了『形為神舍』的形神辯證統一的思想：『正汝形，一汝視，天和將至。攝汝知，一汝度，神將來舍。』（《莊子・知北遊》）指出形體具備一定條件，則達到神舍於形而形神統一。基於這一觀點，莊子借廣成子之口講出了『治身長久』的修煉之道：『無視無聽，抱神以靜，形將自正。必靜必清，無勞汝形，無搖汝精，乃可以長生。目無所見，耳無所聞，心無所知，汝神將守形，形乃長生。』（《莊子·在宥》）莊子這段從形神統一觀出發，以道家清靜無為作修煉指導思想，以達到長生的論述，是道家修煉學說之總綱，為日後道教各種修煉方法確定了根本原則。

醫家經典《黃帝內經》的生命學說亦以形神統一論為基礎。《靈樞·天年》指出：『何者為神？』岐伯曰：『血氣已和，營衛已通，五藏已成，神氣舍心，魂魄畢具，乃成為人。』這與莊子的『形為神舍』觀點是完全一致的。《內經》强調神的物質基礎，《靈樞·本神》說：『兩精相搏謂之神。』《靈樞·平人絕穀》云：『故神者，水穀之精氣也。』故《素問·移情變氣論》云：『得神者昌，失神者亡』，把神視為人體生命之根本。

道教誕生之初即很好承繼先秦道家、醫家的形神統一思想。《太平經》指出的『守一之法』，直接源於莊子之形神統一與清靜無為論，指出『獨貴自然，形神相守。』（卷八十七）『古今要道，皆言守一，可長存不老。人知守一，名無為之道。人有一身，與精神常合併也。形者乃主死，精神者乃主生。常合則吉，去則凶。』（卷一百三十七）可知『守一』之法即形神統一思想指導的練神之法，為日後道家性學奠定了基礎。道教學者葛洪把形神統一的關係講得更為透徹：『夫有因無而生焉，形須神而立焉。有者無之宮也；形者神之宅也。故譬之於堤，堤壞則水不留矣。方之於燭，燭糜則火不居矣。身勞則神散，氣竭則命終。』《抱朴子·至理》指出神與形是相互依存的，形存神在，形敗神亡。這裏閃耀着唯物主義的思想光輝，成為道教重視形體之軀的修養鍛鍊的思想源泉，形成道家獨特的性命雙修、形神並完的無比優越的養煉體系。

在形神統一觀的指導下，道家提出了內煉體系中的『精、氣、神』三大要素的學說。《太平經》云：『夫人本生混沌之氣，氣生精，精生神，神生明。本於陰陽之氣，氣轉精，精轉為神，神轉為明。欲壽者，當守氣而合神精，不去其形，念此三合以為一。』這裏表明氣與精是產生神的先決條件與基礎。後世道教內丹家發展成為精、氣、神為內丹修煉之藥物的理論。《玉皇心印妙經》云：『上藥三品，神與氣精，恍恍惚惚，杳杳冥冥。』內丹理論之『精』，包括先天之精，即元精、真精；後天之精，即交感之精、生殖之精。內丹理論之『氣』亦包括先天之氣，即元氣、祖氣，後天之氣即水穀化生之氣與呼吸之氣、營氣、衛氣等。內丹性命雙修，把修心煉神歸於性學，把煉精、煉氣歸於命學，故性命之學之煉精化氣、煉氣化神、煉神還虛之三大階段，包括了形體與精神兩方面都達到至善完美之境界。

從內丹性命雙修體系中，可看出精與氣屬形，心、意則屬神。道典《鍾呂傳道集·論煉形》云：『神者形之主，形者神之舍。形中之精以生氣，氣以生神；液中生氣，氣中生液，乃形中之子母也。』把精、氣均視為形的內容。《道樞·胎息篇》云：『形初成則神依形而住，故神無形則不住，形無氣則不變，氣無形則不立，故知神形者受氣之本也。氣者，養形之根也。三者和合，然後出處於世矣。』這裏，强調了氣對形的重要意義，即在形的『精、氣』中，氣則屬於更重要的地位。

在道家形神並煉、性命雙修中，形神二者亦非並列，而以神為主導，形為從屬。陶弘景曰：『夫神者生之本，形者生之具也。』（《養性延命録·教誡》）故丹經以煉神為主，而神藏於心，故心為最根本。『心者，神之舍也；心者，衆妙之理，而宰萬物也。性在乎是，命在乎是。』（《玉清金笥青華秘主金寶内煉丹訣》）張伯端《悟真篇·自序》云：『欲體至道，莫若明夫本心，心者，道之樞也。』《内經》亦云：『心者，五臟六腑之大主，精神之所舍也。』（《素問·六節藏象論》）故《内經》亦强調養神為養生之主：『恬憺虛無，真氣從之，精神内守，病安從來？是以老閑而少慾，心安而不懼，形勞而不倦，氣從以順……所以能年皆度百歲而動作不衰者，以其德全不危也。』（《上古天真論》）中華道家與醫家的神為主導的觀點，極為重視精神對肉體的巨大作用，與機械唯物論視生命為肉體機器，只見物質不見精神的片面觀念有本質的差異。因此，道家性命雙修形神並煉的思想與方法，在今天世界文化衛生發展中仍煥發出獨特的光彩，使西方的不少學者信服、崇敬，道家『神將守形，形乃長生』的觀念將起着日益重要的作用。

（五）黄庭妙義，命理微觀

道家既以養生延命為主旨，其於人體生命機理，自然十分重視，在自先秦神仙家以來的三千年中，經過不斷的觀察、體驗與探究，道家形成了具有自身特色的生命觀與生理觀。在形神統一論的指引下，道家構成了以精氣神為生命本質，經絡與臟腑為生命主要形態的生理學說。這一學說與中醫的經絡、臟腑理論是一致的，因為醫、道原本是一家。只是在道教形成之後，結合道教的修煉和宗教學說，道教的生命理論常常與道家修煉體驗相互溶合，並籠罩了一層宗教神學的色彩，形成了道教生命理論的鮮明特色。

精、氣、神構成人體生理、命理之根本原素，三者之性質上相互關係及其在養煉、保健、療疾中之地位與作用，本章上節已有論述。這裏着重說明道教醫家之經絡學說與臟腑理論。

經絡學說是中醫診治與道家修煉極其重要的基本理論。經絡系統的發現與創立，是醫道一體的重要成果。經絡是人體的客觀存在，而這種存在又非生理、解剖等現代人體科學手段所能證實，因此，它是一種特殊的存在，或可謂之為『形而上的』生命體系的存在，因此，它的發現與不斷完善，離不開感悟、内省等體驗方式，即人體超常智能的『内視』、『透視』等功能的運用。當代不少氣功師與功能人的體驗，一再證實了經絡系統特殊的存在方式及對它們的認識特殊途徑與方法。

經絡為人體經脈和絡脈之簡稱，上下直行曰經，左右橫行曰絡。人身一小天地，地之有溝渠江河猶如身有經脈絡脈。經絡為精、氣、神運行通道，左右貫通，前後連接，周流不息，循行無端。故《内經》强調認識經絡之重要性云：『經脈者，所以決死生，處百病，調虛實，不可不通。』（《靈樞・經脈》）『夫十二經脈者，人之所以生，病之所以成，人之所以治，病之所以起。學之所始，工之所止也；粗之所易，上之所難也。』（《靈樞・經脈》）指出對經絡學說的認識、掌握與運用，直接決定醫者的診治功效與水平之高下。

經脈可分正經和奇經兩大類。正經十二條，即手足三陰經與手足三陽經，為氣血運行之主要通道。奇經八條稱『奇經八脈』，即督、任、沖、帶、陽蹺、陰蹺、陰維、陽維，有統率、調控十二經脈之作用。在道家修煉與治療中，以奇經八脈為重點。此外，經絡中還有十二經脈所分出的別支，補正經之不足，它們是十二經別、十二經筋與十二皮部。絡脈為經脈的分支，圍繞全身，加强經脈之間與人體表裏之聯繫，有十五別絡、孫絡、浮絡等。經絡之組成與名稱，可見下表：

經絡表

- 經絡
  - 經脈
    - 十二經脈
      - 手三陰經：手太陰肺經、手厥陰心包經、手少陰心經
      - 手三陽經：手陽明大腸經、手少陽三焦經、手太陽小腸經
      - 足三陰經：足太陰脾經、足厥陰肝經、足少陰腎經
      - 足三陽經：足陽明胃經、足少陽膽經、足太陽膀胱經
    - 奇經八脈
      - 督脈、任脈、沖脈、帶脈
      - 陰蹻脈、陽蹻脈、陰維脈、陽維脈
    - 十二經別
    - 十二經筋
    - 十二皮部
      - （十二經別、十二經筋、十二皮部）分手足三陰三陽，與十二經脈同
  - 絡脈
    - 十五別絡：十二經脈及任脈、督脈各有一別絡，再加脾之大絡
    - 孫絡：細小絡脈，遍布全身
    - 浮絡：浮現於體表的絡脈

經絡為聯繫人體五臟六腑、五官九竅、四肢百骸、皮肉筋骨等內外各部器官、組織之聯絡網，使氣血周流全身，人體表裏協調，達到形神共濟，成為統一平衡之整體。正如《內經

·靈樞海論》指出：『夫十二經絡者，內屬於臟腑，外絡於肢節。』《內經》概括出經絡的主要臟器及走向，手三陰由胸走手，手三陽由手走頭，足三陽從頭走足，足三陰從足走腹。形成全身內外上下『陰陽相貫，如環無端』。奇經八脈中之督脈為『陽脈之海』，任脈為『陰脈之海』，沖脈為『五臟六腑之海』，亦稱『十二經脈之海』。

經絡學說對道家的養煉及道醫診治病患，運用按摩、點穴、佈氣、針灸等治病健身，均極為重要，故對經絡學說亦進行了深入的研究。《道藏精華》收入有關經絡學說的重要著作，如元代滑伯仁《十四經發揮》，對十二正經及任督二脈 之陰陽往復、氣穴駐會詳加考釋，圖詳穴明，精要中肯。《十四經脈穴歌》一書解說更為詳盡，均為道家修煉及治療之重要經典。道家從修煉內丹出發，尤重奇經八脈之作用。李時珍曰：『任督二脈，人身之子午也。乃丹家陽火陰符昇降之道，坎水離水交媾之鄉。』《大道三章直指》云：『修丹之上身中一竅，名曰元牝，正在乾之下坤之上，震之西，兌之東，坎離交媾之鄉。在人身天地之正中，八脈九竅十二經五絡聯輳虛間一空，空懸黍珠，醫書謂之任督二脈，此元氣之所由生，真息之所由起。修丹之士，不明此竅，則真息不生，神化無基也。』滑伯仁指出任督二脈之緊密關係：『任督二脈，一源二政，一行於身之前，一行於身之後。人身之有任督，尤天地之有子午，可以分，可以合，分之以見陰陽之不離，合之以見渾綸之無間。一而二，二而一者也。』表明任督二脈在周天貫通之後，成為一體之特點。《奇經八脈考》引張紫陽真人《八經脈》，除指出任督二脈之重要作用外，還强調陰蹻之作用云：『凡人有此八脈，俱屬陰神，閉而不開，惟神仙以陽氣衝開，故能得道。八脈者，先天大道之根，一氣之祖，採之惟在陰蹻為先。此脈才動，諸脈皆通，次督任沖三脈，總為經脈造化之源，而陰蹻一脈，散在丹經，其名頗多，曰天根，曰死户，曰復命關，豐都鬼户，曰死生根。有神主之名，曰桃康，上通泥丸，下透湧泉，倘能知此，使真氣聚散，皆從此關竅，則天門常開，地户永閉，尻脈周流於一身，貫通上下……得之者，身體輕健，容衰返壯，昏昏默默，如醉如痴，此其驗也。』對陰蹻脈之作用作如此分析與强調者，在道家亦非常論，故李時珍指出『紫陽八脈經所載經脈，稍與醫家之説不同。然内景隧道，惟返觀者能照察之，其言必不謬也。』認為這是道家於修煉中之體驗内視之發現，必然有其根據，是值得修道者重視的。

與經絡學説相聯繫，古道家與醫家還創立了穴位理論。穴位是人體臟腑經絡氣血輸注出入之處，於人體生理病理有極為重要之意義。道家修煉意守、按摩、導引及道醫診治針灸、點穴等均離不開穴位之認識。《靈樞·九針十二原》云：『節之交，三百六十五會……所言節者，神氣之所遊行出入也。』《靈樞·小針解》寫道：『節之交，三百六十五會者，絡脈之滲灌諸節者也。』指出人體存在三百六十五穴，穴之作用為神氣之遊行與灌注之處。其名稱亦稱為腧、俞、輸、節、會等。《内經》據腧穴之分佈與作用分為若干大類：分佈於十二經脈與任、督脈上者為『經穴』，上述經穴之外者為『經外奇穴』。十二經脈分佈於肘、膝關節以下者為『五輸』，它們分別名井、滎、輸、經、合。『絡穴』為絡脈從經脈分出處穴位。又臟腑經氣輸注於背部者稱『俞穴』匯聚於胸腹者稱『募穴』。

穴位的認識與道家煉功意念集中部位及內氣之運行關係極為密切，內丹意守部位多為頭部之印堂（亦稱上丹田），胸部之膻中（中丹田），腹部之神闕、關元（下丹田）、氣海、命門及足掌心之湧泉穴等。又有陰蹻穴，即會陰穴，亦名虛危穴，亦為丹家之要穴。清劉敲蹺《道源精微歌》云：『虛危穴，即地户禁門是也，上通天穀，下達湧泉，真陽初生之時，必由此穴經過，故曰關係最大。昔日呂祖教劉海蟾曰：水中起火，妙在虛危穴。故海蟾長坐陰蹻，而轉老還童矣。道經認為，人身精氣聚散，水火發端，陰陽交會，子母分胎，均在此處，所以《黃庭經》有「閉塞命門保玉都」之句，玉都即此穴也。位在任督中間。』上文敘張紫陽《八脈經》所論之陰蹻脈，實則指此穴位，於道家修煉關係極為重要者。此外道家修煉之周天運行等功法，均為經絡、穴位學說之運用。故此亦為道家之重要基礎理論，是道教醫家所必須首先精熟的。

早在先秦時期方術醫家之士，便在人體解剖學基礎之上，對人體內臟器官之構成與作用有了初步的認識，逐步形成了古代醫家之臟腑學說。《靈樞·經水》云：『若夫八尺之士，皮肉在此，外可度量切循而得之，其死可解剖而視之，其臟之堅脆，腑之大小，穀之多少，脈之長短，血之清濁，氣之多少……皆有大數。』這裏明白記載了先秦醫家通過人體解剖認識臟器的情况。在解剖生理學基礎上，加上長期體驗與經驗的累積，中醫創立了醫學的核心理論藏象學說。《内經》根據臟腑生理功能特點，分為五臟、六腑和奇恒之府。五臟即心、肺、脾、肝、腎；六腑即膽、胃、小腸、大腸、膀胱、三焦；奇恒之府即腦、髓、骨、脈、膽、女子胞（子宫）。《内經》認為五臟之功能為化生及貯藏精微物質，六腑之功能則是受盛、傳化水穀和排泄糟粕。《素問·五臟别論》云：『所謂五臟者，藏精氣而不瀉也，故滿而不能實。六腑者，傳化物而不藏，故實而不能滿也。所以然者，水穀入口，則胃實而腸虚；食下，則腸實而胃虚。故曰：『實而不滿，滿而不實也。』而奇恒之府，不與水穀接觸，與五臟有類似作用，《素問·五藏别論》云：『腦、髓、骨、脈、膽、女子胞，此六者，地氣之所生也。皆藏於陰而象於地，故藏而不瀉名曰奇恒之府。』上述分類之中，膽分别屬於六腑與奇恒之府，是由於古人對膽的功能的認識而來，一方面膽與胃腸等器官相近，但其性質又屬於『藏而不瀉』，故既屬六腑，又劃入奇恒之府。

道家依據《内經》臟腑原理，結合修煉與宗教神學，創造了一套道家生理命理之理論體系，集中體現在道教經典《黄庭經》之中。成書於魏晉時期的《黄庭經》為道家著名典籍，深受歷代養生家重視，何謂『黄庭』？唐代務成子註《上清黄庭内景經》解『黄庭内景』四字曰：『黄者，中央之色也。庭者，四方之中也。外指事，即天中、人中、地中。内指事，即腦中、心中、脾中。故曰黄庭内景者，心也；景者，象也。外象諭即日月星辰雲霞之象；

內象諭即血肉、筋骨、藏府之象也。心居身內，存觀一體之象色，故曰內景也。』可知《黃庭經》以天人相應之觀念，論說人體腦、心、脾等血肉、筋骨、藏府之形態作用與特徵。《黃庭經》有外景經和內景經之分。《黃庭外景經》相傳為東晉魏華存夫人（二五一——三三四年）所傳，經中以古道經中人身臟腑有主神之說為本，結合中醫臟腑學說，闡述道家修煉之醫理根據及長生久視之要訣。指出黃庭一竅，實為人身根本，修煉應精至黃庭，氣歸黃庭，神入黃庭。其開篇云：『老君閑居作七言，解說身形及諸神。上有黃庭下關元，後有幽闕前命門。呼吸廬間入丹田，玉池清水灌靈根，審能修之可長存。』說明此經從人身構造指點修煉方法。『黃庭』一竅，解說各異，務成子云：『黃庭者，目也。』

近代著名道教學者陳攖寧《黃庭經講義》謂『臍內空處，即黃庭也。』修煉主要意守丹田，氣入丹田，清水為唾液，舌為靈根，咽而嚥之。下關元為臍下三寸之穴，其內即丹田。此經依據人體經穴解說，頗受後人重視。南朝時期，有《黃庭內景經》，仍以七言詩歌形式，將人體分為上、中、下三部，詳述五臟諸神及修煉臟腑之法，更多地從人體五臟構造、性質來闡述修煉的要訣。其法重在存守，謂人體有『八景二十四真』之神，即每個臟器均有神靈，存思諸神，則能通靈，洞觀自然，養精煉氣，長壽成真。其《心神章》有五臟神之稱謂：『心神丹元字守靈，肺神皓華字虛成，肝神龍煙字含明，……腎神玄明字育嬰，脾神常在字魂停，膽神龍曜字威明。六腑五藏神體精，皆在心內運天經，晝夜存之自長生。』謂五臟各有神靈，當然是宗教神學的說法，但對五臟特點及生理、病理的分析，則包含有道教生理觀的合理成分。《黃庭內景秘要六甲緣身經》（見《雲笈七籤卷十四》）亦為道教解釋黃庭內景之重要經典，基於五臟之性質、生理作用講解較詳，當然也籠罩着神學迷霧。其五藏各有圖象，並結合五行八卦之理論述五臟之生理、病理，節引如下：

治肺當用泗，泗爲瀉，吸爲補。夫肺者兑之氣，金之精，其色白，其象如懸磬，其神如白狩……肺合於大腸，上主於鼻，故人之肺風則鼻塞也。色枯者，肺乾也。人鼻癢者，肺有蟲也，人之多怖者魄離於肺也。人之體生白點者肺微也。人之多聲者肺强也。人之不耐寒者肺勞也。好食辛者肺不足也。顏色鮮白者肺無他惡也。人大腸鳴者肺氣壅也……。

治心當用呵，呵爲瀉，吸爲補。夫心者離之氣，火之精。其色赤，其象如蓮花，其神如朱雀……心合乎小腸，主其血脉，上於舌。人之血壅者，心驚也。舌不知味者，心虧也……多忘者，心神離也。好食苦者心不足也。多悲者心傷也。重應者心亂也。面青黑者心冰也。容色赤者心無他惡也……

治肝當用噓，噓爲瀉，吸爲補。夫肝者，震之氣，水之精，其色青，其象如懸匏，肝主魂，其神如龍……肝合於膽，上主於目，肝盛則目赤。又主於筋，肝虧則筋急。皮枯者肝熱也，肌肉黑暗者，肝風也。好食醋味者，肝不足也。色青者，肝盛也，手足汗者無他惡也。毛髮枯者肝傷也……

治脾當用呼，呼爲瀉，吸爲補。夫脾者坤之氣，土之精，其色黄，狀如覆盆。脾主意，其神如鳳……脾連胃，上主於口，消穀之腑，如磨之轉，化生而入熟也。食不消者，脾不轉也，食堅硬之物磨之不化也。人不欲食訖便卧，其脾則側，側則不轉。食堅物生食不化，則爲宿食之患也。故食不調則傷脾，脾藏不調則傷質，質神俱損則傷人之速。故人之不欲食生硬堅澀之物，全人之道也。人不欲食，爲脾中有不化食也。多惑者脾識不安也。多食者脾虚也。食不下者脾塞也。無顔色者脾傷也。好食甘者脾不足也。顔色鮮滑者脾無他惡也……

治腎當用吹，吹爲瀉，吸爲補。夫腎者陰之精，坎之氣，其色黑，其象如圓石。其神如白鹿兩頭……腎合於骨，上主於齒，齒痛則腎傷也。又主於耳，人之骨痛者腎虚也。耳不聞聲者腎虧也。齒多楚者，腎虚也。齒黑齲者腎風也。耳痛者腎氣壅也。腰不伸者腎冰也。色黄者腎衰也。容色紫光者腎無他惡也。骨鳴者腎羸也……。

以前名五藏，加膽名六府。膽亦受水氣與坎同道。膽有疾，當用嘻。嘻爲瀉，吸爲補。圖刑已附在肝藏。夫膽者金之精，水之氣，其色青，其象如懸瓠，其神龜蛇……膽合於膀胱，上主於毛髮。毛髮枯者，膽損也。髮燥者膽有風也。無懼者膽洪大也，顏貌青光者，膽無他惡也。爪甲乾者膽虧也，毛焦者膽熱也。無事淚出者膽勞也。好酸者膽不足也。

從上引《黃庭內景秘要六甲緣身經》對人體臟器性質及生理病理的論述中，可以看出道家以《黃庭經》為代表的生理學說，大體是符合實際的，在道教神學的神秘外衣下，閃耀着人體科學的光輝。道教對人體內臟器官與人體生理的研究，取得了不少成果，相傳尹真人高弟手筆之明代重要道家內丹典籍《性命圭旨》一書中，即繪有說明人體內臟器官之《內照圖》，並以文字解說各器官之性質、功能。其圖與近代人體胸腹解剖圖基本相同。可知道家在解剖生理方面亦達到一定的水平。

道家對人體生理的探究，為道教的修煉與祛病療疾取得優良效果提供了理論基礎，成為宗教科學與醫療保健養生學中的一份極為珍貴的文化遺產。

三、循經探穴 濟世活人
——道醫對導引按摩及穴法的運用

（一）道醫善按摩、針術之淵源

據史籍記載明中葉孝宗時有一名醫凌雲，極精針術，流傳許多有關他的神奇針法及效驗的故事。《浙江通誌》寫他『遇泰山異人，授明堂針術，治秦藩疾得瘳，孝宗聞之，延見聖躋殿，賜太醫院御醫。年七十有七，無疾而終。』這位憑神奇的針術當上太醫院御醫的人，他的醫術則是從道教醫家學來的。《明外史·凌雲傳》：『凌雲，字漢章，歸安人，為諸生。棄去，北遊泰山，古廟前有病人，氣息垂絶，雲嗟嘆久之。一道人忽問曰：『汝欲生之乎？

曰：然！道人針其左股，立蘇。語雲曰：『此人毒氣內侵，非死也，毒散自生耳。因授以針，雲拜受之，為人治疾，無不效。』這段記載表明，善用針術治病，為道教醫家的特色之一，世間醫者的針術不少也是來自道家的。

針灸按摩之術，實為最古老之醫術。早在原始時期，原始人對病痛之處自然地加以撫摸按壓，或使病痛減輕，這可以說是按摩針灸治病之起源。《帝王世紀》云：『伏羲嘗百草，製九針，以拯夭枉。』伏羲為傳說之原始父系氏族社會領袖，考古出土距今六千年前的新石器時代中期的仰韶文化，已有用於醫療之石針、砭石。商代甲骨文中之『殷』字，即象人內腑有疾病，人手執器具以治之。（于省吾《甲骨文字釋林》）可知商代按摩已為常見治病方法。春秋戰國時期神仙方術之士及醫家如扁鵲、文摯等，亦多用針灸、按摩以治病。

《黃帝內經》一書從醫學地理學的角度，詳論了遼闊祖國四面八方之不同地理環境，所產生的不同疾病以及不同的治療方法。從中亦可窺見道教醫家多以針術、按摩治病之地理淵源。《內經素問．異法方宜論》精闢地論述了某種特殊的治療方法的產生，是與特殊地理環境下所產生疾病的特殊性所決定的。《內經》詳細分析了東西南北中各地疾病及治療方法，指出『東方之域……魚鹽之地，海濱傍水……其病皆為癰瘍，其治宜砭石。故砭石者，亦從東方來。』說明以砭石治瘡癰等外科疾病，是發源於東方。『西方者，金玉之域，沙石之處……其民陵居而多風，水土剛强……其病生於內，其治宜毒藥。故毒藥者，亦從西方來。』說明西方人多內傷之疾，主用服藥療法，因而服藥之法發源於西方。北方者……其地高陵居風寒冰冽，其民樂野處而乳食，藏寒生滿病，其治宜灸焫，故灸焫者，亦從北方來。』指出北方人多生內臟受寒之脹滿病，宜用艾火燒灸，而灸法源於北方。『南方者，天地所長養陽之所盛處也，其地下水土弱，霧露之所聚也。其民嗜酸而食胕，故其民皆緻理而赤色，其病攣痹，其治宜微鍼。故九鍼者亦從南方來。中央者，其地平以濕，天地所以生萬物也衆。其民食雜而不勞，故其病多痿厥寒熱，其治宜導引按蹻。故導引按蹻者，亦從中央出也。』《內經》指出了南方人常患筋脈拘急、麻木不仁之疾，宜用針刺，而針術發源於南方。中央地區之人易患痿弱寒熱之病，宜採用導引按摩，故按摩導引則出自中原。此種地理因素與疾病治療方法之關係，亦表明了道教醫家多以針法及導引按摩治病之地理淵源。本節第一章曾論及醫道同源的共同文化地理因素，指出道家思想老莊哲學來自南方，南方之巫風盛行及南方地理與醫藥的產生，均與道教發源於南方有密切關係。而古中原為華夏中心地域，各地文化均通過中原而傳播全國，中原文化亦滲透於各地文化之中。因此，從地理文化因素看，道教醫家之長於導引、按摩及針術，並以這些形成道醫的特色，便不足為奇了。

歷代著名道教醫家，多精於導引、按摩及針灸之術。不過道家以修煉自身為主，其導引、按摩均屬於自我修攝之方法，而針術則多用以治病療疾。晉代道家葛洪重視導引術，認為導引為道家防病强身之重要方法。葛洪《抱朴子·遐覽》所列道教書目有《按摩導引經十卷》，可惜該書已亡佚。葛洪亦重視利用穴法以治病。其《肘後備急方》一書中載有針灸治方一〇九條，對古代針灸早期發展作出重要貢獻。他記敘了治卒死、屍厥、卒心痛、鬼擊、五屍、霍亂、中風等多種急症之針灸治療法。葛洪之取穴多採經外奇穴，刺法有毫針法、指針法、放水法、挑刺法、放血法等多種，可知葛洪之針術對《內經》有較大發展。

唐代著名道教醫家『藥王』孫思邈，對醫藥全面精通，除對本草、方劑等方面有巨大貢獻外，在針灸方面也有顯著成就。其《千金要方》和《千金翼方》兩書均有專論針灸之部分，除其本人之經驗外，還保存了大量已經散佚的針灸文獻資料，如《針方》、《明堂人形圖》、《甄氏針經鈔》等多種。孫氏的著作中記近二百個經外奇穴，並首創『阿是穴』之名：『有阿是之法，言人有病痛，即令捏其上，若裏當其處，不問孔穴，即得便快、成痛處，即云阿是，灸刺皆驗，故曰阿是穴也。』於針法上孫氏亦有許多發展，其用針，有毫針、鋒針、大針、火針、白針等多種，其刺法要明補瀉、深淺。並主張針灸服藥等綜合治療。孫氏創造了許多著名的經驗，如治癲狂的孫真人十三鬼穴、中風的七穴、腳氣八穴等，至今仍為醫家所重視與運用。

宋元之後醫道分流，道教醫家仍多以針灸按摩為治病，流傳不少有關道醫神針的故事。據《逸史》載：『德宗時，有朝士墜馬傷足，國醫為針腿。針入，有氣如煙出，夕漸困憊，將至不救，國醫惶懼。有道士詣門云：「某合治得」。視針處，責國醫曰：「公何容易，死生之穴，乃在分毫。人血脈相通如江河，針灸在思其要津。公亦好手，但誤中孔穴』。乃令畀牀就前，於左腿氣滿處下針……氣出之所，泯然而合，疾者當時平癒。朝士與國醫拜謝，以金帛贈遺，道士不受。啜茶一甌而去，竟不知所之矣。』這段故事較真實地記敘了道醫之醫術、學識及濟世活人之風格，是較為可信的。

（二）道醫導引術及其特色

導引為我國古代重要的養生方法，也是道家修煉的重要方式之一。對導引的性質、作用最早論述者見於《莊子·刻意》：『吹响呼吸，吐故納新，熊經鳥伸，為壽而已矣！此導引之士，養形之人，彭祖壽考者之所好也。』表明早在先秦時期，導引便是神仙方術之士追求長壽永生的一種修煉方法。但導引也是一種無病健身、有病治病的醫療功法。《黃帝內經》：『其病多痿厥寒熱，其治宜導引按蹻。』即指出了導引與按摩均為治病方法。『導引』二字釋義，《莊子集解》謂：『導氣令和，引體令柔。』是指呼吸配合動作，因而是一種氣功之動功。啟玄子註《內經·素問》云：『導引，謂搖筋骨、動支節，按，謂抑按皮肉，蹻，謂捷舉手足。』則認為導引主要為肢體之運動。故古代亦稱導引為『屈伸之法』、『偃仰之方』。

總之，導引是以肢體動作配合呼吸以強身治病之方法。長沙馬王堆西漢墓出土之帛畫《導引圖》姿式動作之旁註指出了主治疾病之名稱，如『引聾』『引潰』『引瘟病』『引痹痛』『引膝痛』等十餘種（《文物》一九七五年第六期），可知在秦漢之際或更早，導引已成為一種重要之醫療功法了。

漢末道教形成之後，即全面承繼先秦以來神仙方術及醫家之導引術，並作為道家於修煉過程中，必須掌握的健體祛疾之方法。抱朴子葛洪即十分重視導引之作用。《抱朴子·雜應》中葛洪在論及修道之人是否生病的問題時指出：『養生之盡理者，既將服神藥，又行氣不懈，朝夕導引，以宣動榮衛，使無輟閡，加之以房中之術，節量飲食，不犯風濕，不患所不能，如此可以不病。』表明堅持服藥、行氣及導引，則可以體健不病。可見道家首先是從健體防病的角度來運用導引之術的。但葛洪同時指出，修道者所居為人間，難免各種災禍及病患，因此，必須懂得並學會治病：『是故古之初為道者，莫不兼修醫術，以救近禍焉。』表明葛洪主張道醫兼習，方能保健療疾，以利修煉。『衆術合修』，即集諸種養生修煉方術之長，加以綜合運用於養煉，是葛洪的重要主張。葛洪認為導引不必過分拘泥於某些招式功法，應根據人體情況靈活運用。《抱朴子·別旨》云：『夫導引不在於立名、象物、粉繪、表形、著圖、但無名狀也。或伸屈，或俯仰，或行臥，或倚立，或躑躅，或徐步，或吟，或息，皆導引也。』對導引之作用，葛洪認為主要在於理氣暢血：『凡人導引，骨節有聲，如大引則聲大，小引則聲小，如筋緩氣通也。夫導引，療未患之疾，通不和之氣，動之則百關氣暢，閉之則三官血凝，實養生之大津，祛痰之玄術矣！』

由於道教對導引之重視，魏晉以來，道家修為典籍中，均收錄大量導引術式，一些著名術式尚流傳至今。在《後漢書》等史籍中記載了華佗創五禽戲，但無具體內容。南朝道家陶弘景《養性延年錄》中則詳記了《華佗五禽戲》之動作要領：『虎戲者，四肢距地，前三擲，卻二擲，長引腰，乍卻仰天即返，距行前卻，各七過也。鹿戲者，四肢距地，引項反顧，左三右二，左右伸腳，伸縮亦三亦二也。熊戲者，正仰以兩手抱膝下，舉頭，左僻地七，右亦七，蹲地，以手左右托地。猿戲者，攀物自懸，伸縮身體，上下一七，以腳鉤物自懸，左右七，手鉤卻立按頭各七。鳥戲者，雙立手，翹一足，伸兩臂，揚眉鼓力各二七，坐伸腳，手挽足距各七，伸縮二臂各七也。夫五禽戲法，任力為之，以汗出為度。有汗，以粉塗身。消穀食益除百病，能存行之者，必得延年。』（《雲笈七籤》卷三十二）至明代周履靖《赤風髓》中有《五禽書》，繪圖並文字解説華佗五禽戲之功法效用。流傳至今之五禽戲多依據上述古籍而來。

在著名的道家導引術式中，還有傳為唐末道士鍾離權所創之『八段錦』，與托名達摩禪師傳授，實為明代天臺山紫凝道人編作之『易筋經』等，均為至今仍流行之著名導引術。道家典籍所載之導引術式甚多，如『赤松子導引法』、『寧先生導引法』、『彭祖導引法』、『王子喬導引法』、『靈劍子導引法』等，見於《道藏》者不下數十種之多。可見道教對導引之重視及對古代導引之研究與發展的突出貢獻。

道家關於導引強身治病之理論，貫穿着以陰陽、氣血決定人體生理、病理的觀點。道家論導引養生、祛病的專著《太清養生篇》分析導引治病之機制寫道：『人之身，十二大節，三百六十小骨，孔孔相對，脈脈相通，新氣與故氣交錯其間。新氣或頓阻，或循行，故氣或流通，或壅滯；或俱塞，或並馳。蓋壅滯者，陽氣之聚而為塊瘕者也；頓阻者，陰氣之積而為腫為瘍者也。氣既能蓄聚，則亦有分散之理矣。凡患之所在，可用導引以散之，和氣以攻之，時意以送之，清氣以潤之，咽津以補之，病惡有不除者乎。』（《道樞》卷二八）上述分析認為人體的健康在於陰陽平衡，氣血流通。如陰陽失調、氣血滯塞，則生疾患，而導引則能通氣血、調陰陽，故能治療多種疾病。道家的此種生理、病理觀點，無疑是較正確而符合實際的。

在這種觀念指導下，道醫對不少疾病的分析，有精闢的見解。如論咳嗽之症云：『咳嗽者，陽氣在於藏，奔上而欲出，其陰氣復入，而相逢於頞中，陰陽之氣漸盛則嗽彌甚矣。』又如論口鼻血之症云：『鼻衄血、口唾血者，中焦熱熾，飯水則變為血，故中焦之氣上衝於肺，肺復衝鼻，則為衄血。中焦之氣下注於脾，脾復衝口，則為唾血。凡病此者，前溲少矣。治之之法，大坐，導引左右各三六〇過，然後舒左右足，以左手捉右足五指，七過；右亦如此。衄血則咽津焉，鼻納之口吐噓出之；唾血亦咽津焉而呬出之。各三六〇過，旦暮為之，則瘉矣！』指出口鼻血是中焦積熱所致，而熱甚則小便不暢，都是較準確的。

《太清養生經》所論疾病頗多，五官有明目、目赤流淚、耳聾、口鼻出血、鼻息肉、口乾苦等。諸痛有骨節痛、脅痛、腰痛、皮膚痛、腰痹背痛、膝寒脛痛、頸項腰背痛、膝痹不任行等。內病有咳嗽、胃食不變、反胃、心腹堅痛、胸脅結癖、周身腫、溫疫、瘧疾、霍亂、淋症及卒死、屍厥等。外科則有癩瘡、痔疾等。但導引之特徵為通過肢體動作配合呼吸以療疾，其性質為一種自我運動，為術者自我鍛鍊與自我醫治之技術。道家講修煉，多為自我性活動，故特別重視導引之保健療疾作用。

道醫以導引為人治病，主要為傳授某種導引方式，令患者習練某種適合病症之導引術以自我治療。但道醫在對付某些失去自應功能之病患者時，亦有由術者施以導引術以治療之，此亦為道醫導引之又一特色。《太清養生經》敘治卒死、屍厥等暈絕之病症云：『卒死者，陽也，先因癱病，故其氣頓阻於四關九竅之中，所以絕氣焉。屍厥者，亦陽也。死而脈猶動，耳中有聲或無聲而股暖，陽絕於九竅而四關尚通焉。五屍死者亦陽也……其心腹脹滿痛急而不得息，或二脅之下磥塊湧起，此皆陽為陰所閉而然爾。吾有法可以起之：使人用力掣其左手，次之右手，次之左足，次之右足，各三百六十處。然後以葱心（去其尖）入其鼻左，以面密固其際及壅其口與耳焉。吹耳則壅鼻，吹鼻則塞耳。其吹之也，徐徐而長，吹之既已，以指閉其葱孔。左吹四九，右亦如之……夫鼻者主肺，肺為諸藏之蓋也。耳者主腎，腎為通氣之本也。』這種使人對患者運動肢體，然後以葱吹氣使之通氣，與人工呼吸是否有某些聯繫？

又如以導引治半身不遂者亦有『使人力掣手足不隨者各三百六十過，復以左右手向下捋手足不隨者亦三百六十過。』這種以外力助其導引，已與按摩有類似之處。道醫之導引對多種疾病之治療，其作用機制與療效，尚需深入研究，這當是現代對道教醫學遺產的整理研究工作中的一項十分有意義的任務。

（三）道醫按摩與穴法之運用

導引、按摩與針灸雖屬不同的養生與治療方法，但三者有着極為緊密的聯繫。導引為配合呼吸吐納之肢體運動，按摩亦稱按蹻，其特點為折按皮肉，捷舉手足，實與導引相類，故《內經》云：『其治宜導引按蹻』，把導引與按摩同列並舉。道家養生許多功法中，亦兼有導引與自我按摩。如孫思邈《千金要方·養性》中《按摩法第四》列『天竺國按摩法』與『老子按摩法』二種，『天竺國按摩法』註云：『此是婆羅門法』，表明此種按摩術可能為印度傳入。但其法中以導引動作居多，如『以手如挽五石力弓』、『作拳向前築』、『作拳卻頓，此是開胸』、『兩手據地縮身曲背，向上三舉』等，其按摩動作並不多，如『兩手相捉扭捩，如洗手法』、『兩手相捉共按脛』、『兩手相重按胜』等。『老子按摩法』亦為導引與按摩相結合之功法，如『兩手捺胜，左右捩身』、『兩手捻胜，左右扭肩』等，其按摩動作有摩扭、掘（揩）、搦、捩等，整個術式中，仍以導引動作居多。道教典籍中修攝部所記按摩功法散見於講導引養生之著述中，如《左洞真經按摩導引法》、《古仙導引按摩法》、《四季攝生圖・自按摩法》、《八段錦》中之按摩法、《諸仙導引圖》之按摩法以及《道樞》中之《頤生篇》和《衆妙篇》中所載按摩法等。這些按摩法多配合導引、行氣，對五官、四肢及丹田、湧泉等穴位進行按摩，如《道樞・衆妙篇》記宋徽宗敘述一種養生按摩之『七氣之訣』，一曰叩，即叩齒。二曰托，即托手上舉。三曰張，左右如挽弓及彎腰如張弩。四曰摩，『摩者，摩左右手熱以摩其耳，謂之發水，次摩其目各三十六過，謂之發火。次摩其面以及其身中。』五曰捏，『捏者以左右手叉腰盤足而坐，左捏二肩背甲，右亦然。』六曰揩，『揩者以左右手相揩熱，以揩二腎堂使熱。』七曰漱，漱者漱津液滿口咽之，『然後以左右手相揩熱以摩丹田無數。』道家的這類自我按摩之功法，多為氣功、導引之輔助功，至今仍流傳於許多流派之氣功功法之中。

道家之另一種用於保健、治病為患者按摩之功法，即《孟子・梁惠王》中『為老人折枝』。枝與肢通，據漢·趙岐註：折枝即為他人按摩。此種為人治病之按摩與自我按摩不同。自我按摩因作用於自身，無論力度、手法、技巧均受到諸多限制。故自我按摩一般動作較為簡單。他人按摩則不同，可以用各種手法技巧，可以按摩身體之任何部分，因而他人按摩很早就發展成為一種有獨自體系之醫療技術。

《内經·素問·血氣形志篇》云：『形數驚恐，經絡不通，病於不仁，治之以按摩醪藥。』馬王堆漢墓出土之《五十二病方》中有以按摩治『癃病』（小便不利）之術：『令病者北火灸之，兩人為靡（摩）其尻，痒（癃）已。』讓患者背對火灸烤，兩人按摩其尾椎，癃病即癒。《漢書·藝文誌》有《黃帝歧伯按摩十卷》，可知按摩在秦漢時期技術即有較高發展，並總結成書。

按摩古稱按蹻、案杌、折枝，明清時期亦稱『推拿』。漢以後，按摩即逐漸發展出按、摩、推、拿、揉、掐、搖、滚、抖、點 搓、擦、拍、擊、抹、壓、彈等多種手法技巧。隋唐時期按摩發展成專科，太醫署中有按摩師。宋明以後按摩一直是古代醫學的重要組成部分。道教醫家對按摩有較多的利用，因為按摩技術與道教内功（氣功）有着十分緊密的聯繫，它們不僅在人體生理、病理、經絡、氣血等基本學説上完全一致，而主要的是氣功的功力直接作用於按摩，並以内功功力的大小影響着按摩的療效。按摩所需之臂力、腕力、指力、耐力等與醫者的内外功鍛鍊有直接的聯繫，特別是道家與武家相結合之後，道教内功與武術功法運用於按摩，則產生了非常突出乃至神奇的療效，再加上按摩與氣功的放氣、佈氣相結合，其治病祛疾的功效就更顯著了。所以，道教中出了不少以按摩著名的醫家。本書第一章三節中所引松陽道人之故事，曾叙一病者已瀕死，松陽道人竟以按摩救活，『再按之旬日，漸能步武，後竟癒。』這是道醫按摩神效的典型例證。

按摩與針灸亦有着緊密聯繫，它們都是最為古老的治療方法，並在古代就常常配合為用。《素問·調經論》云：『按摩勿釋，著針勿斥，移氣於不足，神氣乃得復。』針灸與按摩均為通過人體的刺激來治病，其共通的思想理論基礎，即為中醫陰陽五行學說及經絡穴位學說的運用。故按摩中有『以指代針』之說，按摩之循經取穴、經外奇穴、子午流注等，均從針灸理論而來。近人趙輯庵對按摩與針灸之關係有中肯的論述，他在《針灸要訣與按摩十法》中寫道：『以金針刺穴而分陰陽氣道，以為補瀉者，曰針刺法；以指頭按穴而分昇降起落以為順逆上下者，曰按摩術。按摩與金針無二理，知針補瀉者，即知按摩補瀉。蓋陰昇陽降，經絡順逆之道，男女一體，老幼同氣，在醫者辨別寒熱虛實，以為迎奪隨濟。金針如是，按摩亦如是。』又說：『補瀉不明，則按摩不靈。若洞悉陰陽之路，則用針靈，用指亦靈，針法、指法原無二致。故未有不明經絡起止、金針補瀉而能知指針補瀉者；亦未有不知指針補瀉而按摩能收效驗者。』

當然針灸與按摩二者仍有不同之處，這主要表現在二者對人體作用機制的差異上。針灸主要為一種機械性之外力刺激，其刺激可通過針或灸達到人體經絡較深之部分，但其刺激之變化甚少。按摩則可用多種手法與技術使外力以多種方式作用於人體，不僅有刺激作用，更多的則是促使患者機體產生各種運動與變化。故針灸多用於內科、婦科等疾病，而按摩則除內、婦、兒等科之外，更長於骨傷科的治療，這在醫、武結合之中表現得特別明顯。

道教醫家之中不少長於針灸、按摩之術。題為宋代文豪蘇軾撰《仇池筆記》，載道人徐問真，『以指為鍼，以土為藥，治病良有驗』。即指其工於按摩術。這位道醫曾長期跟隨文豪歐陽修。歐陽修『常有足疾，狀少異，醫莫能癒。問真教公汲引氣血，自踵至頂，公用其言，病輒已。』這位道醫向歐陽修傳授導引氣功術，治好了他的足疾。後來歐陽修把此導引治足疾之方告知蘇軾，蘇軾遭貶黃州時，『黃岡縣令周孝孫，暴得重腿疾，軾試以問真口訣授之，七日而癒。』這套導引行氣的方法又治好縣令的腿疾，可知是有效的導引術。這些史料表明道教醫家對導引、按摩、針灸等醫術是十分擅長的。

道教醫家之按摩或針灸以陰陽五行學說為指導，按五行之相生、相剋、相承、相侮之關係，確定人體器官組織之性質及按摩手法之性質，再以五行生剋制化之規律決定施用之手法與部位。如人體之五臟屬性為心屬火，肝屬木，脾屬土，肺屬金，腎屬水。按摩中之摩揉多以較輕之力作環形運動，作用體表，影響於肺，故摩揉性屬金。推抖作用於經脈，多直行，影響於心，故推抖性屬水。拿捏作用於肌肉，以較大之力作上下左右之運動，影響於脾，故拿捏性屬土。點按多以較深之力作用於肌肉筋骨之深處，影響於腎，故點按屬水。彈撥多以中等力度作用於筋，影響於肝，故彈撥屬木。按摩大體以手法之不同屬性按五行生剋之理運用，以調氣血，疏通經絡、活動筋骨，以相關穴位作用於相應疾患，而達到治病康復之效果。

道醫在針灸、按摩治療中，根據人體氣血日、時運行之規律以確定穴位與治療補、瀉之法。《素問·八正神明論》指出：『凡刺之法，必候日月星辰、四時八正之氣，氣定，乃刺之。』《素問·針解》云：『補瀉之時者，與氣開闔相合也。』提出針刺治療必須遵從日月運行季節變化及人體不同時間氣血開闔的規律。《靈樞·衛氣行篇》解釋道：『謹候其時，病可與期，失時反候者，百病不治，故曰：刺實者，刺其來也；刺虛者，刺其去也。此言氣存亡之時，以候虛實而刺之。是故謹候氣之所在而刺之，是謂逢時。』對人體氣血運行之規律進行研究，總結出遵循一定時刻選取特定穴位以治療，古代醫家創造了『子午流注』、『靈龜八法』、『飛騰八法』等穴法。此為道醫以陰陽、五行學說在時間醫學上之運用。

子午流注等穴法之運用，源於《難經》對『五俞穴』之論述。五俞穴都在四肢肘膝以下，手不過肘，足不過膝。陰經各五穴（無原穴），陽經各六穴，共六十六穴，即井、滎、俞、原、經、合。《難經》規定了五俞穴之五行屬性，確定子午流注定穴法之重要依據。茲將十二經五俞穴之名稱及五行屬性列表如下：

十二經五俞穴位配合五行表

陰經					
經名＼穴名	井（木）	滎（火）	腧（土）	經（金）	合（水）
肺（金）	少商	魚際	太淵	經渠	尺澤
脾（土）	隱白	大都	太白	商丘	陰陵
心（火）	少衝	少府	神門	靈道	少海
腎（水）	湧泉	然谷	太溪	復溜	陰谷
心包（相火）	中衝	勞宮	大陵	間使	曲澤
肝（木）	大敦	行間	太衝	中封	曲泉

陽經						
經名＼穴名	井（金）	滎（火）	腧（木）	原	經（火）	合（上）
大腸（金）	商陽	二間	三間	合谷	陽溪	曲池
胃（土）	厲兌	内庭	陷谷	衝陽	解溪	足三里
小腸（火）	少澤	前谷	後溪	腕骨	陽谷	小海
膀胱（水）	至陰	通谷	束骨	京骨	崑崙	委中
三焦（相火）	關衝	液門	中渚	陽池	支溝	天井
膽（木）	竅陰	俠溪	臨泣	丘墟	陽輔	陽陵

子午流注即按氣血運行之時刻確定穴位。時刻為天干（甲乙丙丁戊己庚辛壬癸）與地支（子丑寅卯辰巳午未申酉戌亥）所組成，即『甲子、乙丑、丙寅、丁卯……壬戌、癸亥』共六十甲子，用以記年、月、日、時。子午流注按時取穴以甲子為依據，產生了各種流派，其最主要者有二：一為按甲子之天干按穴法，亦稱納甲法；一為按甲子之地支取穴法，亦稱納子法。道醫對此二者均有運用，簡介如下：

★子午流注納甲法：

子午流注納甲法傳說早在南北朝即已產生。金時何若愚《子午流注針經》為現存最早之子午流注專著，提出了按時日循經取穴之原則：『十二經絡各至本時，皆有虛實邪正之氣，注於所括之穴。所謂得時謂之開，失時謂之合，氣開當補瀉，氣閉忌針刺。』該書列出《針經井滎歌訣》等，對納甲取穴有詳細說明。明代徐鳳著《針灸大全》，對何若愚氏之說明有所歸納與發展，徐氏《論子午流注之法》云：『夫子午流注者，剛柔相配，陰陽相合，氣血循環，時穴開闔也。何以子午言之？曰：子時一刻，乃一陽之生，至午時一刻，乃一陰之生。故以子午分之而得乎中也。流者，往也；注者，住也。』他說明子午流注之原理為：『天干有十，經有十二：甲膽、乙肝、丙小腸、丁心、戊胃、己脾、庚大腸、辛肺、壬膀胱、癸腎、餘兩經三焦、包絡也。三焦乃陽氣之父，包絡乃陰血之母，以二經雖寄於壬癸，亦分源於十干。每經之中，有井、滎、俞、經、合，以配金、水、木、火、土……陽經有原，遇俞穴並過之，陰經無原，以俞穴代之。』對流注取穴指出：『人每日一身周流六十六穴，每時周流五穴。相生相合者為開，則刺之。相剋者為闔，則不刺。陽生陰死，陰生陽死，凡值生我、我生乃相合者，乃氣血生旺之時，故可辨虛實刺之。剋我、我剋乃闔閉之時，氣血正值衰絕，非氣行未至，則氣行已過，誤刺妄引邪氣，其害非小。』徐氏編有《子午流注逐日按時定穴訣》，按天干十日逐日說明取穴方法，以便習者記誦。子午流注納甲法簡表如下：

時辰	時間	開穴／日干：甲日（陽）
子	23－1 陽	
丑	1－3 陰	（滎）行間
寅	3－5 陽	
卯	5－7 陰	（俞）神門 （原）大陵 （原）太溪
辰	7－9 陽	
巳	9－11 陰	（經）商丘
午	11－13 陽	
未	13－15 陰	（合）尺澤
申	15－17 陽	
酉	17－19 陰	（合）中衝
戌	19－21 陽	（井）竅陰
亥	21－23 陰	

時辰	開穴時間 ＼ 日干	乙日（陰）	丙日（陽）	丁日（陰）
子	23－1 陽	（滎）前谷		（原）腕骨（俞）三間
丑	1－3 陰		（俞）太白（原）太衝	
寅	3－5 陽	（俞）陷谷（俞）丘墟		（經）崑崙
卯	5－7 陰		（經）經渠	
辰	7－9 陽	（經）陽溪		（合）陽陵泉
巳	9－11 陰		（合）陰谷	
午	11－13 陽	（合）委中		（俞）中渚
未	13－15 陰		（滎）勞宮	（井）少衝
申	15－17 陽	（滎）液門	（井）少澤	
酉	17－19 陰	（井）大敦		（滎）大敦
戌	19－21 陽		（滎）內庭	
亥	21－23 陰	（經）少府		（俞）太淵（原）神門

時辰	日干 開穴 時間	戊日(陽)	己日(陰)	庚日(陽)
子	23－1 陽		(經)陽輔	
丑	1－3 陰	(經)復溜		(合)少海
寅	3－5 陽		(合)小海	
卯	5－7 陰	(合)曲泉		(經)間使
辰	7－9 陽		(經)支溝	(井)商陽
巳	9－11 陰	(俞)大陵	(井)隱白	
午	11－13 陽	(井)厲兑		(滎)通谷
未	13－15 陰		(滎)魚際	
申	15－17 陽	(滎)二間		(俞)臨泣 (原)合谷
酉	17－19 陰	(俞)束骨 (原)衝陽	(太白)(太溪)	
戌	19－21 陽			(經)陽谷
亥	21－23 陰		(經)中封	

時辰	開穴時間	辛日(陰)	壬日(陽)	癸日(陰)
子	23－1 陽	(合)足三里		(井)關衝
丑	1－3 陰		(合)曲澤	
寅	3－5 陽	(合)天井	(井)至陰	
卯	5－7 陰	(井)少商		
辰	7－9 陽		(滎)俠溪	
巳	9－11 陰	(滎)然谷		
午	11－13 陽		(俞)後溪 (原)陽池 (原)京骨	
未	13－15 陰	(俞)太衝 (原)太淵		
申	15－17 陽		(經)解溪	
酉	17－19 陰	(經)靈道		
戌	19－21 陽	(合)陽陵泉	(合)曲池	
亥	21－23 陰			(井)湧泉

★子午流注納子法

子午流注納子法，亦稱納支法，是根據每日氣血輸注十二經的地支時辰，某經病症之虛實，配合五行相生相剋而取穴治病之法。此法為明代高武所創。高氏認為子午流注納甲法有不足之處，如拘泥於某日某時某穴開，百病皆針灸此開穴，並不恰當。他的方法是首先應據病辨明所屬臟腑經絡，然後根據『虛則補其母、實則瀉其子』，選定穴位，最後決定選用該經該穴的開穴時辰，進行治療。

納子法首先應明確氣血流注時辰的路線，氣血於寅時由肺經流注，卯時至大腸經，辰時至胃經，巳時流至脾經，午時流注心經，未時流注小腸經，申時流注膀胱經，酉時流注腎經，戌時流注心包經，亥時流注三焦經，子時流注膽經，丑時流注肝經，寅時再至肺經，如此十二時辰，周流不息。如為實證，則取本經『五行』之子穴瀉之。如肺熱實證，肺屬金，金生水，取其子穴水尺澤瀉之。虛證取本經『五行』之母穴補之，如肺虛咳喘，肺屬金，土生金，取太淵（土）穴補之。即迎其經之盛取子穴瀉之，隨其經之虛，取母穴補之。其法較簡明而效顯。有《十二經納地支歌》便於記憶：

肺寅大卯胃辰宮，脾巳心午小未中，

申膀酉腎心包戌，亥三子膽丑肝通。

子午流注納子法簡表如下：

經脈＼項目	補		瀉		本穴	原穴
	兪穴	時辰	兪穴	時辰		
肺（金）	太淵（土）	卯	尺澤（水）	寅	經渠（金）	太淵
大腸（金）	曲池（土）	辰	二間（水）	卯	商陽（金）	合谷
胃（土）	解溪（火）	巳	厲兌（金）	辰	足三里（土）	衝陽
脾（土）	大都（火）	午	商丘（金）	巳	太白（土）	太白
心（火）	少衝（木）	未	神門（土）	午	少府（火）	神門
小腸（火）	後溪（木）	申	小海（土）	未	陽谷（火）	腕骨
膀胱（水）	至陰（金）	酉	束骨（木）	申	通谷（水）	京骨
腎（水）	復溜（金）	戌	湧泉（木）	酉	陰谷（水）	太溪
心包（相火）	中衝（木）	亥	大陵（土）	戌	勞宮（火）	大陵

經脈＼項目	補		瀉		本穴	原穴
	輸穴	時辰	輸穴	時辰		
三焦（相火）	中渚（木）	子	天井（土）	亥	支溝（火）	陽池
膽（木）	俠溪（水）	丑	陽輔（火）	子	臨泣（木）	丘墟
肝（木）	曲泉（水）	寅	行間（火）	丑	大敦（木）	太衝
說明	不虛不實之證或補瀉、流注時辰已過，遇有疾病，取本經的本穴或原穴進行治療。					

道教醫家按摩針灸常用取穴法中，還有『靈龜八法』與『飛騰八法』。此二法均為以《洛書．九宮圖》和《八卦九宮圖》配合人體奇經八脈之八個穴位，按日時開穴治病之法。其取之八個穴位為十二正經聯絡奇經八脈之重要俞穴，療效廣而簡要。明徐鳳《針灸大全》以歌訣述此八穴云：『公孫偏與內關合，列缺能消照海疴，臨泣外關分主客，後溪申脈正相合。左針右病知高下，以意通經廣按摩；補瀉迎隨分逆順，五門八法是真科。』靈龜八法主要是將日、時干支的四個基數相加，然後陽日以九除，陰日以六除，以其餘數與九宮、八卦之基數對應，以確定穴位之方法。如除盡無餘數，則以除數計之。《針灸大全》對八法之日

時干支基數之確定有歌訣。日干支基數歌：『甲己辰戌丑未十，乙庚申酉九為期。丁壬寅卯八成就，戊癸巳午七相依。丙辛亥子亦七數，逐日干支即得知。』

八法時干支基數歌：『甲己子午九宜用，乙庚丑未八無疑，丙辛寅申七作數，丁壬卯酉六須知。戊癸辰戌各有五，巳亥單加四共齊。陽日除九陰除六，不及零餘穴下推。』

靈龜八法之腧穴占八卦之基數亦有歌：『坎一聯申脈，照海坤二五，震三屬外關，巽四臨泣數，乾六是公孫，兑七後溪府，艮八繫内關，離九列缺主。』其法為治病時按當日當時干支之數相加，陽日以九除，陰日以六除，以餘數（除盡則以除數為餘）與八卦之六位數對應，確定治療穴位。例如甲子日、丙寅時，基數：甲十、子七、丙七、寅七，相加為三十一，按甲為陽日，以九除，餘四。屬八卦之巽卦，開臨泣穴。此法雖簡，但依人體氣血日時之流注而定，故能收到療效。九宮八卦基數與穴位圖如下：

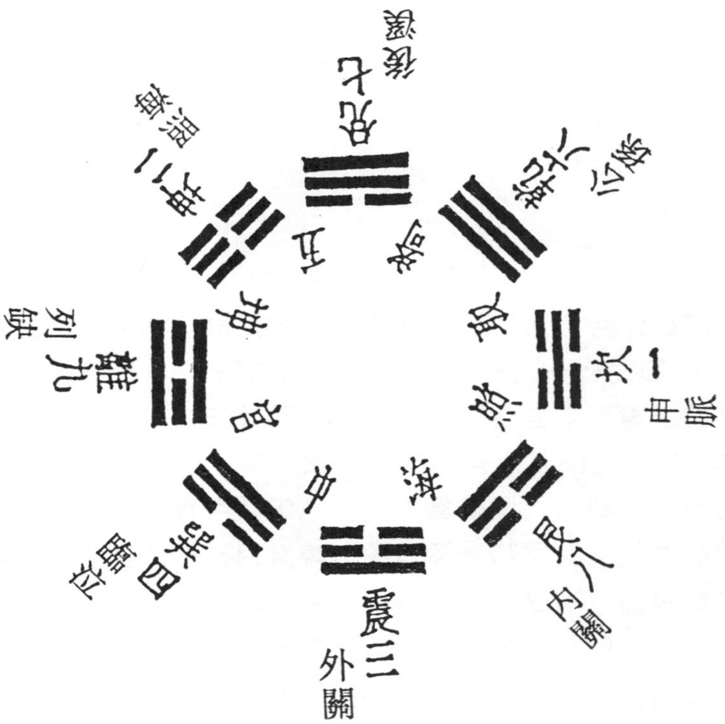
離九
列缺
坤二
照海
兌七
後溪
乾六
公孫
坎一
申脈
艮八
內關
震三
外關
巽四
臨泣

『飛騰八法』為元代醫家王國瑞所述，其法是靈龜相似，亦以奇經八脈八穴與八卦為基礎，按時辰計數開穴之法。只不過『飛騰八法』計數只用天干基數，不用地支基數。其法取穴與靈龜亦有不同。可參閱徐鳳《針灸大全》。

飛騰八法八脉配九宮八卦表

八脈	八穴	八卦 卦	八卦 象	方位	九宮數
沖脈	公孫	乾	☰	西北	六
陰維脈	內關	艮	☶	東北	八
陽維脈	外關	震	☳	東	三
帶脈	臨泣	坎	☵	北	一
督脈	後溪	巽	☴	東南	四
陽蹺脈	申脈	坤	☷	西南	二
任脈	列缺	離	☲	南	九
陰蹺脈	照海	兌	☱	西	七

(四)道醫對穴法治傷的發展

中國道教與武家相結合，宗教文化與武術文化相互滲透交融，不僅促進了武術的發展，而且對與武術有緊密聯繫的創傷醫學亦產生重大影響，傷科成為道教醫家的特色之一。在本書第一章中對道醫之這一特色的形成已作了論述。道醫在醫治跌打損傷方面的確有其獨特之處，從民間流傳的許多這類故事可以得到印證。徐珂《清稗類鈔》中記有宋道人工按摩善治骨傷之事蹟。云宋道人長治人，少孤，曾為人牧羊霍山。貧窮無所依，入山隨一老僧居五載。僧令其視壁上，『有所畫古丈夫五，一正面，一側面，一背面，二人偶坐其旁。曰：但日日目此，骨節寸寸，皆須留意。宋茫然不解所謂，日坐臥其下而已。及夜，夢二人自壁下，指示銅人穴道脈絡甚悉，宋忽然有省。』宋道人這樣學會了人體穴位之法。後宋道人『道逢婦人井汲而絡其背者，問之，則跌傷折骨。宋審其穴，試按摩之，應手而癒。延過其家，飲食之，因留居焉。自是為人按摩，雖骨已破碎者，無弗癒。後居福山王家，年已七十三矣。』

這類故事多不免帶神奇色彩，什麼夢中學藝之類，但也曲折反映出宋道人之工按摩，善治骨傷，是來自對銅人穴道脈絡之熟悉與掌握，表明道醫在傷科方面的擅長，是與對穴法的研究與運用分不開的。

道教武家重視穴法，傳說為道士張三豐所創内家拳法的重要特色之一即有穴法。明清之際學者黃宗羲之子黃百家，年少時曾隨内家拳家王徵南習練武藝。其所著《王徵南先生傳》詳述王徵南所授内家拳法，其中有『穴法若干：死穴、啞穴、暈穴、咳穴、膀胱、蝦蟆、猿跳、曲池、鎖喉、解頤、合谷、内關、三里等空穴。』黃宗羲著《王徵南墓誌銘》文中亦叙其拳術之穴法：『凡搏人皆以其穴，死穴、暈穴、啞穴，一切如銅人圖法。有惡少侮之者為徵南所擊，其人數日不溺。踵門謝過，始得如故。牧童竊學其法，以擊伴侶立死。徵南視之曰：此暈穴也，不久當甦，已而果然。』上述拳術之穴法，是用於技擊。而在傷科醫療中重視穴法，與技擊在根本上是一致的。早在晉代著名道教醫家葛洪之《肘後救卒方》中即記載了某些部位受傷會致命：『凡金瘡，傷天囟、眉角、腦户、臂裏跳脈、髀内陰股、兩乳上下、心鳩尾、小腸及五臟六腑輸（俞穴），此皆是死處，不可療也。』後世傷科與武家之致命穴法，即由此發展而來。至明代正德嘉靖年間（一五〇六——一五六六）有異遠真人著《跌損妙方》，則把氣血流注之理論與武術之技擊相結合，並運用於治療，這是道家對傷科發展的重要貢獻。

異遠真人生卒及生平不可考，從其著述看，可能是醫武結合的道醫，其著於明嘉靖二年

（一五二三）之《跌損妙方》為武家傷科之早期重要著作。該書有《治法總論》、《用藥歌》、《血頭行走穴道歌》等，創立了『血頭行走穴道』和『致命大穴』的理論。其《血頭行走穴道歌》為氣血子午流注和經絡學說在傷科方面的具體運用。歌曰：

周身之血有一頭，日夜行走不停留。
遇時遇穴若損傷，一七不治命要休。
子時走往心窩穴，丑時須向井泉求。
井口是寅山根卯，辰到天心巳鳳頭。
午時卻與中原會，左右蟾宮分在未。
鳳尾屬申屈井酉，丹腎俱爲戌時位。
六宮直等亥時來，不教亂縛斯爲貴。

考察此歌為敘述氣血十二時辰流注經絡穴位之路線。人體氣血周流，本無首尾，此歌謂『血頭行走』，意指氣血流注某時至某經穴之始。綜觀此歌敘血頭行走之時辰、路線，為緣任脈而上，會督脈而下，復交任脈之循行，與道家內丹之小周天極為一致。因而此血頭行走之發現，應與道家內丹修煉之體驗分不開，如李時珍言：『內景隧道，惟返觀者能照察之』。返觀內視為道家修煉之功法，而任督二脈則為道家內丹元氣運行之主要途徑。《奇經八脈考》云曰：『任督二脈，人身之子午也，乃丹家陽火陰符昇降之道，坎水離火交媾之鄉……此元氣之所由生、真息之所由起。修丹之士，不明此竅，則真息不生，神化無基也。』俞琰注《參同契》云：『人身血氣，往來循環，晝夜不停。醫書有任督二脈，人能通此二脈，則百脈皆通。』（《內外功圖說輯要》下集）可知此『血頭行走』之理論，實為道家內丹功法於武術技擊及傷科醫療之運用。

《血頭行走穴道歌》所述血氣運行經穴交會，與十二經脈之運行是吻合一致的。子時血頭注『心窩』，而氣血流注足少陽經，貫膈。丑時血頭注於『泉井』，位膻中，氣血流注足厥陰經絡於膻中。寅時血頭注於『井口』穴，氣血流注手太陰經，屬肺，井口為鼻門。卯時血頭於『山根』，位於顛顆，氣血流注手陽明經根結於顛顆。辰時血頭至前髮際處『天心』穴，氣血流注陽明經，行於額前髮際。巳時血頭於腦後枕『鳳頭』，氣血流注足太陰經，血頭與督脈交會。午時血頭至命門處之『中原』穴，氣血流注少陰心經，命門屬腎，此為心腎相交處。未時血頭旁注腎俞處之『蟾宮』，氣血流注手太陽經，於足太陽經交會。申時血頭下至『鳳尾』，氣血流注足太陽經，足太陽與督脈交會於長强（鳳尾）。酉時血頭上行於『屈井』，氣血流注為足少陰經，足少陰經則歸屬帶脈並與任脈交會。戌時血頭上行至『丹腎』穴，氣血流注足少陰與任脈交會於關元（近丹腎）。亥時血頭復下行至『六宮』穴，氣血流注手少陽與任脈相會。此後血頭再於子時緣任脈上行流注『心窩』。如此十二時辰循環無端，而與十二經絡之氣血日夜循行相扣合，並以任督二脈為主線。血頭歌指出血頭行至之穴如遇損傷，則將不治，即損傷致氣血停滯而凝固不通，自然危及生命。除血頭流注之十二穴外，異遠真人在《跌損妙方》中，還記有全身五十七個穴道，並根據穴道用藥處方。然《血頭行走穴道歌》之用，於武術技擊，則據時辰確定打擊部位，即以點穴克敵制勝；用於創傷治療，則為點穴治傷之用穴，即以點穴克敵制勝；用於創傷治療，則為點穴治傷之用穴，即對點穴致傷之解救。其法為受傷之後，氣血凝滯，出現疼痛、乏力、痴呆，甚至昏迷，點穴即於所傷之穴於以點按振運，使之開啟流通。亦多點傷穴時辰前後之穴。如子時心窩受傷，可點其後之泉井或其前之六宮，以開通固滯之穴位。

明時之異遠真人，被後世武家尊為穴法之祖。明末清初之傷科專著《陳氏秘傳》載錄少林寺武僧治傷之秘方，其內容則與異遠真人之法一脈相承。清咸豐年間刊行之趙廷海編《救傷秘旨》匯集民間跌打損傷秘方，及《十二時氣血流注歌》、三十六大穴方藥等，亦係承繼異遠真人之《跌損妙方》而來。從異遠真人及其治傷與穴法之運用，可證道醫在傷科治療上，的確作出了重要的貢獻，對後世有深遠的影響。

四、道者氣也　通靈去疴

——氣功在道醫中的運用

（一）氣之機理

道家的宇宙生成本體論是一個『道』字，如《老子》所云：『道生一，一生二，二生三，三生萬物。』道教的修煉體系亦稱為『道』，常謂修性、修命、修真，總括之曰『修道』。道教醫家賴以祛病療疾者，亦離不開『道力』、『道功』。何謂道？道家經典有種種釋義，然而『道』的最核心、最形象的說明是：『道者氣也』。道教成立初期之經典《太平經》即指出了氣為萬物之始：『夫天地人本同一元氣，分為三體，各自有祖始。』（《太平經合校》二百三十六頁）道教修煉之元氣、祖氣、混元之氣、真一之氣等，亦即氣的多種稱謂，修真即修氣，煉丹即煉氣，故《服氣經》云：『道者氣也，保氣則得道，得道則長存。』（《雲笈七籤》卷三十二）道教醫家之生理、病理學說與道家修煉理論完全一致。道家大醫孫思邈《存神煉氣銘》云：『夫身為神氣之窟穴，神氣若存，身康力健。神氣若散，身乃死焉。若欲存身，先安神氣。即氣為神母，神為氣子，神氣若俱，長生不死。若欲安神。須煉元氣。氣在身內，神安氣海，氣海充盈，心安神定……氣通神境，神通慧命。命住身存，合於真性。』道家在性命雙修益壽駐顏方面有種種神效，道醫在治病救人方面有種種奇蹟，這些神奇表現，均源於氣的修煉。

孫思邈對道人仙家之神奇的根源作了精闢的說明，他在《神氣養形論》中云：『不知形者不可與言炁，不知炁者不可與言神；知乎形，知乎神者，則資乎道矣……故神明而能使炁，炁專而能應神……』《黃庭經》曰：『仙人道士非有神，積精累炁乃成真。正謂此也。』（《道藏》五七一冊）由此可知道醫種種神奇療效均在炁的修煉與運用上。道家修煉到一定程度，內氣積累有功力時，便會出現人體的許多超常功能，而這些功能，均為人體氣機運行之效。葛洪對此曾論述道：『故行炁或可治百病，或可以入瘟疫，或可以禁蛇虎，或可以止瘡血，或可以居水中，或可以行水上，或可以辟饑渴，或可以延年命。其大要者，胎息而已。』（《抱朴子・釋滯》）

從古代以至近現代，道家修煉或修習道家功法有成，而出現種種特異功能之人很多，其用於醫療取得神效者歷代均有所載。宋文豪蘇軾《東坡誌林》記叙晉代幸靈治病之奇效：『晉方技傳有幸靈者，呂猗母足得痿痺病十餘年，靈療之，去母數步坐，瞑目寂然。有頃，曰：「扶起夫人坐」。猗曰：「夫人得疾十年，豈可倉卒令起耶？」靈曰：「且試扶起」。兩人夾扶而立，少頃去夾者，遂能行。』《晉書》記述韋虛：『學道養氣者，至足之餘，能以氣與人，謂之「佈氣」。晉韋虛能以此法療人疾。』據古籍載，有的道者不僅能佈氣治人疾，還能使枯樹復榮。元人秦志安記述道家全真教事蹟之《金蓮正宗記》有全真第二祖馬丹陽之神奇事蹟。馬丹陽皈依王重陽得真傳，潛心修煉十餘年，服不衣絹，夜則露宿，夏不飲水，冬不向火，人憐其寒。答曰：『莫訝三冬不蓋被，曾留一點在丹田。』謂其丹田已煉氣成丹也。這種深厚的內丹功夫可使久病康復，枯樹復榮。金玉庵小松憔瘁將死，『先生乃以真氣三時佈之……其松更不改柯易葉，青翠可愛。』芝陽貧士『兩足俱廢，哀聲甚切，先生咒水與之飲，訖，其行如飛。欒武功者，久患風痹，百藥無功，先生咒果服之，一日頓癒。』仲冬移柏樹二株，『高可數尋，植於七寶庵中，遂成枯槁。先生以真氣呼之，以水沃之，旬日之間，翠色如初。』至近現代，道教醫家及其他氣功家之種種醫療神效及氣功態下出現種種神奇現象的報導，如意念移物、意念穿壁、碎紙復原、運氣燃物等等，更不勝枚舉。而且中華道家氣功的影響與聲譽，更隨着國際開放交流而遠播海外，如最近美國《華盛頓郵報》

九月三日刊登《發功療法》一文，記中國氣功醫師陳望鵬在全美衛生研究所向美國三百多位專家進行氣功擊石表演和治病。美國神經系統疾病和腦溢血研究所，發育與代謝部主任羅斯科·布雷迪，認為陳的表演完全真實。對於以手指放氣（不接觸物體本身）擊碎石塊和大理石磚的奇蹟，他認為『也許陳具有某種用電生理能量擊碎石塊的能力。』全美癌症研究所高級調研員傑弗里·懷特也證實這一奇蹟。表演完畢，當場以佈氣為一些慢性病患者治療，取得很好療效。（《參考消息》一九九三年十月二十三日）對氣功的物理特性及其生理效應的本質原理，從一九七七年以來許多科研部門進行了大量的科學實驗與研究，對於『氣』這種『能量』（或稱人體場）的性質，提出了紅外、靜電、生物磁、微粒流、對流熱以及物質第四態——生物等離子體等種種假設與解釋，但至今沒有得到完滿的一致的結論。看來對於遠遠超出當代各門科學知識範疇的『炁』的科學的認識，還遠非易事。氣功、中醫及人體科學的研究，將導致一場科學的革命，將人類認識宇宙萬物的智慧，發展到一個嶄新的階段。

（二）煉氣養氣

道家保真全生、治病去疴，所賴者，神氣而已，已如上文所述。故道醫修持，首在煉氣養氣。煉氣有成，養氣有方，於己則全真延年，於人則驅疾保健。故煉氣養氣為道醫最基礎的功夫。道家修煉，煉精化氣，煉氣化神，煉神還虛，所謂『上藥三口，神與氣、精』，而三者之中，以氣為關鍵、為核心。因天地生化之機在於氣，人體生命之機，亦在於氣。精為氣母、神為氣子，故氣乃修攝煉化之樞紐。考道家種種修煉方法，諸如吐納、存思、守一、內視、胎息、服氣、採氣以至道家最上乘功法內丹等，無不與氣機有關，實質均為煉氣、養氣，只是方法有差別，有的直接用意於氣，如吐納、胎息及內丹等，有的雖似無意於氣，但仍為氣之作用，如存思、守一、坐忘等。故道家修煉之本質，一言以蔽之，煉氣、養氣而已。

煉氣養氣，首先應知氣有先天氣與後天氣。唐代崔希範述內丹重要著作《入藥鏡》開首即云：『先天氣，後天氣，得之者，常似醉。』描繪出元氣結丹之美妙境界。所謂先天氣，指元始之氣，即化生萬物之本，亦稱元氣、祖氣、真氣，道書多寫為『炁』。所謂後天氣，指呼吸之氣。元代混然子王道淵註云：『先天氣者，乃元始祖氣也，此祖氣在人身天地之正中，生門密户懸中高處，天心是也。神仙修煉，只是採取先天一氣，以為丹母。後天氣者，乃一呼一吸一往一來內運之氣也。呼則接天根，吸則接地根，呼則龍吟而雲起，吸則虎嘯而風生。綿綿若存，歸於祖氣；內外混合，結成還丹。自覺丹田火熾，暢於四肢，如痴如醉，美在其中，此所以得之者，常似醉也。』道家認為，先天真氣於人受胎之時，與後天之氣融合以成生命。故先天氣與後天氣均存於一身之中。

《壽世傳真》云：『氣有禀於天地者，有受於父母者。禀於天地之氣謂真氣。……真氣者，人才受胎，便禀天地之氣，與人身之氣以類感類，合化以成人身。』後天之氣亦稱凡氣，『受父母之氣謂之凡氣。凡氣者，人初受形，因父母精血蘊結而成胎，自有溫暖之氣，至十月氣足，然後降生。一點凡氣，藏於下丹田氣穴，一身之氣，呼吸皆出於此。』可見先天後天之氣，聯繫緊密。道家煉氣，則必須從後天之氣入手，採取烹煉，非呼吸之氣，不能成功；周天度數，非呼吸之氣不能運用。待到煉至成丹化神之時，先天之氣乃出為主事，所謂後天一氣返先天。故煉丹之候，重在後天，煉神之候，重在先天。先天無形，後天有形，有形易於把握運用，故煉氣必自後天始，自有形而達於無形。

道家練氣，常用功法中有胎息法。此法早期道教即流行。《後漢書·王真傳》記東漢時已有人『能行胎息，胎食之方。』所謂胎息，指胎兒於母腹中以臍隨母呼吸，而不用口鼻。這在常人當然不可能做到，因而流行之胎息法，指口鼻極其輕微之呼吸，將呼吸煉至極為輕、細、綿、長，氣達丹田。葛洪於《抱朴子·釋滯》中對胎息有很好的說明：『得胎息者，能不以鼻口噓吸，如在胞胎之中，則道成矣。初學行氣，鼻中引氣而閉之，陰以心數至一百二十，乃以口微吐之。及引之，皆不欲令己耳聞其氣出入之聲。常令人多出入，以鴻毛著鼻口之上，吐氣而鴻毛不動為候也。漸習轉增其心數，久久可以至千，至千則老者更少，日還一日矣。』自魏晉以至唐宋，習胎息者，頗為盛行，有關胎息之著述如《胎息經》、《胎息銘》、《胎息精微論》等，其著名者不下十餘種，大致為宋人編輯之《諸真聖神用訣》，輯錄修煉胎息之道家經驗口訣三十餘家。（見《道藏》五七〇册），對胎息之玄理、要領、效驗作了充分論述。但對胎息方法之正確把握，仍不出葛洪之論述。

宋文豪蘇軾亦精研胎息，並有切實體會。他亦認為如純然閉息，不但難為，且易傷生。他反覆體會孫思邈之論述：『吾默然而深思其旨，曰：『夫閉氣於胸膈使息出入，動而不動，氤氳縹緲，若熏爐之煙，烹鼎之氣，出入自如，無呼吸之者，此鴻毛可以不動矣。故心不起於念，雖過乎三百息，斯亦可也……吾雖勤也，然不閉也，其息至於數百，則出者加少，其不出者加多，內守充盛，血脈通流，上下相灌輸，而吾之養生之理得矣。』（宋・曾慥《道樞・衆妙篇》）蘇氏之理解與葛洪之說完全一致，蓋均來自實際體驗，其關鍵正如《胎息銘》所謂『吐惟細細，納唯綿綿。』胎息為道家煉氣中較普遍之功法，其根本特徵即呼吸之輕、細、綿、長，至今仍見於許多氣功法訣之中，為道家內丹養煉之重要基礎功法。

道家修煉功法至唐以後有重大之發展，即『內丹』功法之創造。內丹功法承繼道家傳統之守一、吐納、行氣、坐忘等修煉方法之精粹，以人之精、氣、神作主要煉養對象，通過先天氣、後天氣的鍛鍊，使三者在體內凝聚成丹。內丹一詞，始見於南朝《南岳思大禪師立誓願文》云：『借外丹力修內丹，欲安衆生先自安。』唐末五代鍾離權、呂洞賓、崔希範、陳摶等著名道家，為內丹理論的形成奠定基礎，宋元以後，內丹盛行，流派繁多，成為中國古代道家煉養最重要之體系。其基本原理為：『順則生人生物，逆則成佛成仙。』即認為太初無形無象之道，即真元之氣，此氣化陰陽，陰陽再生成三，三衍生萬物，此即宇宙之生成，道家謂之順行，即有生有死，生生不息之道。道家創內丹，據上述順行生成之道逆而行之，即煉精化氣，煉氣化神，煉神還虛，由三合二，由二合一，一歸無極，重返本源，修真成仙，永離死生。

內丹流派繁多，有先性後命之北宗，有先命後性之南宗，有倡陰陽同類雙修之東派，有於雙修之中强調清静自然之西派。還有主張『中和』之中派等等，各派主張雖有不同，但修煉內丹之大體過程、步驟基本一致：第一階段曰築基，亦稱煉己，即重在補虧填虛，以調動人體生命潛力，發揮心神意念作用，熟練呼吸控制技能，亦即氣功之初步功夫。此一段以內氣通任督二脈出現小周天循環為主要標誌。第二階段曰煉精化氣，即煉三歸二（精、氣、神三者化為氣、神），亦稱『初關』。築基亦稱『道術』，進入第二階段方可稱『仙術』，其重點在於由元精化為元氣、元神，構成大藥，作為丹母。有採藥、封爐、煉藥、止火等四步。

第三階段曰煉氣化神，即煉二歸一（化氣為神），亦稱『中關』。亦稱『十月關』或大周天。其法為運入定寂照之力培育元神，由有為過渡至無為。至此，可謂『丹成』。宋代道家著述《丹經極論》描述此時境界云：『運丹生成之際，忽覺夾脊上衝泥丸，瀝瀝有聲，從頭似有物觸上腦。須臾，如雀卵顆顆自顎下重樓，如冰酥香甜甘美之味無比。覺有此狀，乃得金液還丹，徐徐咽歸，丹田不絕，五臟清涼，閉目內視，臟腑歷歷如照燭。漸次有萬道金光透體也。十月功足，聖胎圓成，調神出殼。』

第四階段為煉神還虛（一歸無），又稱上關，為丹法最高境界，此階段純入性功，常定常寂，一切歸元，無遮無礙，萬象通明，與天地、宇宙合一。元神可從天門而出，離體成仙。《丹經極論》云：『存養既成，氣足神全，出處自由。身外之身即法身，聚則成形，散則成氣……隱顯莫測，變化無窮，千里萬里，須臾即到，過去未來之事，一一皆知，方可謂之陽神。』這裏當然有道家神秘的宗教色彩，但的確反映出道教追求永生的可貴精神。內丹實質上是一種高級、複雜的氣功修煉體系，千餘年來，歷代數不清的追求永生的道家學者，在內丹的研究上下了極大的功夫，有許多可貴的心得和體會，保存在古代不下百種的內丹典籍著述之中，成為今日醫學、養生學和人體科學的極其寶貴的文化遺產。許多著名的道教醫家，內丹修煉有成，功力深厚，以之濟世療疾，應手回春，奇蹟常現。故『內丹』為道醫之至聖靈藥，信不誣也。

（二）服氣採氣

道醫內功，實質上是煉氣能量在體內的積累。道醫以氣治病，則不免對體內功力的消耗，因而道醫十分重視元氣的補充，以保持並不斷增進體內功力。故服氣、採氣、成為道醫煉氣養氣之重要方法。服氣即吐故納新之呼吸鍛鍊，此為最古老之煉氣功法，春秋戰國時代即為神仙方士所習練。《楚辭・遠遊》中即描述了仙人赤松子服氣：『餐六氣而飲沆瀣兮，漱正陽而含朝霞；保神明之清澄兮，精氣入而粗穢除。』所謂六氣，即四季及天地玄黃之精氣。《莊子・刻意》所描寫的『吹呴呼吸，吐故納新，熊經鳥伸』即為當時方士服氣形象之寫照。至秦漢之際，服氣之術已發展得相當成熟，如馬王堆漢墓帛書《郤穀食氣篇》已記載了服氣辟穀之方及鍛鍊要領。道教繼承並極大發展了服氣法，成為道家修煉之重要方面。道者氣也，道家著述十分重視氣對人體之重要作用。相傳為華佗授其弟子吳普之《太上老君養生訣》中，即有大量服氣法訣。其論服氣與疾病之關係云：『形者神之主，氣者神之命。是以形神所假，資氣而存。故調暢四肢，周遊六府，苟有壅滯，便即生疾。是故人體虛無，成之者氣。若調息得所，即諸疾自消；若吐納乖方，乃衆疾咸起。善攝生者，先須知調氣之法焉。所謂：『呼吸生光，期長壽而樂有喜，斯之謂歟！』道家服氣之方，多與存想結合，令氣入體，內通周遊，凝於丹田。道家各流派積累了服氣法衆多，大致可分服內氣與服外氣二大類。玆分別簡介。

所謂服內氣，即服體內元氣。道家認為人體生命之初，元氣入胎，成人之後，藏於氣海。與口鼻呼吸之氣不同，口鼻之氣為後天氣，元氣即先天氣。此元氣為生命之本源，故必善養攝之。《雲笈七簽·元氣論》云：『人之元氣，得自然寂靜之妙，抱清虛玄妙之體，故能長生。生命之根，元氣是也。』《尹真人服元氣術》云：『夫人身中之元氣，常從口鼻而出。今制之，令不出，便滿丹田。丹田滿即不饑渴，蓋神人矣！是故人之始胎，不飲不啄，……出入無息，即元氣復……長生之道機也。』因而內服元氣，亦即煉先天之氣。當使氣沉丹田，意守氣海，《服元氣法》云：『服元氣於氣海。氣海者，是受氣之初，傳形之始，當臍下三寸是也。』

內服元氣之具體方法，諸家論説頗多，如唐初幻真先生編著之《幻真先生服內元氣訣》即收入服氣法十五種。唐代著名道教養煉家桑榆子評註之《延陵先生集新舊服氣經》，亦收入多家服氣法訣。（上二書均見《道藏》五七〇册）大抵內服之氣，一為意守，意守氣海（下丹田）；一為咽氣，一為閉氣；一為存想。如唐開元時著名道士申元之所傳《申天師服氣要訣》：『取半夜之後，五更已來，睡覺後，以水漱口。仰卧，伸手足，徐徐吐氣，一二十度。

候穀氣消盡，心静定後，即閉氣，忘情，將心在臍下丹田氣海之中，寂然不動，則咽氣，三兩度，便閉氣，使心送向丹田中；漸覺氣作聲。待氣行訖，又開口吐氣，徐徐；又閉口而咽之。如是之二十度，皆依前法。覺氣飽，即冥心忘情，清息萬慮。久久習之，覺口中津液甘香，食即有味，是其候也。凡欲行此道，先須忘身忘本，守元抱一，兀然久之，澄定而入。玄妙之要，在於此也。』（《雲笈七籤》卷五十九《諸家氣法》）申天師之法訣簡明可行，可見服氣法之概。

為加强内臟器官鍛鍊，道家還創造了針對不同臟器採取不同的服氣法。大致為宋代道門所著《太上養生胎息氣經》對人體内臟之特點、功能及服氣法有具體記載，其法摘引如下：

肺臟：用呬（息）爲瀉，呼爲補，夫肺兑之氣，金之精，其氣白……肺合大腸，上主鼻。多怖懼，魄離肺也，不耐寒。肺薄，顔色鮮白。肺無他病，大腸鳴，氣擁也。頻噓不詳。立秋日平旦，面正西坐，鳴天鼓七通，飲玉泉漿三咽，瞑目，正思兑宮白氣入口，吞之三，則童神安，百殃不能殃，兵刃不能害。延年益壽，謂補瀉神氣，安息靈魂。

心臟：用呵爲瀉，噓爲補。夫心者離之氣，火之精，其色赤……心合小腸，主血脉，上主舌，血擁驚，舌不知味，心亂，多噓。立夏日平旦，面向南端坐，叩金梁九通，漱立泉三咽，精思注想，吸離宮赤氣入口，三吞，以補靈府離玉女，神平體安，百殃不害，神至靈也。

肝臟：用噓爲瀉，吹爲補。夫肝震之氣，木之精，其色青……肝合乎腠理，上主目，目熱肝傷也。肝立春用事，含春精氣，萬物繁茂順陽之道。立春日，當以寅時，面向東平坐，叩齒三通，閉氣七息，吸震宮青氣，三吞之，致二童肝養精之妙也。

脾臟：用呼爲瀉，呵爲補。夫脾者坤之氣，土之精，其色黃……合太陰，上主口，顏色濕潤，無他也。脾無定位，寄王四季，各一十八日。清旦正坐，中宮禁忌，五息，鳴天鼓七，吸中宮黃氣入口吞之，飲玉醴以致其妙。……存想華池飲玉液，和氣相勝，百脉調暢，閉息精源，含真卻老，此名守真長生秘訣。

腎臟：用吹爲瀉，呬爲補。夫腎主精，坎之氣，其色黑，其像圓，一名而曲……萬物治其精，順其志，全其真，合乎太清。腎合骨，上主耳。腰不能伸，腎冷。立冬日，面向北，平旦，坐，鳴金梁五通，飲玉泉三，吸玄宮黑氣吞之，以至玉童之饌。神和體平，而能長生矣。

膽臟：用嘻爲瀉，噓爲補。夫膽金之精，水之氣，其色青。膽合膀胱……常以孟日，端坐，正思北玄，吸黑氣入口九，吞飲玉泉之漿，氣之致也。

以上道家內臟服氣法。道醫治病，常針對患者臟器病變以相應之氣療之，故內臟服氣之鍛鍊，至為重要。

服外氣，為道家服氣修煉之又一體系。所謂外氣，謂日月星辰雲霧以及草木山石之精華。服外氣法歷史淵源最早，先秦文獻已有許多服氣之記載，為最古老的長生修仙之術。道家之服內氣法則遠較外氣法為遲。大致魏晉之時，內煉興起，道家遂多倡服元氣，但服外氣仍為修煉重要方法，道書多有記載，擇其要簡介之。

日月為太陽太陰，光照寰宇，道家服氣首重日精月華。南北朝道教典籍《上清握中訣》中有《服日氣法》：『平旦伺日初出，乃對日叩齒九通。心呼：「日魂珠景，照韜綠映，回霞赤童，玄炎飆像。」仍冥目，握固，存日中五色流霞，皆來接身。下至兩足，上至頭頂。又令光霞中有紫氣，如目童，累數十重，與五色俱來，入口吞之，四十五咽氣。又咽液九過，叩齒九通。』《服月精法》云：『伺月初出，對月，叩齒十通。心呼：「月魄暖蕭，芬艷翳寥，婉虛靈蘭，鬱華結翹，淳金清瑩，炅容臺標。」仍冥目，握固，存日中五色流精皆來接身，下至兩足，上至頭頂，又令光精中有黃氣如目童數十重，與五色俱來，入口吞之，五十咽氣。又咽液十過，叩齒十通。』上述功法中均有意念存想、咒誦之運用，為南北朝上清派道教修煉功法。該書中還有《服日芒法》、《服月芒法》、《服三氣法》等。

至唐宋，服外氣法亦有較多運用，宋·曾慥《道樞·衆妙篇》有吞日月氣方法：『至遊子曰：善乎！上清紫文之言，曰吞日月之氣與其光焉，是為赤丹金精不景水母者也。其法：於日之出也，東向，扣吾齒者九，瞑目握固，而想五色之流霞，俱入於口。於目之出也，西向，扣齒者十，瞑目握固，而想其中五色精光，俱入於口。月光之中，有黄氣，其目之瞳是為飛黄月華，玉胞之精。吾能修此，則奔入於日月為仙矣！』可知唐宋之服日、月氣法與魏晉基本相同。

古道家修煉，多於深山叢林之中，經常雲霧繚繞，而雲霧亦被視為山川大地之精氣，加以採取服用。《上清握中訣》中有服霧法，宋代道士至遊子曾慥撰《道樞》一書有《服霧篇》，讚美服霧氣為：『天地之精，散而為霧。餌其英華，形可以駐。』云：『霧者，山澤華精，金石之盈氣也。久服之，能散形入空，與雲合體矣』，這不免有些神學的誇張。其法是：『平旦之初，坐卧任己，先瞑其目，内觀五臟，而後口出呼氣二十有四過，目見五色之氣，繞纏乎尺宅之上，納乎玉池之中者五十過，咽津者亦如之。』

道家修煉之又一重要功法曰採氣。採氣者，為採取天地日月之精氣，以培補自身元氣用於修煉方法。採氣與服氣之别，在於服氣以口鼻呼吸吞嚥外氣為主，而採氣，除以口鼻吸引吞嚥外，更以手掌、頭頂乃至軀體其它部位採集汲收外氣，其法仍多以存思、導引相配合。

道家太極門秘傳多種採氣功法，其『掌指採氣法』為較簡易之基礎功。主要作法為：雙臂上舉，掌指指天，以意引氣達指掌向天發氣。自覺氣已至空，即以意採回，使氣順指掌歸流腹中。如覺外氣貫指，循臂而下丹田，清涼內透，便為得氣之兆。引之導之，氣來如浪，填滿胸腹。此時氣可充實體內元氣，以為佈氣療疾之用。

道家有採日精月華之功，可分別採日精或月華，之後，亦可日精月華同採。《道家·七步塵技》載秘傳『日精功』，於月初昇時分採吸初日分光芒，謂之『生光』。又於日中時或夏令三伏時採吸中日分光芒，謂之『伏光』。又日落之日採吸末日分光芒，謂之『金光』。『生光』生陽，『伏光』壯陽，『金光』養陽，皆有助陽氣養煉。道家『月華功』法，先置盆水，對月映影，又目凝視盆中月，存額前亦出清月一輪，明淨清澈，天上，盆中及額前三月漸合為一，渾然溶融於一片涼輝之中，身心渾圓。此功修煉到垂目即得月時，可進而煉採月華。面月而坐，凝目納月之光，引之入身，久之，月華源源而入，自覺通體光明清涼，與月融為一。至此功成。此月華屬陰，以治熱性疾病，對坐相照，患者即感清涼而病癒。

日精、月華同時採之法，於日落月昇之際，日月交光之時採之。其法有二，一為先面日，微含其目，引日光華自目入腹。七度之後，轉身面月，亦引月華由目入體。八度之後，再轉身攝日精，如此往復，至日落止。別一法為雙手左右採煉法：直立，雙掌心左右伸出，左向日，右對月，雙掌同時導日精華入腹。左掌微溫之氣入左腹，右掌清涼之氣入右腹。日落後，雙手分按左右腹使陰陽調合，溶融一體。此外，道家還有採樹木靈石精華之功，其基本原理與採日精、月華大體相似，惟採集之際，應注意選擇松柏等靈正之氣，此不贅述。

（四）運氣祛疾

道家修煉，雖能益壽延年，甚至以長生成仙為最高目標，但在修煉過程中，亦難免不偶患疾病，因而道家非常重視祛疾保健之方。葛洪在回答『為道者可以不病乎？』這一問題時，作了十分精闢的論述，他指出雖然道家善以養生諸術修煉，可以少生病。『但患居人間者，志不得者，所修無恒，又苦懈怠不勤，故不得不有疹疾耳……是故古之初為道者，莫不兼修醫術，以救近禍焉。』葛洪批評那些平庸的道士不知道祛疾治病之方，想求長生，結果一旦患病反無救治。所以十分提倡道士應精通醫學。（參閱葛洪《抱朴子·雜證》）而道家對自身的保健祛疾，多用氣功的方法，自己治療。道醫大家孫思邈云：『大道有盈虛，人事有消長，養生者宜知自謹導引行氣之方焉。夫百疾之生，以夭其命者，由飲食不節，不能謹其微也。』也指出修道之人有時亦不免患病，應知治療之法，他亦提出運氣自療『若或有疾，則返舌塞喉，嗽液咽津，瞑目內視，使心生火，想疾之所在，以火攻之，疾則癒矣。（曾慥《道樞·枕中篇》）歷代許多道家修真之士，多採用導引氣功祛病保健，如《道樞·頤生篇》中，記載了十五位真人運功自療的經驗，敘述了用氣功治療不同疾病的方法，如彭真人徐真人運功治癒目疾，劉真人葛真人自療瘉腦風痛，左真人、王真人治療傷風畏寒等。

古代道書所載，運內氣自療者較多。唐代道家天隱子司馬承禎在《服氣精義論》中講道：『夫氣之為功也，廣矣妙矣。故天氣下降，則寒暑有四時之變；地氣上騰，則風雲有八方之異。兼二儀而為一體者，總形氣於其人，是能存之為家，則神靈儼然；用之於禁，則功效著矣。況以我之心，使我之氣，適我之體，攻我之疾，何往而不瘉焉。日服閑居則易為，存使諸有疾痛，皆可按而療之。』這裏，深入分析了氣功療疾之原理。他還講了運氣療病的許多作法，如結合人體穴位行氣治療等。題為華佗所授《太上老君養生訣》中，列出了運氣治療寒熱、瘴氣、脚腫、心中冷痛及心、肝、肺、脾、腎等臟器疾病之法，隋代道士京黑先生撰《神仙食氣金櫃妙録》列舉了行氣治三十餘種疾患。道家運氣治病，早在晉代即已總結成書。葛洪《抱朴子·遐覽》有《行氣治病經》書目，可惜該書已亡佚。

運用氣功自我治療，於諸多疾患確有療效，特別是慢性疾病。近、現代道醫及氣功醫家，在繼承、發展古代道家氣功治病方面取得了許多重要的成果，對人體消化、呼吸、血液、生殖等系統及腫瘤等各種病變均有顯著療效，當代報刊對這方面的報導甚多。今後當更好地整理並推廣道醫的這一寶貴遺產，使東方文化這一瑰寶在為全球人類造福中發揮更大作用。

（五）佈氣治病

道醫運用內煉元氣之神奇功能與人治病，謂之『佈氣』，即今人常謂『外氣治病』，『發功治病』。『佈氣』在早期道教中即已出現。葛洪《抱朴子‧雜症》記三國時道士行氣治病：『吳有道士石春，每行氣為人治病，輒不食，以須病者之癒，或百日，或一月，乃食。吳景帝聞之曰：「此但不久，必當饑死也。」乃召取鏁閉，令人備守之。春但求三二升水，如此一年餘，春顏色更鮮悅，氣力如故……今時亦有得春之法者。』吳景帝孫休在位二五九——二六四年，可知在三世紀道家煉氣達到辟穀不食，亦可佈氣治病。

『佈氣』一詞出現於晉代，《晉書‧方技傳》云：『學道養氣者，至足之餘，能以氣與人，謂之「佈氣」。晉韋虛能以此法療人疾。』『佈』為『佈氣』，佛家用語，給予之意，魏晉時道家佈氣治病已較多，『佈氣』一詞有了明確的含義。至唐宋時期，道家佈氣治病亦見於道教著述之中。唐代《幻真先生內服元氣訣》講服氣煉氣諸法，其中亦論及『佈氣與人療病』。同一時期之《胎息秘要歌訣》一書中有佈氣歌訣。據《雲笈七籤‧諸家氣法》（卷六十二）所記，唐代不少道士、道姑於民間傳煉氣胎息之法，如曾住楊府之『脫空王老』，『時人莫知年歲，但見隱見自若，或示死於此，即生於彼，屢於人間蟬蛻轉脱，故時人謂之脱空王老也。』此王老道即講到煉氣與人治病。又唐開元年間李液之姑婆傳習胎息辟穀之術，亦談到煉氣到一定功夫可治人病。宋代蘇軾《東坡誌林》記道士李若之與蘇氏中子佈氣治病。明清以來，道家為人佈氣治病之例亦數見。至近現代，佈氣治病已為醫家常見之功法。自漢末至今，道家佈氣治病已有近二千年歷史，可謂源遠流長矣。

道醫佈氣治病能有神奇療效，全賴體内元氣之作用，故佈氣療疾之先決條件為施氣者必須達到内氣修煉之較高程度。《雲笈七籤·諸家氣法》記王老有《説隔結》一文曰：『凡人腹中三處有隔。一，心有隔。初學服氣者皆覺心下胃中滿，但少食久作之，自覺通下。二，生日藏（臟）下有隔，即覺腸中滿，久而覺到臍。三，下丹田中有隔，能固志通之，然後始覺氣周行身中矣。遊行身中，漸入於鳩後，覺鳩中氣出，即能與人治病也。』此以『氣通隔結』來説明體内元氣修煉運行之表象及達到之程度，要求做到内氣能周身流轉，鳩中氣出。人體任脈有鳩尾穴，位前胸劍突之下，此『鳩中氣出』指氣機充盈，可於胸前放出，道家認為修煉至此方可言與人佈氣治病。《諸家氣法》所記姑婆以問答方式解説服氣功法，談到内氣在體内循環時説道：『凡服氣欲得循環，身中百物不食，腸中滓穢既盡，氣即易行，但能忍心久作，自覺神情有異……即閉目内視，五藏歷歷分明。知其處所訖，即可安存此五藏神，常自衛護。久行氣人，眼中別人善惡，視人表，知人裏。但日久行之，亦能軀此五藏神以治人病。』佈氣治病中有以五臟元氣針對患者五臟所病加以治療之法，姑婆所言即指此，不過加上了神話。但其所言能內觀返視，及對患者『視人表、知人裏』的透視功能，則為修煉達到較高程度引發特異功能，並視此為能佈氣治病之表現。

在古代道教汗牛充棟的典籍中，有關內煉、服氣、養氣及運氣自療之文獻著述極其豐富，然而有關『佈氣』以治人病之文字記載卻很少。與近現代『氣功熱』中道醫及許多氣功師發功治病成為一種較普遍的現象更不能比。這固然與現代社會信息傳播迅速、交通便利等因素有關，然而筆者認為最根本的原因，則在於古代與現代人們價值觀有着根本差異。

古代道人學道修煉，其終極目標是長生不死，成真為仙，其主要價值取向為自身之完善，故其修煉主要是為自己。而現代醫家、氣功家早擺脫了宗教神學中不死成仙的虛妄成分，其煉功目的之一就在於濟世救人，或曰適應商品社會需求。而且在古代道教修煉理論中，視人體元氣為內丹之寶，極其珍惜，如施人治療消耗，則對修真成仙極為不利，故學道者一般不願與人佈氣治病。宋·洪邁《夷堅誌》記有一則道人治病故事，可為生動例證。宋宣和年間鄧州有一道士因嗜酒與酒監趙某為友，趙某患羸疾，累日不能食，生命頗危。道人欲救，囑備盛酒宴。道人邀另一美髯道者來，其貌豐偉，共勸美髯道者醉。『道人密引趙臥於旁，令聳背緊相挨，且熟睡。少頃，來坐其前，俯身就髯項，吸其氣滿口，即噓著趙頂上，又吸胸腹及臂股，亦如之，僕僕十餘。及趨而出，髯忽寤，見人在側，若有所失。大怒，躍起呼叫曰：「畜生無狀，敢誤我」。持杖將擊道人。道人迎笑曰：「何用如是，只費爾一年功夫，而救得一個性命，乃是好事」……趙即時氣宇油油然，明日即嗜食。甫十旬，膚舉充盈，肌理如玉，略無病態。』（洪邁《夷堅誌》補卷十二）這位道士能吸別人氣以佈於病者，可見他是能佈氣療病的，但他不用自身元氣，而將髯者灌醉以竊取其氣，並云：『費爾一年功夫』。無怪髯者醒後大怒。而趙某竟痊癒而强健，判若兩人。這則故事生動說明了古代道家較少佈氣治病之個中秘密。

在所見古文記載中，道醫佈氣治病，多採用與患者對坐以施氣治療。蘇軾《東坡誌林·書李若之事》所引《晉書》幸靈佈氣治病之法為『去母數步坐，瞑目寂然』。即閉目發功施氣。『學道養氣者，至足之餘，能以氣與人，都下道士李若之能之，謂之佈氣。吾中子迨少羸多疾，若之相對坐為佈氣。迨聞腹中初日所照，温温也。蓋若之曾遇得道異人於華岳下云。』有些道家著述指出，對坐佈氣時，還應先判斷患者之病為何臟器之病，再佈入自己有關臟器元氣以治之。唐代幻真先生《幻真先生內服元氣訣》：『凡欲佈氣與人療病，先須依前人五臟所患之處，取方面之的氣，佈入前人身中，令病者面其方，息心淨慮，始與佈氣。佈氣訖，便令咽氣。鬼賊自逃，邪氣永絕。』（《道藏》五七〇册）所謂『取方面之氣』，即取與患者臟器相同之五臟元氣佈入。還要患者『面其方』，即按五臟之五行五方坐，如患肝病，肝屬木，為東，患者應面朝東坐。唐人著《胎息秘要歌訣》中有《佈氣與他人攻疾》歌訣：

『修道久專精，身中胎息成。他人凡有疾，臟腑審知名。患兒向王氣，澄心意勿輕。傳真氣令咽，使納數連並。作念令其損，頓能遣患情。鬼神自逃遁，病得解纏縈。』（《道藏》五十九册）這首佈氣歌訣多為《遵生八牋》、《類修要訣》等古代養生書所引載，其佈氣要領方法，與上引幻真佈氣訣大體相同。『患兒向王氣』亦指應面對五臟患病臟器所屬方位，與之佈氣，並令吞嚥。在古代亦多用軀體佈氣療疾，如前引道人命患者與髯道聳背緊相挨而吸納元氣。又如《彭比部集》載：『元尹蓬頭與病者抵足而卧，鼓氣療人疾。』尹蓬頭為元明間道士。《畿輔通誌》記他精氣法內功，南京一貴人母敬事尹山人，其所愛少孫病重，藥療無效，生命垂危。尹曰：『此非藥物所能為，我以太夫人遇我厚，不得已費我十年功。……令置兩榻相對，皆夜，縛少孫之足於其足，尹鼓氣運轉，喉呼呼有聲，氣達湧泉，貫少孫足，遍體流汗，臭穢畢泄，詰朝而蘇，遂有生色。別授刀圭藥，服之癒。』這位尹道人用足佈氣治療重病。自云：『費十年功』，與前引髯道費一年功，性質相同，亦可見古人視佈氣與修仙有矛盾。此尹道傳説壽三百歲。

又《清史稿》載：清著名武俠甘鳳池精內功，善導引，亦能佈氣療疾。其法為以己之背抵病者之背而佈氣療病。史料所見，古代佈氣治病者亦多道姑道婆。《南陽縣誌》（光緒版）卷十二，記有宋代張仙姑佈氣治病：『張仙姑，南陽人，莫詳其所以。人有疾，仙姑輒瞑目潛為佈氣攻之。俄覺腹熱如火，已而鳴聲如雷，雖治痾者無不癒。宋徽宗嘗召至東都，後不知所終。』道姑多能佈氣治病，表明婦女內功修煉之女丹功法，至唐宋時期已發展成熟。據葛洪《抱朴子·至理》，古代道家亦能以氣功治金創有奇效：『以炁禁金瘡，血即登止。又能續骨連筋。』（《太平御覽》卷七四二引《抱朴子》作：『治金瘡以氣吹之，血即斷，痛登時止。』）古代道家還能以氣使人體之病患轉移，如《南史·張融傳》記『公孫泰患背（癰），薛伯宗為氣封之，徙置齋前柳樹上。明旦癰消，樹邊便起一瘤，如拳大，稍稍長二十餘日，瘤大膿爛，出黃汁斗餘，樹為之痿損。』把人體所生背癰，轉移到柳樹上去，人痊癒而樹患病，這就更為神秘了。但運用佈氣之術驅趕病氣、邪氣使人康復，則是符合氣功原理的。

古代道醫佈氣療病，在今日已得到較好的承繼與發揚，而且把氣功治病之機制與現代高科技相結合，創造出了許多不同類型的電器治療儀器，並在實踐中取得一定成果，標誌著佈氣治病已發展到一個新階段。

五、移精變氣　祝由符水

——道醫文化中最神秘的一頁

道教既然是一種宗教，當然免不了在其信仰與教義中充滿神秘文化的內容。除了道家的多神崇拜與修仙思想之外，道家的符籙咒術，更具有神秘色彩。道家的符籙咒法，總稱『道法』、『道術』，亦稱『法術』，主要以立壇設供，以符、咒、印、劍、鏡、訣、水等為法力的傳遞、表達的信號或工具，以召神驅鬼，呼風喚雨，伏妖祛病等。《法海遺珠》云：『夫大法旨要有三局：一則行咒，一則行符，一則行法。』道教之法術，自然為道教醫家所運用，成為道醫治病療疾手段之一。

早在原始時期，在原始鬼神崇拜及巫覡文化中，疾病被看成是鬼神作祟或先靈示罰的結果，因而祈禱、祭祀、祝告、詛咒成為治病的重要方法。《內經》等古籍把這類方法稱為

『祝由』，《素問·移精變氣論》云：『古之治病，惟其移精變氣，可祝由而已。』註曰：『移謂移易，變謂變改，皆使邪不傷正，精神復强而內守也。』按祝字之音義均同咒，『祝由』謂祝告上蒼，祝說病由，即以咒語治病。《內經·靈樞·賊風》云：『先巫者，因知百病之勝，先知其病之所從生者，可祝（咒）而已也。』因而從上古以來，祝由即成為醫家治病手段之一。《說苑》，記上古之醫苗父說：『苗父之為醫也，以菅為席，以芻為狗，北面而祝，發十言耳，諸扶而來者，皆平復如故。』說苗父讓病人躺在草席上，用草札成狗，以咒語治病。以後歷代醫家均有祝由一科，隋唐至宋明均有咒禁師。

道家全面承繼先秦方士醫家之術，早在道教興起之初，即以符水治病作為傳道之方式。《太平經》解釋咒語為『天上神語也……道人得之，傳以相語，故能以治病。』《漢天師世家》云：『張道陵天師，教民信奉黃老之道，常以符咒治病，有病者使飲符水即癒，著有效驗，從者甚衆。』道教之另一創始者張魯亦以符水治病。《三國誌·張魯傳》：『魯據漢中獨立，行五斗米道，以符水治病，致米一斗，疾者立癒，奉者甚衆。』又云：『太平道者，師持九節杖，為符祝，教病人叩頭思過，因以符水飲之療病。』漢以後，歷代道教醫家，亦用祝由符水為治病之法。如陶弘景『受道經符籙』，葛洪《抱朴子》一書多處論及符籙禁咒，唐代道醫大師孫思邈更把符咒與湯藥等並列，他所著《千金翼方》中專列《禁經》二卷，並論曰：『醫方千卷，未盡其性，故有湯藥焉，有針灸焉，有禁咒焉，有符印焉，有導引焉。斯之五法，皆救急之術也。』因此，道教醫家之中，至今仍有以祝由、符水治病者。當然，祝由符水，是典型的神秘文化，迷信色彩濃厚，但在某些時候對某些疾病，又有一定療效。這一點，孫思邈曾論述道：『斯之一法（指禁咒之法）體是神秘，詳其辭采，不近人情，故不可得而推曉也。但按法施行，功效出於意表。』（《千金翼方·禁經》）認為這種帶神秘色彩的禁咒法，其法術咒語不近人情，不可理解，但又有功效。

今之氣功家解釋為符咒等物中，體現了人的意念作用，亦有氣功的因素在內。人的意念，往往有多樣神秘作用，此為當今人體科學研究所證實，所以，符籙禁咒這些帶有迷信色彩的方法中，也可能包含着人的某種神秘的能量，這種能量於治療中亦可發揮一定的作用。而這種神秘文化還是值得研究探索的。因此，本章對道醫這最為神秘的一頁作簡要的介紹。

（一）祝由神咒

全面繼承上古巫祝思想與技術，道教極其重視咒語在宗教修煉與法事中的作用。念咒與道教的各種儀軌法術相結合，幾乎貫穿道教活動的各個方面。道教運用於各種場合起不同作用的咒語，總計達數百種之多。降神驅鬼固然有咒語，修煉功夫更離不開念咒，保健祛病靠神咒之力，日常食唾梳洗，進山入市無不有專用之咒，道教認為咒語為天神之語，故具有神聖之力。《太平經》云：『天上有常神聖要語，時下（凡）授人以言，用使神吏應氣而往來也。人民得之，謂為神祝。』又說：『此者，天上神語也……道人得之，傳以相語。故能以治病，如使行人（間）之言，不能治癒病也。』道教認為咒語是神人傳授之神語，與人間之凡人語言不同，故能通神及有治病等神力。但觀道教諸多咒語，大體為表達司法者精誠達意之心聲，如祈禱時，為讚頌神靈及祈訴如願之詞；修煉時，為安神定意靜心之訣；驅邪時，為斥令恐嚇邪惡之詞；治病時，為法術顯靈百病俱消等語。大多為能理解之語。道教咒語有一特色，即大多於結尾時有『急急如律令』一語。宋·趙彥公《雲麓漫鈔》卷一有考證此語來歷之說：『急急如律令，漢之公移常語，猶今云符到奉行。張天師漢人，故承用之，而道家遂得祖述。』

道士修煉，首在保健安神，強體卻病，有許多神咒，如《九宮隱咒寢魂法》，於臨睡前念此咒，可安魂定魄，使神意和詳。《太帝辟夢神咒》可辟夢除凶，使神明氣正。《大洞微妙薰病咒法》，可治疾病，固精養神，此為宋代神霄派所傳，咒曰：『太一尊神，務猷以歸。卻滅百痾，蕩除邪穢。』咒之七遍，氣不和，精不育，即癒也。又有咒防止精漏失禁，存桃符，握天皇象符，咒曰：『命門桃君孩道康，合延精氣朝泥丸。敢有妖邪干正法，注金擲火衝洞房。』

另一類咒語多用於潔身淨心，護持修煉。如《淨身神咒》、《淨心口神咒》等，這類神咒多有助於排除干擾，修煉入靜。如《淨三業神咒》曰：『身中諸內境，三萬六千人，動作履行藏，前劫並後劫，願身常自在，常往三寶中，當於劫壞時，願身常不滅。誦此神咒時，三業悉清淨。』道士在修煉入靜中，有時常有邪魔干擾，南朝上清派所傳《上清太上黃素四十四方經》中有《三天正法咒魔神方》，常念誦之，則神兵侍衛，萬魔不干。

道人在修煉或作法中，常請神召將，驅鬼祛邪，亦有許多神咒，如施雷法時所用《起風咒》、《起雨咒》、《起雷咒》、《起雲咒》，驅邪除祟所用《六合咒》、《役遣咒》、《解疾病連年符咒》、《解三刑六害符咒》、《禁魔鬼侵凌符咒》等，南朝上清派所傳《太帝常揮神滅魔法》：『凡道士行來，獨宿山林廟座之間，饒有魔精惡鬼之地，當先琢齒三十六通，閉氣、微咒曰：「太帝陽元，四維幽闕，千妖萬毒，敢當吾前。巨獸重吻，刳腹屠肝。神公使者，守衛營蓄。黃衣師兵，斬伐妖魂，馘滅千魔，摧落山奸。絕種滅類，敢令梟殘，玉帝上命，清蕩三元。」常能誦之，則神兵見衛，萬鬼受事，千妖死伏。』

道人治病，常符咒結合，有多種咒語針對不同疾病，亦有治萬病咒。如《治寒病咒》云：『火鈴火山神，燒鬼化為塵，風病從風散，氣病氣除根。瘟疫諸毒害，寒熱速離身。疾病久此散，男女保安寧，急急如律令。』（《見太上三洞神咒》卷八）唐代天師派傳《混元治病咒》云：『混元一氣，高辛之餘，付我弟子，疾攝疾除，五方正氣，佈吾形軀，諸大功曹，如意攻行；謹召十大功曹，針砭小吏，佈氣治病，神員天醫大聖，隨呼即至，遇召即臨。萬咒萬靈，不得違令，敢有違令，罪在雷霆。急急如律令。』這是召集神靈神醫來治病之咒。宋代東華派《上清靈寶大法》中有《治萬病咒法》：『大行梵氣，周圍十方，中有度人不死之神，中有南極長生之君，中有度世司馬大神，中有好生韓君大人，中有南上司命司。延壽益算，度厄尊神，回骸起死，無量度人。』『凡氣血凝滯，體有小疾，即端坐、雙手玉清訣，念一遍，取東南氣入口中，閉氣，存氣如黃霧狀，自五臟穿入骨節皮毛之中。良久，體有小熱，其病即癒。凡治疾佈氣，並用。』可見此咒語與存想、運氣相結合，亦可用於佈氣治病。道教咒語繁多，達數百首。宋元道教著作《太上三洞神咒》，匯集道教各種咒語，其中不少咒語用於煉功煉氣、治病療疾。此書收入《道藏》。

（二）禁方療病

古代醫家與道家，均有禁咒之方以治病。如《隋書·經籍誌》等古方獻目録中有《三五禁法》八卷、《禁法》九卷、《三五神禁治病圖》等禁方書目。唐代著名道醫孫思邈《千金翼方》中專列《禁經》二卷，把『禁咒』與湯藥、針灸等並列為『救急之術』。並在《禁經》

中詳述禁咒之法。禁咒亦稱禁方、禁法，乃道家以咒語、步態、印訣、存想、閉氣等方法，運用於所禁對象而制伏之。禁咒之用，極其廣泛，葛洪《抱朴子・至理》詳論禁咒之法，並指出其根本性質為炁之作用：『吳越有禁咒之法，甚有明驗，多炁耳。知之者可以入大疫之中，與病人同牀而己不染。』指出禁方有防止傳染病之巨大力量。葛洪列舉了禁咒之方的多種效應，可以『禳天災，禁鬼神，禁虎豹、蛇蜂，皆悉令伏不能起。以炁禁金瘡，血即登止，又能續骨連筋。以炁禁白刃，則可蹈之不傷，刺之不入。若人為蛇虺所中，以炁禁之則立癒。近世左慈、趙明等，以炁禁水，水為逆流一二丈。又於茅屋上燃火，煮食食之，而茅屋不焦。又以大釘釘柱，入七八寸，以炁吹之，釘即誦射而出……』葛洪還列舉了禁手入沸湯不傷，大寒不冰，炊者不熟，犬不得吠，刀劍不得拔，箭矢返射等等。因此，葛洪認為修道之人，要入深山，必須先學禁法，方能避山中毒蛇、猛獸、毒物、瘴氣之害。（見《抱朴子・登涉》）

道醫治病之禁方，記載最詳者當為藥王孫思邈《千金翼方・禁經二卷》，此《禁經》先詳論習練禁法之各種方法、技術及步驟，次論禁治各種疾病：計有禁瘟疫、禁鬼客忤氣、禁瘧病、禁瘡腫、禁喉痹、禁產運、禁金瘡、禁蠱毒、禁遁注、禁邪病、禁惡獸虎狼、禁蛇毒、禁蝎蜂、禁狗鼠等十餘類。每類有禁咒及禁法若干條，總計禁方百餘首，禁方由咒語、禹步、掌訣、閉氣、吐氣、存想、唾液等組成。一般稱之為『咒禁』、『氣禁』、『唾禁』等，以下略述禁方各組成部分之演練及內容。

按《禁經》習禁法者首當齋戒：『神仙經曰：『凡欲學禁，先持知五戒、十善、八忌、四歸，皆能修治此者，萬神扶助，禁法乃行。』這些齋戒內容主要為道德修養之戒律與潔淨素食等規定，如五戒為：不殺、不盜、不淫、不妄語、不飲酒。十善指行善作好事的各項內容。

習禁方應熟讀各種咒語，並在『受禁法』中反覆背誦。茲舉咒語數例，以見一斑。

神水解穢咒：『神水解天穢、地穢、生穢、死穢、人穢、鬼穢、身穢、病人之穢，速除去之，立令清淨，急急如律令！』

禁時氣瘟疫咒：『天封吾以德，地封吾以道，吾奉天威取地武，吾遇石石爛，按症症散，左達右貫，貫骨達體，追病所在，何邪敢進。進者斬死，北斗七星飲汝血，叱叱滅手下，急急如律令！』

習禁方應熟練禹步。所謂禹步即道教步罡，於多種法術中運用之步法，傳為大禹所創，故名。《洞神八帝六度經·禹步致靈》第四云：『禹步者，蓋是夏禹所為術，召役神靈之行步，以為萬術之根源，玄機之要旨。昔大禹治水……居南海之濱，見鳥禁咒，能令大石翻動。此鳥禁時，常作是步，禹遂模寫其行，令之入術。自茲以還，術無不驗，故曰禹步。』葛洪《抱朴子·仙藥》中記有禹步法：『前舉左，右過左，左就右。次舉右，左過右，右就左。次舉左，右過左，左就右。如此三步，當滿二丈一尺，後有九跡。』此為足之跨步法，九跡謂之九個足跡。道教認為禹步可發神功，抵禦邪惡，制服鬼怪。唐宋道教發展成多種禹步，如三步九跡法，十二跡禹步法，攝地記飛天綱法，天地交泰禹步法，以及按後天八卦序列的『禹步罡』，按北斗序列的『七星禹步頭』等，均為道教作法時之舞蹈步法。《千金翼方·禁經》中亦詳述練禹步之法：『凡欲作法，必先取三光氣，又禹步，然後作法驗矣。三光者日月星。禹步者，或三步、七步、九步不定。若欲受三光氣者，極晴明日，向日兩脚並立……然後取禹步三步也。所欲步時，先舉頭看日光剩開口吸取日光明，即閉口塞氣，至三步始得放氣也。三步者，從立處兩過移兩脚始成一步，三步即是六過移脚也。』此段還講了向月光、星光練禹步之法，日是陽，月星為陰，左為陽，右為陰，故受日之氣則先移左腿，受月星之氣先移右腿。『星者即是北斗七星也，星中最須殷勤，所以須九步也……作九步時既長久，若一氣不得度，是以三步作一閉氣，則九步即三過閉氣也。』此為禹步與氣功採氣相結合，因而禹步中亦有練氣功之內容，可見在禁方中，炁的確有重要作用。

禁方中有《掌訣法》，即掐捻五手指之各節，各節各有所主事，如大指第一節生人、蛇、虎之頭。第二指第一節是蛇、虎之目，第二指第二節是鬼目。五指共十五節，各代表一事物，作禁時，即掐捻有關指節。如『凡欲行禁者，皆須先捻鬼目，若與男禁捻左手目，若與女禁，即捻右手目……左營目者開左目，閉右目；右營目者開右目，閉左目。』在掐捻手指同時還按需要睜閉一隻眼。如禁虎，先存想獅子，手捻虎目。如禁狗則存想作虎，手捻狗目。又如有惡人侵犯，禁之，則閉氣押大指第一節，左營目，惡人即止怒。禁病，則皆須禹步、誦禁文，捻而用之，急則瞋而押之，緩則捻之。』可見此掌訣法是配合禹步，念咒禁治疾病的禁方內容之一。

道醫以禁方治療各種惡瘡、癰疽、腫痛時，除念咒等法術外，還常用唾液噴塗患處，有止痛消炎之功效。如《禁癰腫法》：『正面向東，以手把刀按其邊令匝，以墨點頭重重圍訖，然後急唾之，即癒。』其咒語曰：『日出東方，乍赤乍黃，牽牛織女，教我唾方。若是癰，就鉀空。若是痤，應鉀碎。若是癤，應鉀滅。若是腫，應鉀壟。不疼不痛，速去速去，急急如律令！』另一咒語《禁一切腫》說了唾之威力，『咒曰：吾口如天雷，唾山崩，唾木折，唾金缺，唾水竭，唾火滅，唾鬼殺，唾腫滅。池中大魚化為鼈，雷起西南不聞其音。大腫如山，小腫如氣，浮游如米，吾唾一腫百腫皆死，急急如律令！』道醫以唾液治病，特別是治腫瘡蟲毒有一定療效，是有其客觀的科學性的。唾液中含有消化酶、腮腺激素等多種物質，不僅具有增强肌肉、血管作用，且能殺菌消毒。報載日本同志社大學教授西岡一等研究證明唾液還有抑制致癌物質之作用。道家內煉稱唾液為『玉液』、『玉泉』，能『去三尺，除百病』。小周天功法稱口津為『玉液還丹』為丹家重視。又據美國科學家研究，人存不同之意念時，唾液之成分發生變化。凡人存善念時，向玻璃管呼氣，其凝聚物透明無色；如存惡念、怨恨、則凝聚物變色，且含毒素。可見意念影響唾液之成分與功能。《內經‧靈樞‧官能》云：『疾毒言語輕人者，可使唾癰咒病。』《內經》之這一記載亦證明意識對唾液之影響，與上述試驗是一致的。由此可見道醫禁方之用唾液治病，亦有著其客觀的依據。

（二）符籙驅邪

符籙是道教文化的重要組成部分，亦為道醫驅邪治病的一種手段。古代傳說符籙起源甚早，《事物紀原》引《龍魚河圖》云：『天遣玄女，下授黃帝兵信神符，制伏蚩尤。黃帝出車決日，蚩尤無道，帝討之，夢西王母遣之以符授之。帝悟，立壇而請，有玄龜銜符從水中出，置之壇中，蓋自是始傳符籙。』這個傳說表明最初之符籙是用於軍事征討調兵遣將，它是上天神靈傳授的。符與籙最初為兩個不同事物，符亦稱『符節』，早在周代即有在竹片上或金屬片上寫文字，作為進出關門之憑證。後又作為代表帝王旨令之信物，符為兩半，相合則傳佈帝王命令，道教產生之後，以符作為召神驅鬼之神物。籙之原意為記錄之册，道教通常指記錄有關天官功曹、十方神仙名屬、召役神吏施行法術之牒文，它與符文結合而稱符籙，又叫『墨籙』、『雲籙』、『丹書』。《正一修真略義》曰：『神符寶籙，其出自然，故於元始赤明浩劫之初，渾茫之際，空中自結飛玄妙氣，成龍籙之章，乃元始神尊化靈應氣然也。』這又表明符籙是由道氣演衍而成之文字，太上神真之靈文，九天聖衆之法言。因此，符籙多採用象徵雲霞烟霧之字體，符中排列仙神名號，有召神、驅鬼、鎮邪、治病種種神效。《太平經》云：『欲除疾病而大開道者，取訣於丹書吞字也。』（卷一〇八）太平道、五斗米道即朱書符字燒灰入水為人治病。漢末道教初期之符籙，多為同一文字之『復文』組成。（《太平經》卷一〇四——一〇七），如下例：

魏晉之後，符籙大盛，符籙之書法亦多為篆體與更多文字之複雜組合。道士入道，須舉行儀式，將符籙授與入道者隨身佩帶，並根據入道年限與道行加深更換不同符籙。至北魏時，皇帝登基亦受法籙，表示帝位神授，從此符籙更為神聖。至唐宋，符籙更有發展，並分成若干門派，如龍虎天師、閣皇靈寶、茅山上清，即三大符籙之宗。《道藏》中《三天玉堂大法》、《上清靈寶大法》、《道法會元》等詳載各種符咒。

道士書符、用符，均有咒語配合，符籙書寫，先須澄心淨慮，調氣定息，意到即運神光，掐訣念咒，施法畫符。畫每一筆都有相關之咒語。故道家强調，符籙之靈否，全在德高意誠，視道者之道功法力如何。《清微丹訣》云：『法中之要，非專於符，非泥於咒，先以我之正氣，合將之靈……則萬病俱消、萬邪賓伏。故德者道之符，誠者法之本……是必正己誠意，神氣冲和。故道即法也，法即道也。天將守律，地祇衛門，元辰用事，靈光常存。可以驅邪，可以治病，可以達帝，可以嘯命風雷，可以斡旋造化。』這樣一來，道教傳授符籙甚為嚴格，非親信弟子，没取得一定法籙地位之道士，以及道德修養不良者，均不能授與。自魏晉至唐宋以來，流傳許多道士符籙法力廣大之故事，以及道醫憑符咒治病神效之傳說。如《神仙傳》有《壺公》故事，言『今世所有召軍符，如鬼神治病玉府符，凡二十餘卷，皆出自公，故總名壺公符。』此公為仙人，入市賣藥極效。常於夜跳入大酒壺中，故名。費長房隨其學道，『房乃行符，收鬼治病，無不癒者。』並能召神行雨，有神術，能縮地脈。道家人物傳誌之中，精於符籙法術者甚多，如自張道陵以後的各代張天師，著名符籙道家寇謙之、陸修靜、許真君、王文卿、葉法善、留用光等，有關他們以符水治病之傳說故事更不勝枚舉。

道醫用於防病治病之符籙甚多，此處擇有代表性之各種作一簡介。

1、護符

道士修煉，首在護己防邪祛疾，民間應用，亦首在驅邪防病。葛洪《抱朴子·登涉》中，詳述道士入山林首須安符。其《入山符》為：

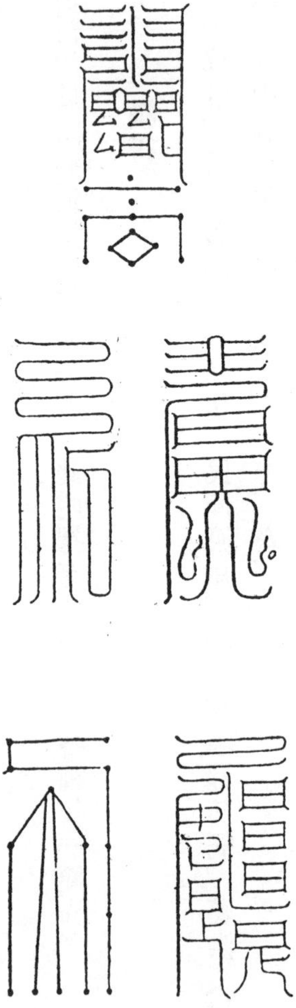

『抱朴子曰：上五符，皆老君入山符也。以丹書桃板上，大書其文字，令彌滿板上，以著門户上，及四方四隅，及所道側要處，去所住處。五十步內，辟山精鬼魅。户內樑柱，皆可施安。凡人居山林乃暫入山，皆可用，即衆物不敢害也。』葛洪記了符籙十餘首，可參見《抱朴子·登涉》。

本世紀初於甘肅敦煌莫高窟所發現之數萬卷唐代手書文獻中，有不少道家符咒治病符籙，保存了唐代道教符籙真品，十分珍貴，現擇有關防病治病之符例，以見道醫符籙之一斑。其《護宅神曆卷》中有護宅符，言如患病，則以此神符貼房屋四角以祛邪（本書所引敦煌符籙均採自高國藩著《敦煌古俗與民俗流變》一文所録敦煌文獻）：

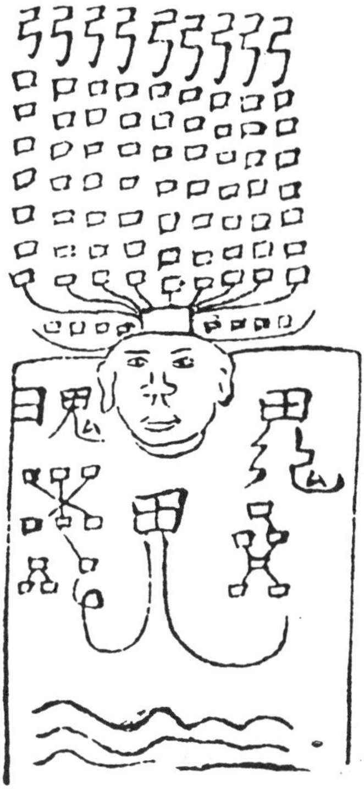

鬼
鬼

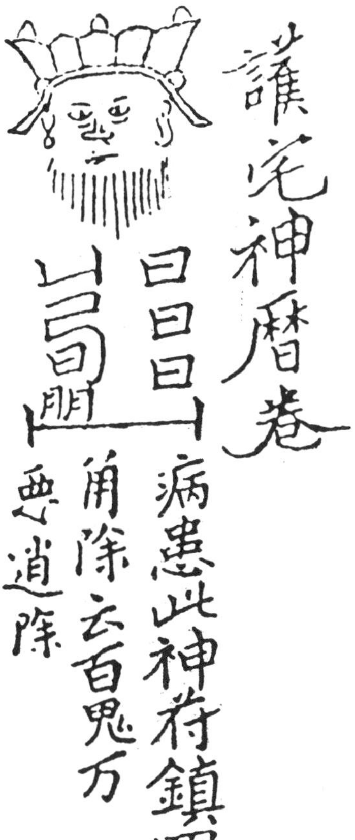

護宅神曆卷
病患此神符鎮
角除云百鬼方
悪逍除

右圖為一種貼於門上之符，此符之作用除能防邪祛病外，還能保護財物，並使夫婦相愛。

護身符亦為道教辟邪保安之重要符籙。左上圖為敦煌《護宅神曆卷》中之二枚護身符，一置衣領，一置脚上，可以辟邪魅大吉。

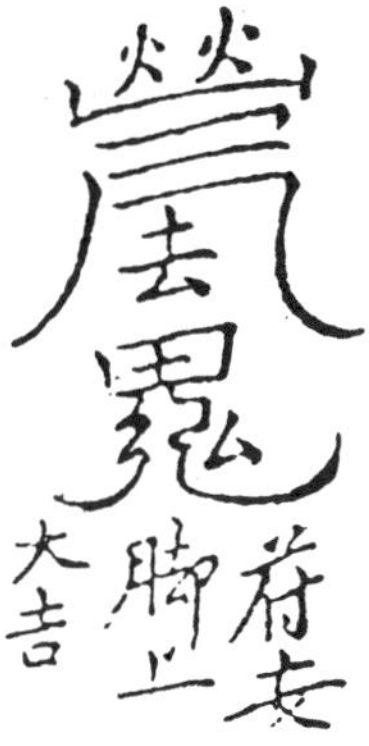

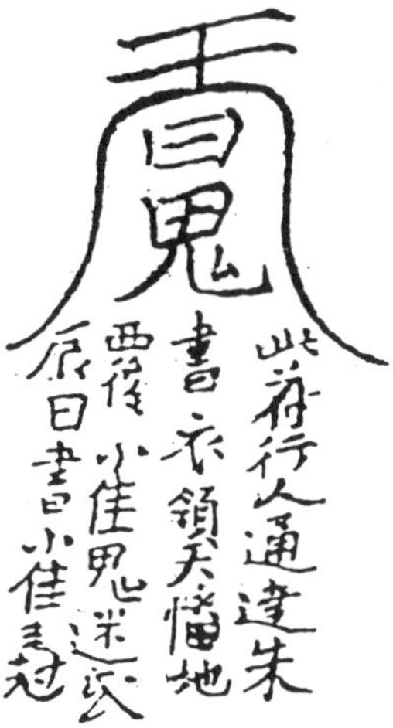

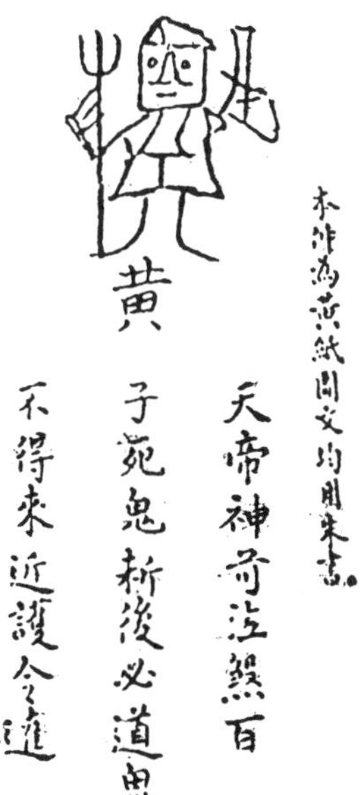

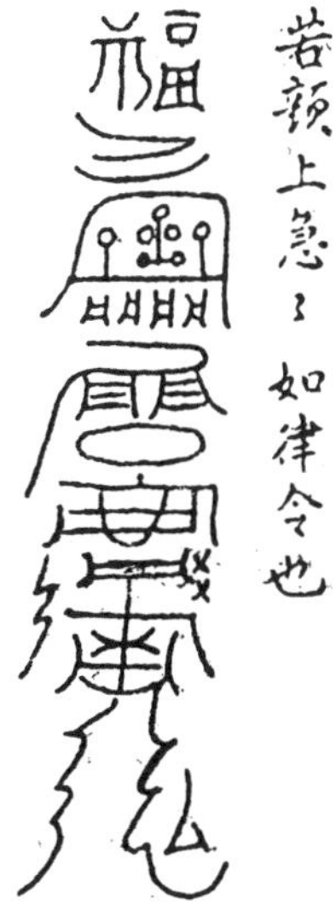

右下圖為新疆吐魯番阿斯塔那三〇三號墓出土符咒，為高昌和平元年（五五一）之墓葬，是道教早期符籙之代表。其咒語表明此符亦為護衛符籙。

2、　治病符籙

道教認為人患病恙，其根源均為鬼魅作祟，故治病即以驅逐鬼魅為根本。道教伏魔驅鬼之符籙甚多，茲以敦煌文獻《發病書》之《推初得病日鬼法》為例簡介。此法認為，從患病之日，可以推知作祟之鬼，書以相應之符吞服及著門上，即可治病。《推初得病日鬼法》云：『人男女初得病日鬼各是誰，若患狀相當者，即作此鬼形關書符藏之，並吞及著門戶上，皆大吉。書符法用朱砂閉氣作之。』其十二地支紀日治病符籙及文字說明如下：

子日病者，鬼名天賊，四頭一足而行，吐舌，使人四肢不舉，五臟不流，水腫大腹，半身不遂，令人暴死。以其形厭之，即吉。此符朱書之，病人吞之，並書著門戶上，急急如律令。

丑日病者，鬼名是誰？天剅，青身赤面，手持氣戲，一足而行。令人噎寒，身

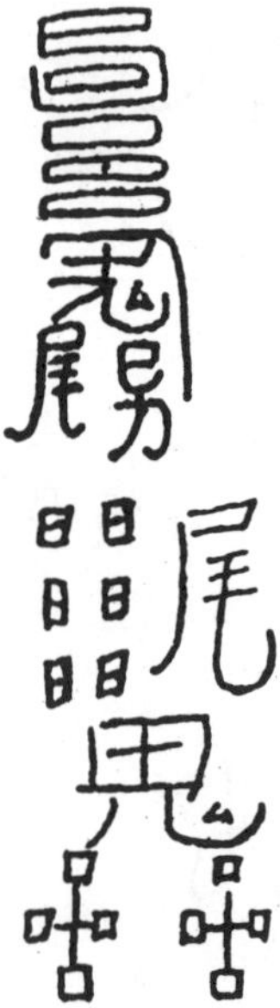

體殞，目痛，暴死，失溺，水不利，多口舌。以其形厭之即吉。此符朱書吞之，並著門戶上，急急如律令！

寅日病者，鬼名同爐，黃頭赤身，令人吐四，多語言，手足不隨，目不見物，日汗流出。從東西而來，以其形藏之即去。此符朱書，著病人卧處，並吞之，急急如律令！

卯日病者，鬼名老目離，青頭赤身，各樂，使人狂病，令人多啼，藏頭掩口，入人家失火，狂語恍惚不安，以其形廢之即吉。此符朱書，病人吞之，並著門戶上。急急如律令！

辰日病者，鬼名鐵齒，赤身据面，頭上有一角，好食生血。令人吐逆，寒熱來去，頭痛足冷，目疼不視寘寘，以其形廢之吉。此符朱書，病人吞之，並著門户上大吉，急急如律令！

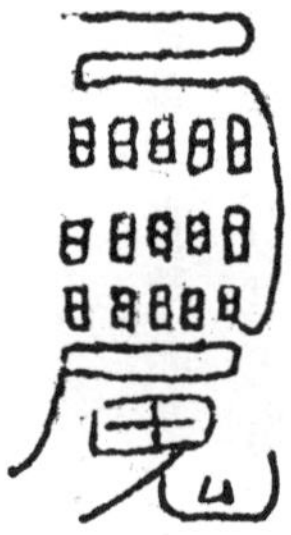

巳日病者，鬼名程郎，頭戴半月，一足一手，青翅赤身，負轉而行。令人斷氣忌胸肋吐血，心腹百萬疼，身鳴。以其形廢之，吉。此符朱書，病人吞之，並著門户上，急急如律令！

午日病者，鬼名文卿，青身面黃，熱載戴王，令人狂失音悅，惚日視後寘寘，患嘆身踵，以其形廢之即吉。此符朱書，病人吞之，並著門戶外，急急如律令！

未日病者，鬼名嗺驕，獨頭蛇身，兩翅，足朱紅面，令人吐，喉嚥悲歌，或好喚非，時食生，由朝至暮，以其形廢之即吉。此符朱書，病人吞之，並著門戶上，急急如律令！

申日病者沓，鬼名銅沓，緑身翼，戴魚形，令人痴，照續寒熱，言語訏出，以其形廢之即吉。此符朱書之，並著門户上及卧處牀所，大吉。

（按：原缺此日符）

酉日病者，鬼名看看，緑面非身，待氣俄吐，臺而行。令人狂顛，四肢沉亂，不別親疏，以其形廢之即吉。此符朱書，病人吞之，並著門户上及卧處吉。

戌日病者，鬼名不繫械，眉生兩翅，手持刀而逢人所斫人，病人腹泄耳聾惡口，以其形廢之即吉。此符朱書，著病人身上及呑之，著門户上，大吉。

亥日病者，鬼名東僧，赤面黄身倒脚向上，出兩手托地而行。入門令人半身不遂，足不行，以其形廢之即吉。此符朱書病人顔上，並呑之大吉，急急如律令！

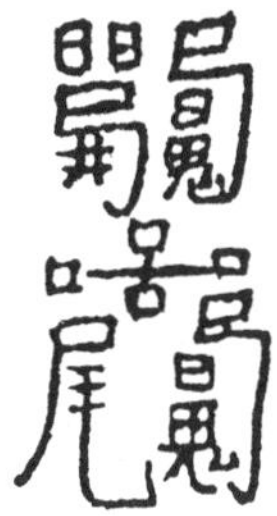

上引敦煌治病符出自敦煌寫本《發病書》中之《推初得病日鬼法》，係按開始生病之日以推算是何鬼作祟，畫符驅鬼祛病之法。在《發病書》中，還有推年立法繪護身符防病治病之法。可見道教推年月日以判斷鬼祟為常用。《發病書》寫本末尾題記云：『咸通三年壬午歲五月寫發病書記。』可知此敦煌寫本寫於唐懿宗咸通三年（八六二），為晚唐時期，可見唐代道教以符籙治病較為盛行，從中亦可看到唐代符籙之真貌。

道士治病之符籙有針對各種病症所用之吞符，敦煌寫本中所見各種吞符舉例如下：

冷吞符：

熱吞符：

吐吞符：

痢吞符：

汗吞符：

吞帶並用符：

上符有註云：『去一切鬼邪，大神效，吞帶並吉。』有洗眼符，治一切眼疾。此符註云：『以水一碗，書此符水碗中，洗眼，能一切眼。』

3、求子保産符籙

求子及安胎、治難産等病症亦為道士符籙法術中常見。敦煌《護宅神曆卷》中有《求子符》：

上符為保産符，貼孕婦牀脚，則生産順利。

下符為治難産之符，為『吞符』，符印後註云：『難産者吞之，兒出，手把符出。見驗大吉。』

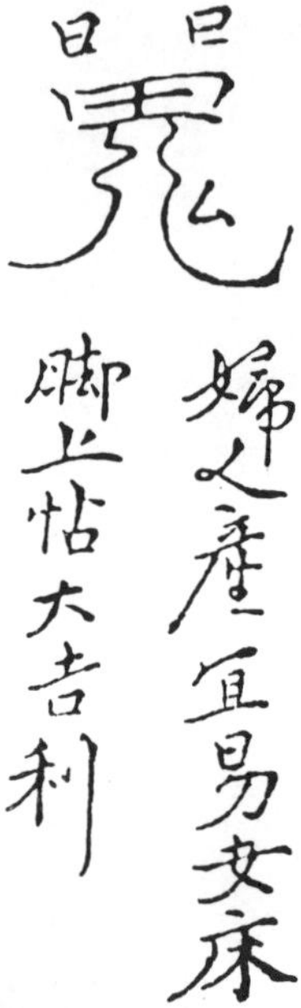

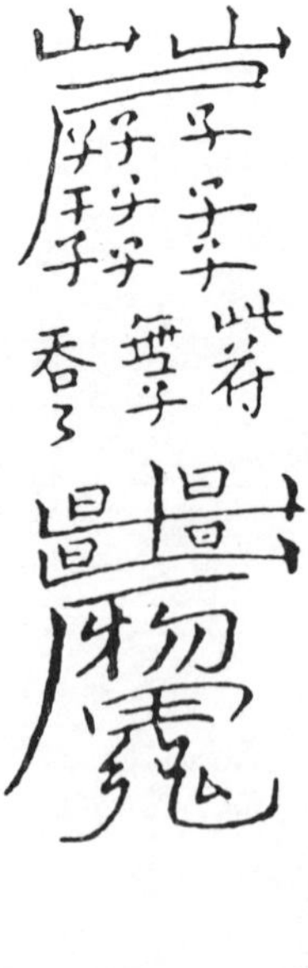

服用『難產符』還有一些規定云：『此符難產，隨年幾與吞。桃湯下，以醋點湯，七立桃仁，去興。此法極秘，勿傳。』這表明道士們借服符，還以藥力配合治難產。古人認為桃樹可治鬼。《本草經》云：『梟桃在樹不落，殺百鬼。』《歲時記》云：『桃者五行之精，壓伏邪氣，制百鬼。』故吞符用桃湯下，並服食桃仁，有制鬼魅之作用。此外，桃子、桃仁及醋均有治產病之效。《本草綱目》云：『婦人難產，數日不出，桃仁一個劈開，一片書可字，一片書出字，還合吞之，即生。』產後百病及產後血閉諸症中《千金桃仁煎》方，即主要用大量桃仁，並去皮、尖服用。故可知桃仁可治難產及產後諸疾。醋亦有藥用，《本草綱目》認為『酸益血也』，故『產婦房中，常以火炭沃醋氣為佳。』治胞衣不下，胎死不下，均有醋煮大豆服及水入醋噀面等方。可見道士符籙治難產時，也配合有藥物治療的作用。

《道藏》所錄道家各種治病符籙甚多，可參看，本書多舉敦煌寫卷之符籙，以其較真實地反映唐代道醫符籙治病之實況。

下符為保產符，貼孕婦牀脚，則生產順利。

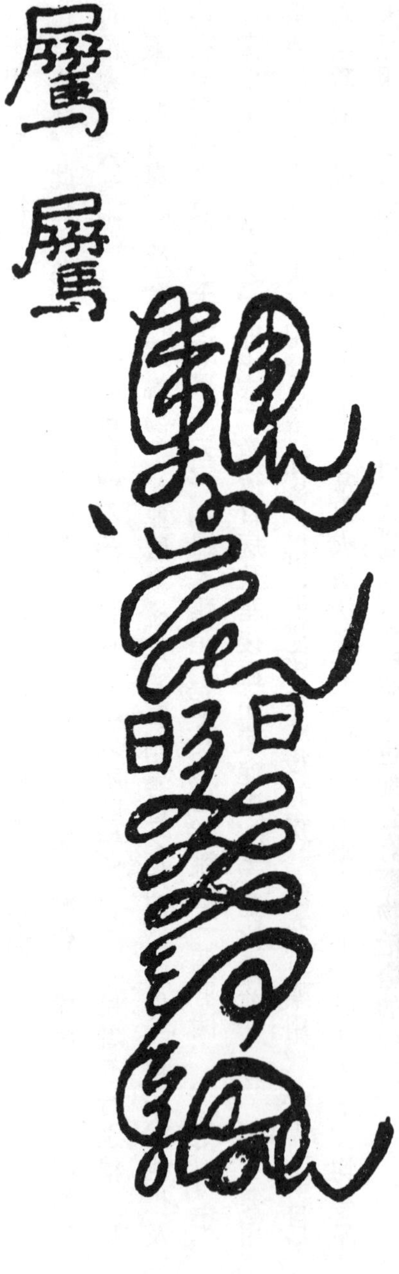

(四) 法水祛疴

道醫治病之又一常用方式為法水。所謂法水，即對水作法，向水畫符施咒，或畫符燒灰溶水中，而以此水令患者飲，或灑其頭面病處以治療疾病。此咒水治病之法在近世不少氣功家還常有運用，只是名稱或有不同，曰：『功能水』、『能量水』、『氣能水』等等。且在治療某些疾病時有神奇療效。

法水亦稱符水，道教初期即廣泛使用，《三國誌·張魯傳》註引《典略》云：『太平道者，師持幾節杖，為符祝，教病人叩頭思過，因以符水飲之療病。』《漢天師世家》：『張道陵天師教民信奉黃老之道，常以符咒治病，有病者使飲符水即癒。著有效驗，從者甚衆。』至南北朝時，符水盛行，如《宋書·羊欣傳》：『素好黃老，常於自書章，有病不服藥，飲符水而已。』歷代典籍所記道家符水神奇效驗之例甚多，前引《晉書·幸靈傳》記幸靈以佈氣治癒皇氏之瘻痹病後，『皇氏自以病久，懼有發動，靈乃留水一罌，令食之，每取水輒以新水補處，二十餘年，水清如新。』這是把法水作為長期使用。

在宋代，符水亦入宮治病。《宋史·孟皇后傳》記福慶公主患病，服藥弗效，『持道家治病，符水之治。』金代道士馬丹陽道功頗高，前已介紹，《金蓮正宗記》記芝陽貧士，『兩足俱廢，哀聲甚切，先生咒水與之飲，訖，其行如飛。』法水可活人，亦可活樹，仲冬移柏樹二株，『高可數尋，植於七寶庵中，遂成枯槁。先生以真氣吁之，以水沃之，旬日之間翠色如初。』唐宋以後設咒禁祝由科，符水治病更為多見。

道教理論認為水為氣之津，有其獨特作用。唐代道家天隱子司馬承禎著《服氣精義論》中有《符水論》，舉符咒十餘種，並論曰：『夫符文者，雲籙明章，神靈之書字也。書有所象，故神氣存焉，文字顯焉，有所生，故服用朱焉。水者氣之津，潛陽之潤也，有形之類莫不資焉。故水為氣田，水潔則氣清。氣為形本，氣和則形泰。雖身之榮衛自有內液，而腹之臟腑不假外滋，即可以通腸胃為益津氣，又可以導符靈助祝術』，指出符籙有神氣，而水可以傳導這種神氣以發揮作用。大抵咒水之法，多與煉氣結合，為氣功佈氣入水。

宋元妙宗編《太上助國救民總真秘要》卷二有許真人咒水治病法，此法傳為東晉許遜所創，即佈氣入水治病法。用時，先握雷公局，念咒七遍：『南招搖，北玄武，東老君，西白虎，天上翁，地下母，五方神水，啟録降臨。』念咒畢，吐納真氣二十一次，『取五方氣並天剛氣，灌入水中。如遇一切病患，可施此術，施佈大功。』該書還有《咒水治勞法》，謂以法水治一切勞損，此法白晝向日，夜晚望罡星，默念咒語七遍：『太一之水祖且良，舉水入口續神光，大腸涉瀝至膀胱，蕩滌五臟入胞囊，百病除癒邪鬼亡，上合天地體輕強。急急如律令！』咒畢，吐納天地之氣，吸氣吹入水中，即可令患者吞服。

道醫治病除咒水外，亦有咒草、咒果、咒香等物。宋代道教所傳：『上清玉府五雷大法』中有《上清咒香吞服法》，先念咒曰：『法香入吾軀，萬病悉皆除。法住香亦住，氣住神靈住。變則為白霜，化則為甘露。三萬六千日，法香永為主，急急如太上老君律令。』每日早晨，將乳香一塊，吸取太陽光氣三遍，呵於香上，以淨水吞之。一年可保身安無病，而且能通視也。此咒香法多為道士自身保健祛病之用，亦可用以療疾。道家咒果之中，多咒棗治病。前引金代道士馬丹陽亦善咒果療病。『欒武功者，久患風痹，百藥無功，先生咒果服之，一日頓癒。』（《金蓮正宗記》卷三）宋代神霄派所傳『雷門左右伐魔，使苟畢二元帥法』中有《咒棗治萬病法》云：『凡行治病法，先以好藥棗一枚，不破者，左手掐斗訣，如甲子日，以棗尖朝斗口；如乙丑日，以棗蒂朝斗口。反手按前心，右手劍訣按心前，側頭向左。次念密咒曰：「唵吽吽碧碧噔噔攝。」一氣七遍。右咒畢，存天罡真氣三道，取劍鋒火氣入棗中，以劍訣指定，再念密咒曰：「汝乃樹之精，吾乃天之靈，借汝樹之精，助吾天之靈，急急如律令！」一氣七遍。右咒畢，然後除劍訣，卻以魁𩲃𩴂魒魓魖𩴆鬥，自午至子，運成雷局，打入棗中，存如紅瑪瑙色也。仍念默咒曰：急急奉上帝敕！』（《法海遺珠》卷三五）此咒棗之法，通過掐訣念咒等法式將神氣注入棗中，則可以棗治病。

宋代元妙宗所傳之另一種咒棗法則較為簡明：『用香水洗淨棗，不拘多少。凡遇三七日，乾淨室內，或功德前，焚香禮拜。畢，面北立。先將棗掐開，念咒曰：「臣謹昊天玉皇上帝，速降火龍攝。」念咒畢，存想真武君，取青色真氣，吹棗上，凡治百病，以咒水嚼下，無不應驗。』此咒棗治病，實則為佈氣入物以治病，術者內功道力之深淺，是治病能否靈驗之關鍵。一般均要求有較高之功力，否則難以收效。道教中還有咒草治病之法，其性質與咒果相同。《宋史·莎衣道人傳》載：莎衣道人姓何，宋時淮陽人。『有瘵者乞醫，命持一草去，旬日而癒，衆翕然。傳莎草可以癒疾。求而不得者，或遂不起，由是遠異之。』近世亦有咒物以療病者，大多為道家法術之流傳。

（五）神秘文化的本質

以上我們對道教的符籙咒術禁方水法等道術作了簡要的介紹，這一部份內容，是道教文化中最為神秘的一頁，也是迷信色彩最為濃厚的一頁。今日我們以科學的態度來對待這些文化現象，不能用簡單否定的辦法，而應該有研究、探尋的態度與方法。必須指出，在這些神秘文化的令人眼花目眩的表象背後，是隱藏着一些有價值的東西，存在着一個人類正在探索認識的新領域。當今對中醫、氣功、人體特異功能的研究，也正是與對道教神秘文化的研究分不開的。

我們初步探尋道教符籙法術這一套神秘文化的本質，有可能是這兩個因素起着重要的作用，一個是『意』，一個是『氣』（炁）。意即意識，即人們的心理活動；氣（炁）即存在於宇宙、萬物及人體內部的有着巨大能量的尚未被人們完全認識之物。而意與氣，又時常緊密聯繫而不可分，所謂『意氣相隨』。現代許多人體科學實驗已經證明，精神與物質早已不是截然劃分的互不相干的兩個領域，精神能够作用並改變物質，是一切神秘文化現象的關鍵所在，也是道家符籙咒語之類能够治病的關鍵。為什麼精神與物質能相互作用？精神能量為何能變化為物質能量？這個問題的徹底解決，可能將引發出一場真正的科學革命。

心理意識的巨大作用，古代道醫們早有所認識並加以運用。孫思邈關於『疑者不效』的論述即為一例，他在《千金翼方·萬病》中寫道：『論曰：疑師不治病，疑藥不服之，服之即不得力，決意不疑者，必大神驗。一切藥有從人意即神，疑人必失，及久多必損。不疑久者有益，治病當有瘉。醫論如此說，是以令知服藥先服藥符，大驗，遺諸惡氣，藥勢必當有效。朱書空腹服之訖，即服藥。』這位『藥王』孫真人深知『疑者不效』，是精神作用對藥物作用的否定。深信不疑者大效，是精神作用對藥物作用的加强。於是，他用服藥先服符（藥符見下頁）的辦法，用這神秘的符加强了患者的信心，於是『服藥大驗』。道醫以及當今之術士以一般藥物或非藥物（水、果、草、灰、土等等）治病，有時產生奇效，無疑是精神因素起了極大的作用。

意與氣在道家修煉與道家法力中的重要作用，在道教發展的歷程中被愈益重視。這主要表現在晚唐以來道教符籙與道教內丹的融合，產生了神霄派和清微派等等新符籙派。以北宋王文卿為首創者之神霄派，倡神霄雷法，風行海內，盛行宋元。該法即融合內丹與符籙為一體，以精氣神為本，以籙咒法為用。據說此法能天人感應，呼風喚雨，放電招雷，能降妖驅魔，治病救人，具有種種超人能力。《清微丹訣》云：『正心誠意，神氣沖和，故道即法也，法即道也。……可以驅邪，可以治病，可以達帝，可以嘯命風雷，可以斡旋造化。』又說：『法中之要，非專於符，非泥於咒，先以我之正氣，合將之靈……吾以神氣相貫合將，為將則萬病俱消，萬邪賓伏。故德者道之符，誠者法之本，道無德不足為道，法非誠不足言法。』

這些說法，把雷法符咒之術與內練之道完全聯繫在一起了。即『以道（內修）為體，以法（符籙）為用。』（《沖虛通妙侍宸王先生家話》）『內煉成丹，外用成法。』（《道法會元》卷七《玄球歌註》）

薩守堅《內天罡訣法》說：『一點靈光便是符，時人枉費墨和朱，上士得之勤秘守，飛仙也只在工夫。』强調了內煉之功起決定作用，符咒之神力甚至神仙，也全是人煉功煉出來的。《道法心傳》有詩云：『法何靈驗將何靈？不離身中神炁精，精炁聚時神必住，千妖萬怪化為塵。』指出神乃人之精炁凝聚之物。雷法中所召之雷神將吏，實為自身中之精、炁、神三寶及五臟之炁所化。

王文卿說：『於人身，使者乃元神也，程壅（雷將之一）乃元炁元精也，五臟元氣為五臟也。』白玉蟾更進一步，否定了向虛空求神，他說：『向外求神實非明理，空將酒物祭祀神明，真炁耗散，外神不靈。』這些論述都認為人體精神意識及元炁，在雷法符咒之中，起決定作用。對於道人中道行高深者能呼風喚雨，道教理論認為這也是天人感應的表現。從天人合一觀出發，道家認為金木水火土五雷，為五氣相激剥而生，而五氣皆由先天祖炁所化宰。五氣在人身為五臟之氣，若能內煉成丹，元神祖炁主宰自在，能隨意昇降自身陰陽、五炁，令之交感激盈，便能感應天地間之陰陽、五炁及有關神靈，達到呼風喚雨、治病消災等目的。

這裏認為天地自然變化可由人之意氣引發。應該指出，人體內煉到一定功夫，可誘發出人體特異功能，發揮精神（意氣）必變物質之種種作用，如意念移物、斷物、接物、透視、傳感及變易物質（如水）之理化結構成分等等。但此種特異作用之功能是有一定限度的，道家雷法符咒的有些說法，顯然是對人的這種神奇力量過分誇大了。不過，古往今來道教醫家的許多實踐以及當今氣功、人體科學的許多實驗，證明了道教法術中，的確有一種神秘力量的存在。這個尚未被人類認識的領域，是值得我們努力去研究與探索的。

下編

六、道醫七診

人體之健康與疾病，首先反映於五官四肢，皮膚氣色。《史記·扁鵲傳》寫扁鵲見齊桓公氣色不好，而指出『病在腠理』（皮下紋理），桓公不信。五日後扁鵲觀察到桓公『疾在血脈，不治恐深。』桓公仍說：『寡人無疾。』又五日，扁鵲觀察桓公之病已入腸胃，桓公仍不理。又五日桓公之疾已入骨髓，這才召請扁鵲，但患病已深，終不治而死。

這個故事生動說明診病首在觀察，故道醫有七診，即手診、脚診、面診、舌診、聞診、詢診和觸診。以下分別論述。

（一）手診

手診是道醫診病的獨特手段，它包括掌診與甲診兩個部位的診斷，既可分別單獨診斷，亦可結合進行。

1、掌診

掌診是道醫以《易經》中的後天八卦方位圖為基礎而創造的，它包涵着道家的天人合一，大宇宙和小宇宙相合的理論，『其大無外，其小無內。』認為在後天八卦中的各個方位，卦象與疾病是有着對應的關係的，如離（☲）位的變化反映説明在外為頭部、眼目；在內為心臟，為火，為熱病，或充血現象。坤（☷）位的變化反映，在外為人體的肌膚、右肩右耳、一般為瘡病的現象；在內為人體的腹部、脾胃、脹等病……

各個卦象都有它的表現特點，現分述各卦與疾病的關係。

乾（☰）卦：

頭部疾病、胸部疾病、骨病、慢性病、寒痛、陳舊性疾病、結腸性疾病。

坤（☷）卦：
腹部疾病、（腸病、胃病）浮腫、濕熱症、肌膚病、暈症、氣虛、癌症、腹脹症。
震（☳）卦：
神經衰弱、神經過敏、精神病、肝病、痛症、婦科病、咳嗽、肝臟肥大等症。
巽（☴）卦）：
傷風感冒、哮喘、神經系統的病症、膽石症、血管病、肩痛症、抽筋、傳染病等。
坎（☵）卦：
泌尿系統疾症、血液病、生殖系統病、心臟病、糖尿病、腰背疾痛等。
離（☲）卦：
心臟病、鼻病、耳病、眼病、熱性病、婦女腫瘤、乳房病等。
艮（☶）卦：
鼻病、口病、手病、脚病、關節病、腫症、胃病、皮膚過敏、各種結石症等。
兌（☱）卦：
貧血症、口腔等疾病、性病、低血壓、氣管病、膀胱病、皮膚病、尿路、肛門等疾病。
現將掌診八卦部位圖附於本章後（如圖一）
每個人的手掌都有五種不同的顏色，根據八卦手圖的卦位區域，觀其五色來判斷五臟的病竈。

紅色：

一般表示熱性病、血熱、充血、積熱。

黃色：

一般表示肝膽有疾病。

藍色：

一般表示肺部有疾病。

白色：

一般表示有疼痛性的炎症，寒症，虛病。

黑色：

一般表示血脂高，易於疲勞、無力等。

總之，反映在哪一個區域就表明那個臟腑的病症。

2、甲診

甲診，是中國道家醫學的寶貴遺產。它是以『天人合一』、『天人相應』的理論，結合人體氣血周流灌注的情況創造的，以時間、經絡為依據的一種古老、特殊的望指甲診病的方法。它經歷了數千年的實踐考驗，證明是行之有效的診病方法，可稱為道醫診病的一門絕活。人體是一個小宇宙，天體、地球是個大宇宙。道教講『天人合一』，人體的手指也就是一個與整個人體乃至自然相應的巨系統，甲診是根據人體的經絡、穴位、陰陽、氣血流注，時辰等來決定的。指為筋之梢，指甲也就是反映人體五臟、氣血、病症的一面鏡子，用現代語言來說，指甲相當於反映人體五臟病症的『熒光屏』，每一個手指甲就代表一個系統。

◉指甲與內臟系統的關係

（1）小指代表泌尿系統、生殖器、肺。

（2）無名指代表呼吸系統、視覺中樞神經系統。

（3）中指代表血液循環系統、心臟、腎臟。

（4）食指代表肝膽系統、肝臟、頭部、胰臟。

（5）大拇指代表消化系統、脾、胃、腸、呼吸器官。

當然五根指頭的指甲亦有着相互的有機聯繫，不能孤立地看待，所以五臟的病，隨着不同的時間也要從五個指甲反映出來。（如圖二）

一般說來，看者都是利用自然光照射，在上午九——十一點的時間內觀察指甲的變化現象，主要是一看顏色、二看光潔度、三看甲條、四看甲突（凸）、五看甲浪、六看甲帶、七看甲點（各種顏色）、八看甲丘、九看甲凹、十看放射、十一看甲斑、十二看運轉、十三看甲弧（月牙形狀）、十四看甲爛，這些現象反映在哪根指頭的指甲上，就是哪一個臟腑裏的病症，當然在判斷病症時，也不是孤立的單看一個方面。

◉看指甲診病症

健康的人指甲平滑、光潔、呈現半透明狀，有較均勻的淡紅色。有病的人指甲就完全不同了。

（1）黄指甲

指甲呈現黄色，多因甲狀腺機能減退，有甲癬、黄疸，屬腎病綜合症等。

（2）白色指甲

指甲呈現白斑、白點、白條帶、白條或白線狀，多為貧血、腸胃病、肝病、肺病；點壓不散的，多為肝硬化或癌症。

（3）紫指甲

指甲呈現紫色，多因缺氧所至，患有支氣管哮喘、肺氣腫、支氣管炎、動脈硬化、肺心病、或偏癱。

（4）指甲突起

指甲突起如小丘狀，大多屬於慢性病，如肝病、潰瘍、腸炎、先天性心臟病或癌症。

（5）灰白色指甲

指甲呈現灰白色或萎縮變厚，失去光澤、脫落、破裂，一般反映為：神經炎、類風濕性關節炎、水腫病、偏癱或化膿性的感染等症。也有的屬指甲營養不良所致。

◉病態指甲分類

（1）甲身凹溝：甲身當中有凹陷稱凹溝，可以推測患者大約在若干天以前曾發生不輕的疾病，或遭受精神打擊引起營養失調；多痕凹溝者，多見於腸道寄生蟲病或腸功能衰弱；如凹溝發生在拇指，多為精神不振；如發生在食指上，其人易患皮膚病；如發生在中指上，多為肌肉無力症；如發生在無名指上易患眼疾、支氣管炎、呼吸器官等疾患；如發生在小指上易患咽喉炎、神經病或膽汁性疾病。（圖三、四、五）

（2）指甲翻曲：指甲向上翻起，即指甲向着手背的方向翻起來，這種現象，往往見於脊髓疾病或酒精中毒患者，風濕病亦較常見（如圖六）

若指甲向下翻曲，即指甲稍長即向內的方向彎曲，狀如鷹咀；或甲面凹凸不平，多出現於心血管病，氣滯瘀血、風痹、筋攣或缺鈣的患者。（如圖七）

（3）指甲變形

a．指甲短而方，多屬性情急躁引起心臟疾病，尤其是基部半月形很小，甚至完全沒有的人更為典型。（如圖八）

b．指甲呈三角形，即指甲尖部反大，而根部面積反小的人，容易患腦脊髓及麻痹性疾

病。如果指甲的顏色呈慘白或暗黃色時，表示病正在發作之中。（如圖九）

c．甲身萎縮，多見於營養障礙或神經感覺過敏之人。（如圖十）

d．甲身寬闊而短，提示其人心臟較弱，易患知覺麻痹症，且易患腹部到腰部以及下半身疾病。如果指甲尖端平整而嵌到肉中，其人易患神經痛、風濕病。如在婦女，則易患子宮卵巢病變；如缺乏光澤易患不孕症。（如圖十一）

e．指甲身呈兩頭小中間大，狀如橄欖形之人，提示心血管系統不健全，或易患脊髓疾病。（如圖十二）

f．甲身上有縱紋線，且中部非常薄弱，多因鈎蟲病，並有缺鈣貧血引起的指甲營養缺乏之所致。（圖十三）

g．甲身中間高起，兩端俯垂，特別是十指都不同程度地呈此狀者最有意義。提示患有呼吸系統疾病，主要是氣喘，肺結核或肋膜炎等病症。（如十四）

h．指甲身附著指端，長形如筒之人，容易患某種腫瘤病。（如圖十五）

i．甲身平坦，毫無彎曲，如平板一般貼在指端上；有這種甲形的人，對疾病抵抗力相當低，因此體弱而多病。（如圖十六）

j．指甲板前極較闊，而後極相對較窄，如同貝殼，有這種甲形的人多數神經質，體力不足，易患中風病，包括腦血管意外，同時也患脊髓疾病。（如圖十七）

k. 指甲身板面呈縱線紋，容易斷裂，這種甲形之人多為心力衰弱，又因皮膚，機能減弱而易患皮膚病，指甲板上縱紋較他指多者，提示飲食有偏嗜，易誘發疾病。（如圖十八）

l. 指甲身呈長形之人，身體不結實。一般多發生於呼吸系統功能較差的人。少部分人尚有一定適應能力。如果長到一定程度，加上甲身顏色暗淡，甲板表面縱紋明顯者，就會加重呼吸系統疾病的可能性。（如圖十九）。

m. 甲身長而狹小，多為病態，指甲顏色呈淡白或暗色，多見於骨骼有病之人；尤以脊髓病變為多見。此外甲身狹小，若在婦女，易患臟膿病，包括歇斯底里。（如圖二十）

n. 指甲表面呈直的溝槽（後甲板線縱紋不同），且溝槽很深，提示營養不良，或操勞過度。亦見於神經衰弱或呼吸系統功能衰弱的人。（如圖二十一）〔附正常指甲圖二十二〕

◉指甲與經脉、天干、陰陽的關係

天為陽、地為陰；日為陽、月為陰；其相合於人，故腰以上為天、腰以下為地；足在腰下，足的十二經脈對應地支以合十二月；手在腰以上，其手的十指所主經脈以應天干而合日。因此，天的十干對應手的十指，應以一天應一指、一月以三十天計正好十天為一個循環。

甲為初一，感應左手第四指，屬絡於左三焦手少陽經脈，在外經的病症為目痛、咽喉腫痛、耳聾、肩臂外側痛，病症主要表顯在右側；內部病狀如：小便不通暢、水腫、腹脹。

右。

己為初六，感應左手第四指，屬絡於右三焦手少陽經脈，病症反應與初一之病區互異左右。

乙為初二，感應左手第五指的外側，屬絡於小腸手太陽經脈；戊為初五，感應右手小指外側，屬絡於右手小腸手太陽經脈、若經脈滯塞，會引起口舌糜爛，下頜疼痛，肩背外側痛，按對應之醫理，左經脈導致左側疼痛，反之右經脈造成右側疼痛。

丙為初三，感應左手第二指，屬絡於左大腸手陰明經脈；丁為初四，感應右手第二指，屬絡於右大腸手陽明經脈。若大腸經脈運轉不佳時，口乾舌燥，發熱，齒痛，或熱，或寒，腹痛，便溏等病症出現。

庚為初十，感應右手指內側，屬絡於右心手少陰經脈；癸為初十，感應左手小指內側。

（二）腳　診

在道醫裏除觀看手指甲診病外，亦有腳趾察病的診理，它是按陰陽、時辰，相合於人體。人體腰以上為陽，腰以下為陰；足在腰下，足的十二經脈對應地支以合十二個月。一般腰和腳的酸痛在晚上更為明顯，因為腰以下屬陰，地支對應十二經脈，前半年為陽，下半年為陰；半歲以上為陽，半歲以下為陰。因此寅為正月，感應在左脚第四指，屬絡於左膽足少陽經脈，此月傷內，若人體器官功能失調時，容易口苦，嘆氣，左肋疼痛，轉身困難，若因經脈的運轉功能異常，容易造成左偏頭痛，左眼的尾區部位痛癢，左側趾骨關節不靈活，左足和第四趾疼痛或有抽搐現象。

未為六月，感應在右脚第四指，屬絡於膽足少陽經脈。此月內若病，其症狀與寅月相同，但寅月又為病痛偏人體左側，未月偏人體右側。

卯月為二月，感應左脚小趾，屬絡於左膀胱足太陽經脈。膀胱機能不流暢時，易導致衝頭痛，左側痛甚於右側，腰酸背痛，小便不利，遺尿或不尿，左髀關節舉足不靈活，左踝酸痛如扭，左膝筋緊難屈伸；如果經脈性功能不佳，容易眼睛發黃、流鼻血、鼻塞，左半邊的頸項、背、腰以至手足、小趾都疼痛，行動不靈活。

午為五月，感應右脚小趾，屬絡於右膀胱足太陽經脈，易患的病症概同於卯月，只左右互異罷了，但在此月份，有端午節又值夏至，是季節交換之時，人體正處於温暑交替階段。抵抗力較弱，在飲食上尤需小心，端午粽子，糯米黏滑不易消化，吃多了增加胃腸的負擔，消耗身體能量；曾有一中風病患者，多食粽子，結果病更沉重，原先還可以拄着拐杖慢行，過了端午節，竟癱在牀上了。身體虛弱者，尤不可不忌。

辰為三月，感應左脚第二、第三趾，屬絡於左胃足陰陽經脈。胃為五臟六腑之海，舉凡五穀雜糧，食品營養，莫不先貯於胃中，所以胃為人體之倉廩，為供應養傷的總樞紐，一旦外在因素加迫胃經脈，容易驚嚇，狂躁，有怕冷的感覺，或在眼痛、喉痛、脚足發冷；內臟的病變會引發腹脹、水腫、容易饑餓，尿色發黃，足趾和二、三趾皆痛等症狀。諸如此類痛症，以左側為厲害。

巳為四月，感應右脚第二、三趾，屬絡於右胃足陽明經脈，其症狀如上，偏右身。

不論是那一條經脈的滯礙引發了疾病，一旦是積病已深，則在辰、巳兩個月內會有較痛苦的感覺。主要原因在於胃足陽陰經脈反應了人體整體的新陳代謝以及飲食消化吸收之狀況。

在半歲以下為陰：

申為七月，感應右脚底，屬絡於右腎足少陰經脈，外感病如：背脊疼痛，腰痛挺不直，兩足發冷無力，口乾咽痛，從髀骨，脚後一直到脚底板皆痛，以右脚為烈，如果腎臟本身功能障礙，面部會浮腫而面色如漆紫，大便困難或泄瀉、腹脹或陽痿、敗腎。

丑為十二月，感應左脚底，屬絡於左腎足少陽經脈。易患病症似申月，以左側為主病區。十二月分，冬之盛，陰氣仍盛於陽氣，如果當年春夏二季没能培育足够的陽氣，於冬天，人體易被陰氣所凌而陽虛；陽虛的人多需食補養傷，藥補温陽，運動以蓄體力，否則漫漫寒冬不好過。

酉為八月，感應右脚大趾內側，屬絡於右脾足太陰經脈。脾經脈循環的異常，易使頭重，體重，舌頭屈伸不自如，四肢肌肉痿削；脾臟滯礙，吃不下飯，心下疼痛，拉稀泄瀉，不能卧，股部至膝蓋的內側腫痛，痛連大趾。此類痛症依所屬經脈之運行，以右側為主要病痛區域。

子為十一月，感應左脚大趾內側，屬絡於左脾足太陰經脈，病症類似酉八月，左右互異。十一月分為冬至之時，大地陽陰之氣互異，但陰氣仍勝於陽氣，所以冬至也是進補的最佳節氣。

脾胃互為陰陽表裏，其間借由經脈相屬絡，一旦患病也互通聲息，脾統於血，血輸氧氣和養份到身體各部。在下半年裏，各經脈的功能發生異常現象，如果不及時醫治，俟病重時，會表徵在脾經脈上。如此一來，八月和十一月份最容易發生本經脈之外的其它疼痛諸症。

戌為九月，感應右脚大趾叢毛區，屬絡於右肝足厥陰經脈。會造成腰痛不可以側仰，男性易有攝護腺腫大之症，女性易有經帶不順，小腹腫脹之現象；肝功能失調的話，人易疲倦勞累，食慾不振，胸滿嘔吐，有遺尿或不尿等症。

亥為十月，感應左脚大趾叢毛區，屬絡於左肝足厥陰經脈。肝方面的疾病一旦始發於九月，而不及時治療，很容易拖延成慢性之疾。九月、十月相連，都有肝功能的反應，如果大趾有莫名的腫痛，或叢毛區突長痘疹，都是肝症的外有警告，應及時知病而治，以免惡化。

每個脚趾頭，有屬於自己的氣運狀況，它天生的骨質、後天的皮膚色澤，肉的軟堅……關係着相屬經脈的循環狀況，此循環的順暢與否又反應着所屬絡臟腑的新陳代謝功能及臟腑機能的良莠。別小看是一隻小小的趾頭，影響人的健康很大，因為他反應的不只是本身小小範圍而已，可以説牽一髮而動全身，例如產生一根奇形怪狀的脚小趾，在右脚，反應的是右膀胱經脈天生較弱，容易有遺尿、頻尿，小便不暢或腰下酸痛的症狀。而且右膀胱經脈主以午月。在農曆五月份，尤其要留意這方面的疾病；如果左脚脚底老是長『香港脚』，縱使兩脚都有，而這一區域特別嚴重，此刻要留意右腎經脈是否有何不暢，併發的症狀如脚底板發熱，膝蓋發軟無力等現象。尤其申月為右腎少陰經脈的主月，要分外小心起居飲食的節制，飲酒適度，食不過鹹。農曆七月，氣温高而濕，温濕的脚丫子更是濕疹蘚長的温牀，足部要保持乾燥。依此類推，得知脚趾骨體勻稱，肉皮正常的人，其足部十二經脈大體能正常運動，體況尚稱良好；反之，如果有一趾頭特別突出，或天生畸型，或後天會受傷，在其所主循的月份裏，要留意相關的病痛。脚二趾到五趾的比例過小、天生的腸胃消化系統較弱，又欠缺膽識，且膀胱易漏，以『守成』之勢勝於膽大妄為的冒險，大趾非常特殊，尤其大而且比其他趾超長的人，脾意志多精約，為事能持之以恒，但也不能操之過急，大動肝火。

必須指出：某一個趾頭骨質比其他趾頭小得太多或大得太多；某個趾周圍時常長濕疹或

脱皮，在其所主循的月裏，要特別留意某些禁忌的疾病。這並非迷信，而是要積極的認識自己的身體狀況，如此才會重視健康問題，愛護自己的生命。

腳底表徵腎足少陰經脈，申月（七）日留意右側，丑月（十二月）留意左側，易患的是腰酸背痛，女白帶，男早洩，口臭，咽腫，膝蓋及腰酸無力。特別嚴重者，得防患腎炎尿毒。

腳大趾內側表徵脾足太陽經脈，酉月（八月）留意右側，子月（十一月）留意左側，容易有的病是食慾不振，消化不良等，並伴有精神恍惚，意志消沉等情緒低落的現象。

腳大趾內側時有濕疹，或大趾特別偏向內側的人，對自己的情緒及意志問題，更要小心，粗心大意，對身心都有害，刻求中庸之道最好不過了！腳大趾上方叢毛區表徵肝足厥陰經脈，叢毛密而濃的人，肝氣較盛，留意自我脾氣的克制；稀落甚至無毛的，肝氣不足，容易疲勞，無精打采。戌月（九月）觀右足，亥月（十月）觀左足，正當秋冬之交，秋末秋老虎的燥氣最擾肝，輕微的，如婦女的經帶不順，男的疝氣，嚴重的如肝功能失調，無以解毒，易嘔吐，泄瀉，肝炎，肝硬化。尤其長期抽煙、酗酒的人，更當留意肝功能的變化，癌細胞常就在你不知不覺中，或掉以輕心之際，佔據了你的肝。而且肝之症最容易再患。

腳二、三趾，表徵胃足陽明經脈：人為呈口腹之慾，而不節制地照單全收了眼前的食物。巳月（四月）這二個月尤其要留意節制食慾；三月主左側。四月主右側。於此時易侵犯人體的病如：胃痛、頭痛、容易饑餓、尿色黃、四肢無力、急燥不安等，胃疾難纏。

腳四趾，表徵膽足少陽經脈，寅月（正月）主左側，未月（六月）主右側，這兩個時候要留意膽功能方面的病變，是否動輒哀聲嘆氣，心肋疼痛，或是有過敏性鼻炎，或踝易扭傷，面帶塵色，倘是以前有過這類疾病，也需防範再患。

腳小趾，表徵膀胱足太陽經脈，卯月（二月）留意左側，午月（五月）留意右側，易患的膀胱疾患如所述的排尿問題之外，要留意腰尻、膝膕、頭頸的酸痛症。腳趾對應人體的足經脈，依其所循的月份主司其職，是顯而易見的，從其所主的月份去留意可能發生的疾患，杜絶在前，制病在先，以保平安。

（二）面　診

面診在中醫裏稱望診，它是憑醫生的視覺來觀察病人的體外形態、精神，及全身各部位的表現情況，如望頭面看臉上各部位以定五行的强弱之法。

從一個人精神的强弱，來判斷他正氣的衰盛。正氣充實，精神不疲，目光有神，語音明朗，神思不亂；反之正氣衰弱，精神萎靡，目光黯淡，語言低怯，神思不定，呼吸氣促等。

1、望面部

按道醫之法首先要明白面部各部位在五行歸屬上的劃分：

額，主心屬火，左頰主肝，右頰主肺，以氣色定其强弱。

鼻主脾胃。

下巴主腎。

從印堂至髮際（天門）凹陷、紋路多為五行缺火，易得心臟、胃部的疾病。

門上凸的現象（泥丸宮）為五行火旺，督脈之火上行，為腎氣不足，腦髓虛弱的現象。

頭髮多而黑有光彩，為經血旺盛，元氣充足；髮少而脱落，為元氣衰弱身體虛損。

凡眼睛多赤色且容易流淚者，為肝火旺，心緒煩躁。

眼眶浮腫，為水盛而火衰，元氣虛弱，易患熱病之濕症。

目光暗淡，混渾為熱病；寒症則眼目清澈。睡眠中眼微開不合的人，多為脾虛或腎虛的現象。

眼睛突出，眼皮不能蓋者，多為肝火上揚性急、狂躁等。

鼻塌，多為腸胃症之徵兆。

山根（兩眼當中部份）低小斷折，易遭外傷之患。

鼻腫，凡鼻腫脹為濕氣盛，多患脾、胃之症；鼻尖，凡鼻尖削，氣色枯黑，易為腸、胃、痣瘡之疾。

唇腫者有濕病，脾熱所至，或風濕、寒所造成。口糜爛多為小腸、心火引起。

牙齦出血或紅腫齒痛者，多為肝火旺，不紅腫而齒痛者為腎水寒所引起。齒齦腫多為胃熱火旺所引起。

牙齒脱落斷缺，尖竪如月牙型，為梅毒之徵兆。

齒鬆為元氣、精血虧損，凡牙甲壞，排列鬆散者，多有心臟、肺、支氣管、腸胃或泌尿生殖系統方面的疾病。

2、看氣色

觀察氣色包括人體的面部和全身皮膚，共分為五色：赤、黄、白、黑、青，按五行學説分屬於五臟，也就是將内臟分配在面部各個部位，比如，赤為火之色，主熱，若肝臟有熱，病者左頰先赤；肺臟有熱病者右頰先赤，心熱病者顏先赤，腎熱病者顴先赤，脾熱者鼻先赤。在察色的同時還必須察氣，氣分浮沉，清濁，微甚，散博，澤沃五類。其色在皮膚間的為浮，主病在表；隱於皮膚内的為沉，主病在裏；明朗的為清，主病在陽，重滯的為濁，主病在陰；淺淡的為微，主病輕，深濃的為甚，主病重；疏散的為散，主病將癒，凝聚的為博，主病未已；鮮明的為澤，主病吉，枯槁的為沃，主病凶。

觀察氣色不僅對診斷病邪有用。同時與正氣也極其有關，凡是營養缺乏的病人，面顏上不會有華色，對於疲勞過度的人、久病體弱的更不會容光煥發。因此氣色相合，可以鑑別疾病，也可測知病人的體力强弱。

（四）舌 診

1、看舌苔

看舌是面診（望診）中重要的一環，舌，是舌質，苔，是舌質上的一層薄垢，如土地上長的青苔，故稱舌苔。看舌質是辨別臟器的虛實；看苔是辨別胃氣的清濁和受外感時邪的性質。總的來說，觀看舌質和舌苔的變化就能知道疾病的性質，及正氣和邪氣的消長情況。

以五臟來分，舌尖屬心、舌根屬腎、舌的中心屬肺胃、兩旁屬肝膽；按三焦來分，舌尖屬上焦、舌中屬中焦、舌根屬下焦。

正常人的舌苔，一般以舌地紅潤，上罩一層薄薄的白苔，以不乾不濕為標準。多痰多濕的人，舌苔往往較厚，陰虛內熱體質的人，舌苔多帶微黃，嗜好烟酒的人，舌苔較黃而膩，或帶灰黑；也有屬於先天性的人的舌光無苔，或舌多裂紋，只要平常如此，一般屬於正常範圍。

舌苔，分白、黃、灰黑色。

白苔，白薄而滑，為感冒初期的象徵。白滑而沾膩，為內有痰濕之症。白而厚膩，為濕濁較重；白如積粉，為濕膩濁氣較重，白膩較重如碱，為滯膩濕濁之病。白苔從外感上一般多為表徵。

黃苔：舌面呈淡黃色而不乾者，為邪氣入裏，黃而膩為濕熱臟裏，黃且垢膩，為濕盛於熱；黃焦裂，為熱盛於濕。

黑灰苔：舌面呈灰而薄膩滑潤，為停食陰寒；灰甚為黑，而舌苔乾燥，為熱重傷津，若滑潤者為陰虛寒盛。

2、看舌質

舌質為淡、紅、絳、紫、藍五色。質地淡白為虛寒症，或為大量失血後的貧血現象。鮮紅為濕熱症，或為陰虛火旺，舌尖紅為上焦熱盛，或心火上攻，舌邊紅為肝熱。紅甚為絳，深紅為邪熱入營，紫紅色為三焦熱重，淡紫而帶青色，為寒邪直中肝腎，舌變藍或青，或藍而滑者為陰寒之症；乾燥者為瘀熱之症。二者均為凶險之症候。

除了觀察舌質、舌苔的顏色外，同時還要辨別老嫩，乾潤軟硬，或痿，厚薄，乾枯等。舌上無苔為光舌，多為陰虛，舌苔中缺少一聲赤為陰虛有熱；舌光有裂紋或舌苔燥裂均為津液傷損；舌生紅刺或紅點均為內熱極重；苔生白衣如霉腐，有蔓延稱做糜，多為陰陽之症。當分別觀察舌質舌苔的變化以後，兩者都要結合考慮，才能診斷準確。

（五）聞　診

聞診，有兩個方面，一是聽病人語言，聲音的高低、强弱、清濁及咳嗽、呼吸等；一是用嗅覺來辨別病人的口氣，病氣和大小便的氣味。

聲音：語氣低微為內傷虛症；細語反覆為神思不安，妄言狂語為熱盛神昏，高聲罵詈為癲狂之症。

呼吸微弱為氣正虛，氣粗為肺胃有熱；呼多吸少為痰阻；喉間有拉鋸聲為痰喘症，出氣困難似乎斷絕，但有引長吐一氣息為快的，為腎虛不能納氣；時時發出嘆息的，多為情懷不暢；

在咳嗽病中暴咳聲嗄的為肺實，久咳聲瘖的為肺虛；在咳時費力無痰的為肺熱，咳時有痰的為肺濕。

氣味：口內出氣穢臭的，胃有濕熱；噯氣帶酸味的為有宿食；痰有腥臭氣味的為肺有熱。大便酸臭溏薄為腸有積熱，食滯；小便腥臭渾濁為膀胱濕熱；矢氣奇臭實為消化不良。

(六) 詢　診

詢診即中醫四診裏的問診。醫生在診病時必須瞭解病人的生活習慣，精神狀態，家族病史，個人病史等。詢診時要有一定的程序，道醫張景岳曾作過十問歌：『一問寒熱，二問汗，三問頭身，四問便，五問飲食，六問胸，七聾八渴俱當辨，九因脈色察陰陽，十從氣味章神見。』

1、寒熱

凡有寒熱者為表症，外感症；無寒熱的多為裏症，內傷雜症；發熱惡寒的病在陽，無熱惡寒的病在陰。寒熱往來兼口苦咽乾，頭昏、目眩，頭及全身疼痛，為少陽病。有不發熱但惡寒，手足常冷為虛寒症，手足心灼熱的為虛熱症。

2、汗

汗與寒熱有着密切的關係，如外感發熱無汗是傷寒，有寒者是傷風，汗出後熱減是病漸衰汗後熱反而增高是邪入裏，陰虛出盜汗，汗後人感疲乏；陽虛自汗，汗後人感身冷。

3、頭

頭、項痛屬太陽，前額痛屬陽明，兩側痛屬少陽，頂頭痛屬厥陰，頭脹痛覺熱屬肝火；眩暈怕光的屬肝陽，痛時面色帶青色者屬肝寒。

4、身

一身痛多為外感，汗出而減，不兼寒熱，痛在關節，或遊走四肢，為風寒濕痹；常與氣候有關，手足麻木，或身體某一部份麻木延至肩、肘、臂的為中風先兆。多卧身痛，活動後減輕，一般為氣血不和。

5、大便

大便閉塞又能進食者為陽結，不能進食者為陰結，腹脹痛為實症，腹滿不脹痛為虛症；

大便先乾後溏為中氣不足；大便常稀為痹虛；凡天明泄瀉為腎虛；泄瀉腹痛穢臭為傷食；陣痛、陣瀉、瀉下黏穢赤白為痢疾，突然嘔吐，水瀉不止，肢麻，頭汗為霍亂。久病、老人、產婦經常大便困難為血枯津燥。

6、**小便**

小便清白為寒，黃赤為熱；渾濁而爽利為濕熱。次數過頻為虛症；淋瀝不斷，莖中刺痛為淋症。凡泄瀉病人的小便必少，小便漸長泄瀉將癒。

7、**飲食**

胃主受納，脾主消化。能食易化為胃强，食入難消為胃弱；喜吃冷食為胃熱，喜吃溫食為胃寒，吃下食物即吐為熱症，朝食暮吐為寒症，孕婦見食嘔吐為惡阻，乃生理現象。口甘為肝膽有火，口苦為脾有濕熱，口酸為肝胃不和，口鹹為腎虛水乏。

8、**胸**

胸隔滿悶多氣滯，胸滿痛為結胸；不痛而脹為痞氣，胸痛徹背，背痛徹心，為胸痹症，脘痛屬胃，肋痛屬肝，暴痛在氣久痛入絡。

9、耳聾

暴聾多實，為肝膽之火上逆；久聾屬虛，為肝腎陰分內虧。耳聾初期伴有耳鳴，如潮聲、風聲的為風熱；如蟬聲聯鳴的為陰虛；有流濃作脹，似聾似鳴的為肝經濕熱。

10、口渴

口乾能飲水者為真渴，胃中有火不能飲者或飲不多者是假渴，胃中濕。喜歡飲涼者為胃熱，喜歡飲熱者為內寒。

在診斷中，睡眠的好壞也是必須詢問的，如失眠多為虛弱症；眠短易醒為神不安；睡中多夢為火旺；夢中驚呼為膽氣虛，胸隔氣悶為痰濕內阻。此外，記憶力是否衰退，性慾是否正常，有無遺精現象，必要時亦應詢問。

（七）觸　診

道醫的觸診與中醫的切診基本是一致的，中醫是以切脈為主來確定病情。道醫診病是觸切結合，按脈診病。

1、觸診

一般是以醫者的手掌觸按病者的胸部、腹部、手、足，來進行診斷，如病者胸部按之堅實，疼痛的為結胸，按之濡軟而又不痛者為痞氣；若腹滿怕按，或按之作痛的為實為熱，喜按的，按時又不痛為虛為寒；若腹脹以手四指尖叩之如鼓響者為氣脹，以手指尖按其手足後有凹陷而又不起來者為腫；以醫者之手觸病者手背若發熱者為外感，觸其手心發熱者為陰虛，手足溫者病輕，手足冷者病重；皮膚癢燥起紅色小疹或斑點為風為濕。

2、切診

切脈之道，甚為精細而不易識別，脈分二十八種，它的名稱是：浮、沉、遲、數、滑、澀、虛、實、長、短、洪、微、緩、芤、弦、革、牢、濡、弱、細、散、伏、動、促、結、代、疾。

◉切脈的方法與部位

切脈，醫者以兩手寸口（掌後橈骨動脈的部位）用食指，中指，無名指輕按，重按，或單按，總按，以尋求脈象。手之分部，以掌後高骨作標誌，定名為『關』，關之前名『寸』，關之後名『尺』。兩手寸、關、尺共六部，稱為左寸、左關、左尺；右寸、右關、右尺。這六個部位都是測定內臟之氣的。左寸候心為心包絡，左關候肝和膽，左尺候腎和膀胱，小腸；右寸候肺、右關候脾和胃，右尺候腎和命門，大腸。

◉二十八脉相互關係

在二十八脈中，以浮和沉分表裏，尺和數分寒熱，澀和滑分虛實，其餘的脈象均從這六脈中化出。例如：浮而極有力，按鼓皮為革；而極無力，如綿在水為濡。沉而按之著骨如得為伏；沉而堅實為牢；沉而無力，細按乃得為弱。浮中沉均有力，應指幅幅然為實；浮中沉均無力，應指豁豁然為虛；浮取大，按之中空如慈葱為芤。遲而細短，往來澀滯為澀；一息四至，往來勻和為緩；緩而時止為結；數而在關，無頭無尾為動；數而時一止為促；每一息七至八至為疾；遲數不定，止有常數為代，至數不齊，按之浮亂為散。滑而如按琴弦為弦，來往有力如轉索為緊；不大不小如循長竿為長，來盛去衰，來大去長為洪；澀而極細按之欲絕為微，如微而細為細；如豆形應指即回為短。因此浮沉、遲數、澀滑是二十八脈的綱領，所以學習切診脈象應當從這六個綱領入手。

◉六脉與二十二兼脉的相互關係

二十八脈極少單獨出現，常見的兼脈有如下幾種：浮緊、浮緩、浮數、浮遲、浮大。沉緊、沉滑、沉弦、沉細、沉數、沉遲、沉微。遲緩、遲澀。滑數、弦數、洪數、細數。濡數、濡細、濡滑、濡澀、濡緩。虛細、虛數、虛弦、微細、微弱、弦緊、弦細。細昆、細遲。以上三種脈象同時出現的如浮緊數，浮滑數，沉細而微等等。

●根據脉象診斷病症

浮脈主表症，有力為表實，無力為表虛。

沉脈主裏症，有力為裏實，無力為裏虛。

遲脈主寒症，有力為積寒，無力為虛寒。

數脈主熱症，有力為實熱，無力為虛熱。

滑脈主痰症、熱症。

澀脈主血少、血寒。

虛脈主虛症、傷暑。

實脈主實症、火邪。

短脈主元氣虛少。

洪脈主熱症、陽盛陰衰。

微脈主亡陽、氣血兩虛。

緊脈主寒症、痛症。

緩脈主無痛、濕氣。

芤脈主大失血。
弦脈主肝氣、痰。
革脈主表寒、中虛。
牢脈主堅積。
濡脈主陽虛、濕痛。
弱脈主陰虛。
細脈主血少、氣衰。
散脈主腎氣衰敗。
伏脈主病邪深伏。
動脈主驚症，痛症。
促脈主火亢。
結脈主寒積。
代脈主臟氣衰敗。
疾脈主陽氣亢盛，真陰欲渴。
要辨别和掌握二十八脈並應用於臨牀，這就更不是一件簡單的事，必須在臨牀應用中仔細體會，與各種病症密切結合，觀察是否與脈症符合才能實施。

為了便於記誦，現將老道醫二十八脈總結歌録出：

《二十八脉總結歌》

浮行皮膚，沉行內骨。浮沉既諸，遲數有覺，三至爲遲，六至爲數。浮沉遲數各有虛實，無力爲虛，有力爲實。遲數既明，部位須識，濡浮無力，弱沉無力，（即浮而無力爲濡，沉而無力爲弱），沉極爲牢，浮極爲革。三部皆小，微脉可考，三部皆大，數脉可會，其名爲伏，不見於浮，惟中無力，其名爲芤。部位皆名，至數爲晰，四至爲緩，七至爲疾，數止爲促，緩止爲結。至數既識，形狀當別，緊粗而彈，弦細而直，長則迢迢，短則縮縮，謂之洪者，來盛去衰，謂之動者，動摇不移，謂之滑者，流利往來，謂之澀者，進退難哉；謂之細狀如絲然，謂之代者，如數爲焉，代非細類，至數無時，大附於洪，小與細同。

◉除二十八脉外，尚有七怪脉

七怪脈象特徵：

一為雀啄脈，連連碰指，時有時無，如雀啄食狀（又稱鷄啄米）；二為屋漏脈，如濺水下滴，幾拍一滴，濺起無力；三為彈石脈，來堅而促，來遲去速，如用指彈石子；四為解索脈，脈來動數，散亂無序；五為魚翔脈，脈來時頭定而尾摇，浮浮泛泛；六為蝦游脈，脈在皮膚，如蝦游水面，杳然不見，須臾來回；七為釜沸脈，有出無入，如湯湧沸，息數俱無，若遇這種脈象均為心臟極度衰竭，表示生機已絕，死期將臨，多屬死候脈象。在《黄帝内經》中稱做『真臟脈』，毫無中和三象，表示胃氣已絕。

以上道醫七診，即掌診、脚診、面診、舌診、聞診、詢診、觸診，必須緊密聯繫。七診與各病症的病候也必須密切結合，在道醫中有捨脈從症，也有捨症從脈，來作治療的緊急措施，實際上這種措施也是根據以上七診的結果，經過全面考慮後作出決定的。道醫之七診，為千餘年道教醫家行醫實踐中不斷發現、不斷創造的經驗總結，是道教文化與中國醫學寶庫中的一份珍貴遺產，值得很好繼承與發揚。

第六章附圖

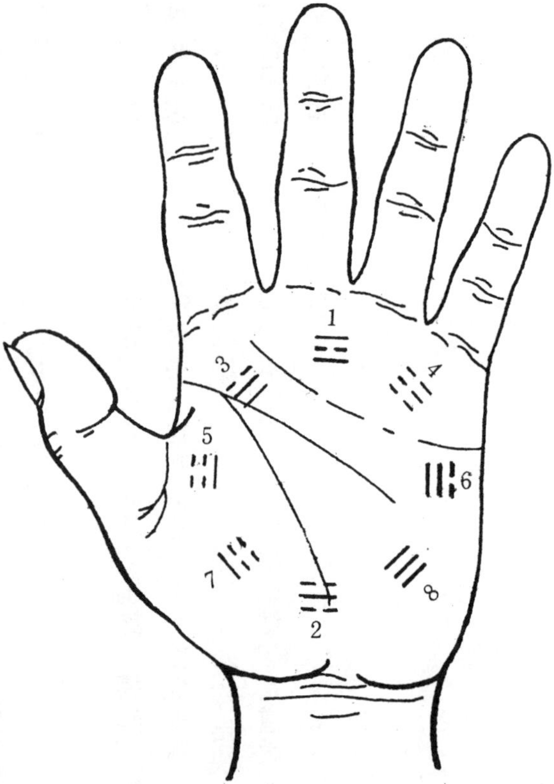

圖一　掌診八卦部位圖

掌內：1、頭（離）　2、脚（坎）　3、左肩（巽）　4、右肩（坤）
火　水　風　地

5、左手臂（震）　6、右手臂（兑）　7、左足（艮）　8、右足（乾）
雷　澤　山　天

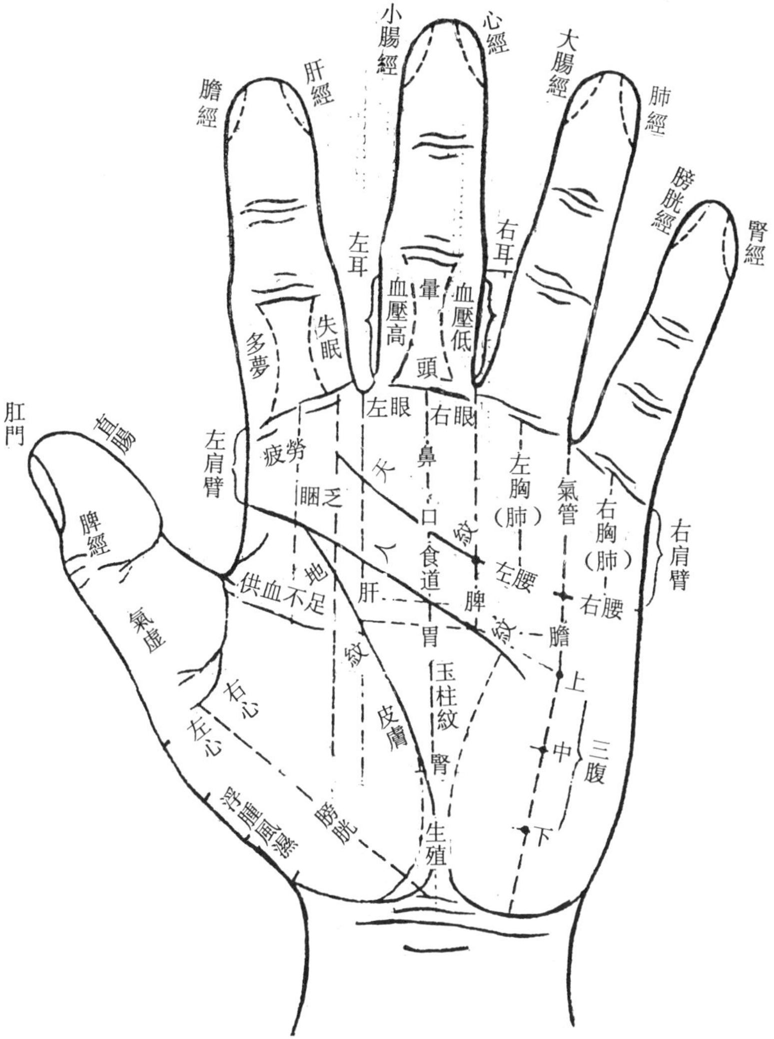

圖二　掌診反映經絡、臟器圖

病態指甲分類圖

圖三

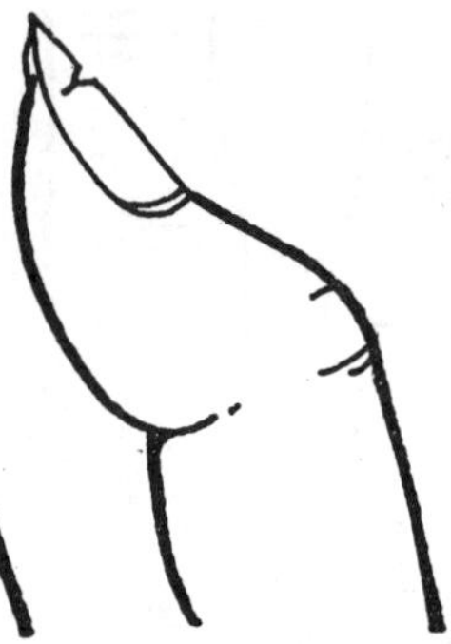

圖四

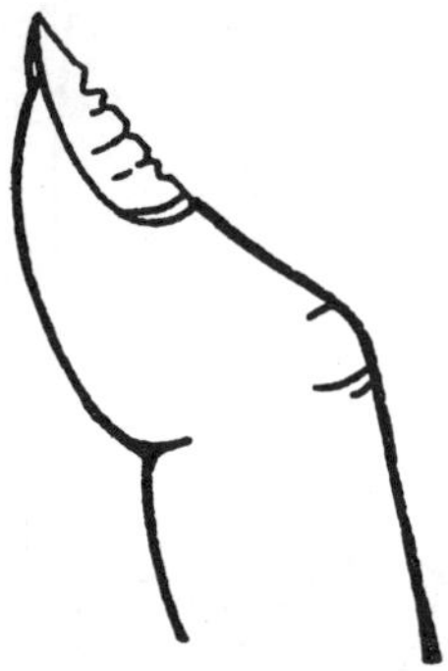

圖五

圖六

圖七

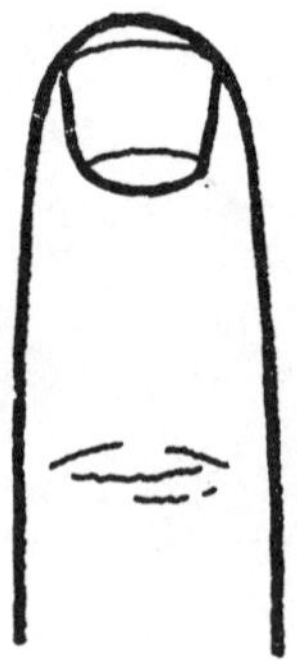

圖八

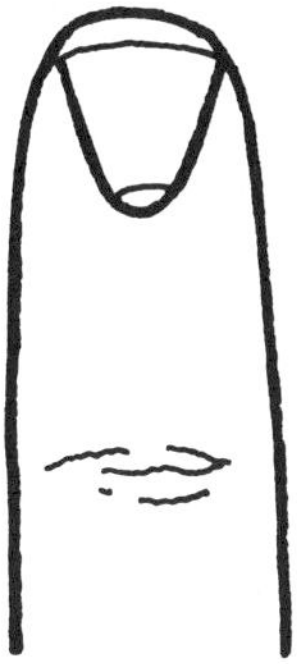

圖九

圖十

圖十一

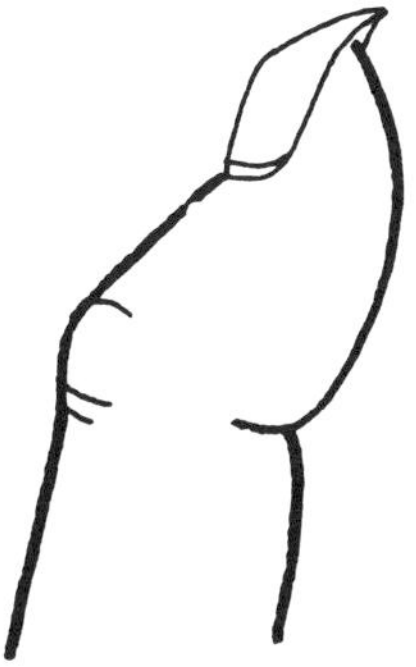

圖十二

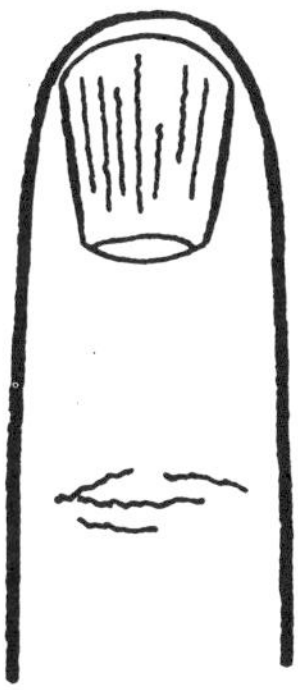

圖十三

圖十四

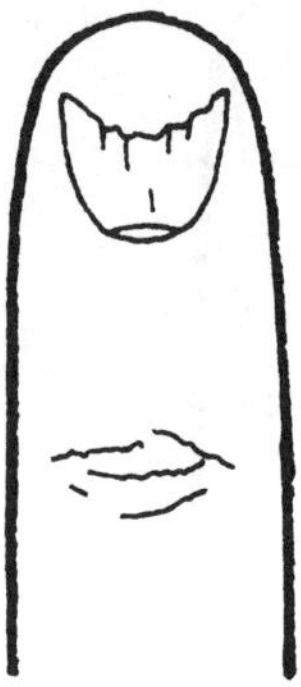

圖十五

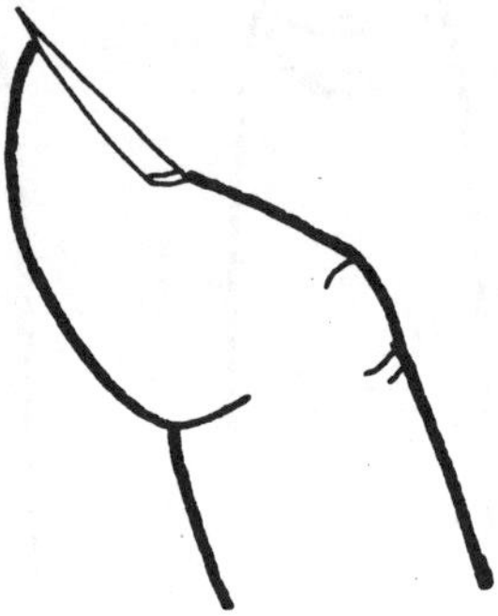

圖十六

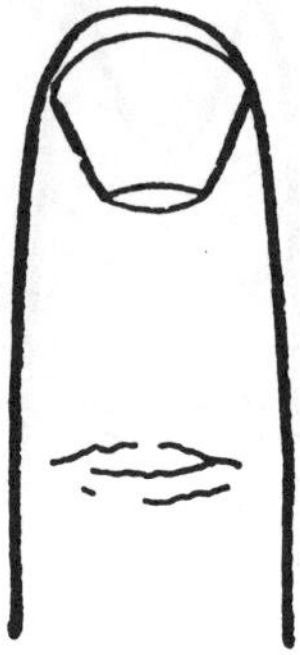

圖十七

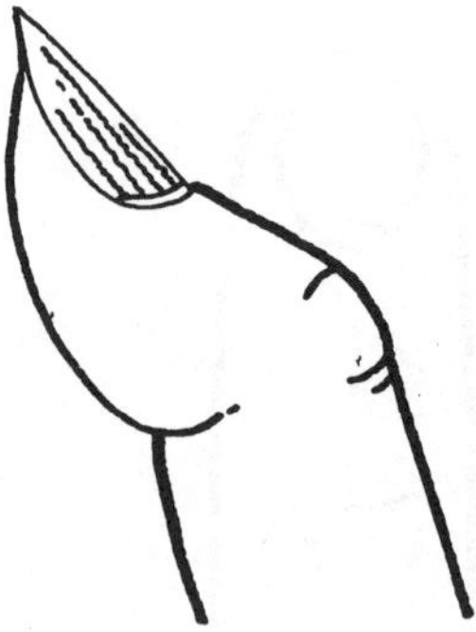

圖十八

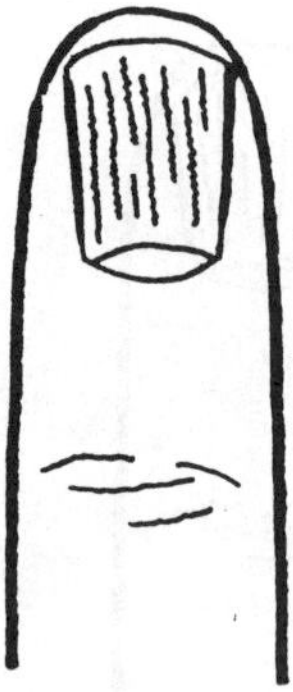

圖十九

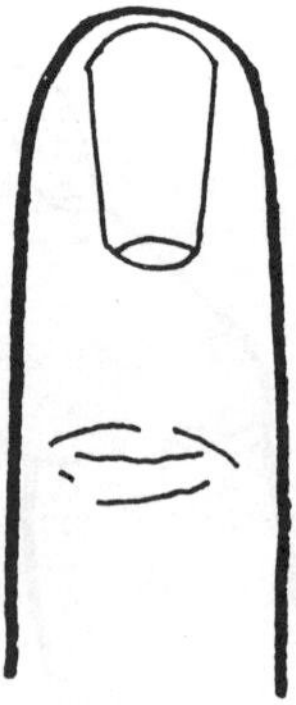

圖二十

圖二十一

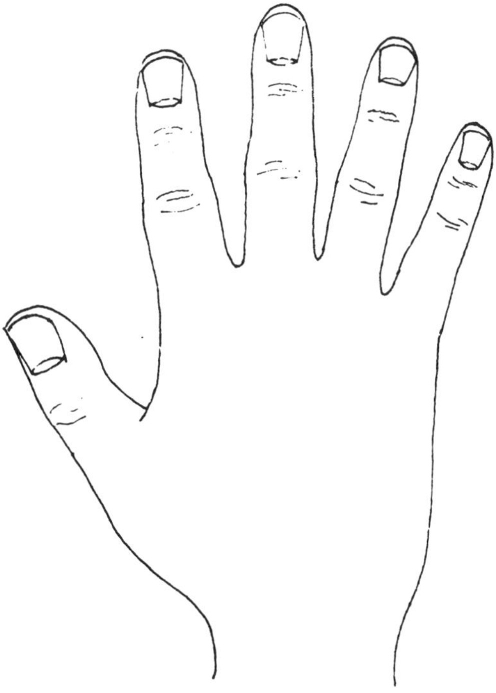

圖二十二　正常指甲圖

七、道醫與運氣醫學

運氣醫學即五運六氣學説在醫學上的運用，它是古代醫家研究自然氣候變化規律及其對人體影響的一種醫學理論。這種以陰陽、五行、六氣結合天干、地支來推論氣候變化與人體疾病的方法，亦被道教醫家所運用，成為道醫診病的重要依據之一。本章對道醫與運氣醫學作一簡要介紹。

運氣醫學這種醫學氣象化的診治方法究竟始於何年，無從考核，直到唐朝的王冰重註《黄帝内經》一書時，特别强調了運氣醫學這一部分。它是我國古代醫家的一大創造。道醫學家們，把醫學理論和自然天象的定律相互結合，根據氣候的變化可以影響人的心理、生理、病理、命理、人理的事實，總結歸納出了一套與實踐相結合的生理、病理、命理一貫化的診治大綱，稱之為氣運象學。在內經中特別强調了氣運醫學這一部分，《素問》中的《天元紀大論》、《五運行大論》《六微旨大論》、《氣交變大論》等多篇經文，成為後來中國醫者們遵循的嚮導，為我國傳統醫學中最珍貴的古老文獻，至今被廣泛應用在道醫臨牀上。

古代名醫對運氣學說的重視，根源於我們的身心與自然本來就是相互呼應的原故。人們身心健康與大自然、宇宙的關係，與我國傳統曆法上紀年的關係，與季節的變化、五運六氣、經絡臟腑、七情六慾的關係，也正是道家所講的『天人合一』的關係。

古人將宇宙的上稱為天，下稱為地，結合天上的星象變化和地下的氣候變化，以天干在上，地支在下的數字組合來記年，整理出了一套系統化的曆法。因此天干、地支就成了中國曆法的代名詞。曆法的本身就是用來記錄天地之間的變化，天干與地支的組合、排列，是按陰、陽單數與雙數，單數為陽、雙數為陰，它的規律是陰干配陽支，如：天干中，甲、丙、戊、庚、壬為陽，配的地支是：子、寅、辰、午、申、戌等陽支；乙、丁、己、辛、癸為陰干，配丑、卯、巳、未、酉、亥等陰支，在陰陽之間是不能混淆的。從子時開始，按序組合成六十個數字後正好是一個循環。然後從甲子再從新計算起，因此每六十年稱為一個甲子。

五行為木、火、土、金、水，五行分管東、南、西、北、中，五個方位，由五個方位運作出風、寒、濕、燥、熱的各型氣候；應人體心、肝、脾、肺、腎五臟，五臟又受氣候而濡染生出怒、喜、思、憂、恐的五種不同型態。人生長在天地之中，因五運周而復始地相襲化生，人才能有健康的臟腑和寧靜的情緒。因此古代醫家將五種元素及各個元素的特性，彼此之間不同的屬性，依此對人體、個性、疾病、氣候、味道、德行……等做了大分類，從人情、病情、醫情、生理、病理、命理各方面的比較，客觀地診斷疾病。五行之理運用到人體上，把經脈、臟腑、情志等等與陰陽五行相配合的結果，產生了中國傳統醫學，成為一套獨特的醫理。

天的五氣與十干之氣，化生為地支五行，再生之六氣：風、寒、暑、燥、火、濕。五行在天為氣，在地成形，形氣相互感召生化萬物。源於地之五行而成有肺、心、肝、脾、腎五臟的人形；有形的五臟化風寒、暑、濕、燥、而生喜、怒、憂、思、恐五情志。五運相襲，周而復始。天之十干支運行地之五行，地之五行又上呈三陰三陽之六氣，所以五運和陰陽的天地之道實乃萬物的綱記，變化的父母，生殺的本始，所以人體的各項反應、病變與天地的變化是息息相關的。同時在五行中有相生相剋的關係存在，然後再推進到地理、氣候中，運氣醫學的基本結構就出現了。

東方生木，木的氣為風，風氣佈於春。

南方生火，火之氣為熱，熱氣佈於夏。

西方生金，金之氣為燥，燥氣佈於秋。

北方生水，水之氣為寒，寒氣佈於冬。

中央生土，土之氣為濕，濕氣佈於長夏。

我國的地理環境與五行的現象相符，如：東方海濱，易生季候風；南方位居亞熱帶，氣候炎熱；西部地區，多高原沙漠，天乾氣燥；北部高緯區，風寒冰凍；中部多湖川，濕氣凝重，加之時序和自然現象的交替變化，也都是與五行極為相吻合的。除此外，五行的推定與自然景觀相符，再把夏季分為長夏和盛夏，代以『君火』，『相火』，加入三陰三陽六經，就成了『六氣』。

厥陰風木，主春，初之氣。

少陰君火，主夏，二之氣，

少陽相火，主盛夏，三之氣，

太陽濕土，主長夏，四之氣，

陽明燥金，主秋，五之氣，

太陽寒水，主冬，終之氣。

要把五行之理運用到人體上，就必須知道將經脈、臟腑、情志……與陰陽五行相配合的道理，及天地、陰陽、五行的關係；五運化五行；六氣化天地；五行有六質：風、暑、濕、熱、燥、寒，六質又為地之陰陽，分火為君火，相火，以配三陰三陽，生長化收藏於地；六質為天之三陰、三陽。天地陰陽合人之五臟六腑，包括十二經脈。因為天干於陰陽合而為五，以主五運的化生關係如下：

甲化陽土合人之胃，乙化陰金合人之肺，
丙化陽水合人之膀胱，丁化陰木合人之肝，
戊化陽火合人之小腸，己化陰土合人之脾，
庚化陽金合人之大腸，辛化陰水合人之腎，
壬化陽木合人之膽，癸化陰火合人之心。

相火屬陰者合人之三焦。相火屬陽者合人之包絡，說明天干合人之五臟六腑及十二經脈。十二地支以陰陽二分為六，以主六氣如下：

子午主少陰君火，合人之心與小腸。
丑未主太陰君火，合人之脾與胃。
寅申主少陰陽火，合人之三焦包絡。
卯酉主陽明燥金，合人之肺與大腸。
辰戌主太陽寒水，合人之膀胱與胃。

巳亥主厥陰風木，合人之肝與膽。

以上為地支合人之五臟六腑及十二經脈。

依據運氣學說，道醫還根據人的出生日、時來推論人體的健康。人體與天地宇宙是相通的，按『天人合一』的理論，大宇宙天地的運行周轉與人體小宇宙的運轉原理是相應的。一年有十二個月，一天有十二時辰，人體亦有十二經脈，十二臟腑，是互相對應的。如人體的營衛諸氣起於肺經，必行於寅時；肺經下接大腸經，行於卯時；大腸經接胃經，行於辰時；胃腎二經相接，脾經行於巳時；心主經脈行於午時，小腸經脈行於未時，膀胱經脈行於申時，腎經脈行於酉時；包絡經脈行於戌時，三焦經脈行於亥時；肝經行於子時，下接脾經脈行於丑時，再接肺經行於寅時。

如此周而復始的營運，使人氣得到運轉，為人創造生機而孳生不息。經脈與臟腑裏外是一致的，它的運行又有主時的時辰，將它引申到生辰上來說，如：

子時出生的人，要注意膽方面的保養。

丑時出生的人，要注意肝方面的保護。

寅時出生的人，呼吸器官較弱，易受感染。

卯時出生的人，大腸排泄功能較差。

辰時巳時出生的人，消化系統方面較滯礙。

午時出生的人，心臟血管方面要多加小心。

未時出生的人，小腸的運行功能較弱。

申時酉時出生的人，腎功能較弱。

戌時出生的人，心血管方面易生病。

亥時出生的人，在免疫系統和淋巴系統方面要特別注意保護。當然這些都是屬於先天體質上的差異，如果後天在養生保健上做得好，先天的不足並無多大的妨礙；如果先天不足，後天又失調，這樣就會大大地影響人體的健康了。

我國勞動人民經過數千年的生活、生產的體驗和積累，總結和歸納了自然界的變化，同時掌握了其中的規律，把一年四季氣候的變化分定為二十四個節氣。人體內部的各種人氣，如營氣、衛氣等不論晝夜，都有規律地運行；彼此互為表裏相生，達成協調的有機運動，促進臟腑的新陳代謝，有效地發揮人體各種功能，使生理、心理趨於平衡，達到身體健康，精力充沛。

因為四季氣候的變化，人體的機能也隨着發生變化；四季氣候的不同，也容易引起人體患各種不同的疾病。

人體有十二經脈，陽經脈屬陰臟絡陽腑，陰經脈屬陽腑絡的陰臟；十二經脈與十二臟腑的聯結，正好與自然界的二十四節氣是一致的，人的臟腑和經脈，不但在一天十二個時辰中有其運行最旺盛的時候，而且在一個月中，手的陰陽經脈有各自最旺盛的日子，足的陰陽經脈也有各自最旺盛的月份。依照手足各經脈之相屬五行的差別，在一年中更有各自的旺盛季節。如：膽足少陽經脈和肝足厥陰經脈屬木，木旺於春季；心經手少陰經脈和小腸手太陽經脈屬火，火旺於夏季；胃足陽明經脈和脾足太陽經脈屬土，土旺於夏；肺手太陰經脈和大腸手陽明經脈屬金，金旺於秋季；膀胱足太陽經脈和腎足少陽經脈屬水，水旺於冬；心主手厥陰經和三焦手少陽經脈，統於膽足少陽經脈和足厥陰經脈。

在一年四季中，它們有規律地運行着陽腑，陰臟又藉着陰陽經脈的相互流通，相互調劑。到了春天，天氣漸漸暖和，肝經脈旺行，人體內新陳代謝作用加快，春寒未消，起伏無常，寒氣容易侵入肺部，除注意冷熱變化外，還應注意飲食的攝取，更要當心舊病復發。到了夏天，是陽光最旺盛的季節，因為夏與長夏是心經脈和脾脈最旺盛的季節，少食過苦和甘味的食物，一旦失調，精神狀況和飲食消化都會受到影響。為維持人體內陰陽之氣的平衡，要多著重於陽氣的積累，並為冬天的陰盛做好補陽的工作，因為陰盛陽衰，易感寒邪之症，總之春夏是養人體陽氣最好的季節。

到了秋天，陽漸隱，陰氣上昇，秋天是肺及大腸經脈旺行的季節，要注意的是早睡早起，避免過度疲勞，避免激動，情緒應穩定安寧，保持肺氣的勻和及大腸的運化通暢，因為經夏天的濕氣、熱氣的侵襲，秋天來後胃腸呈內虛狀態，抵抗力減弱，少食刺激性大的食物，以免傷肺和大腸的機能。

到了冬天，陰盛陽衰，寒風刺骨，藏盡了萬物的生機，冬天是腎經脈和膀胱經脈旺盛的季節，腎的好壞是關係着人命的盛衰，補腎生陽對身體虛弱的人是非常需要的。

八、道醫點穴與按摩

點穴與按摩為道醫治療中常用重要技術。特別是道武結合之後，道醫之點穴與按摩與武功緊密聯繫，既是武術組成，又是治傷要法。故道醫點穴與按摩多用於創傷及筋骨損傷，兼及寒、濕、骨增、腫痛等均有突出療效。分別介紹如下。

（一）點　穴

點穴法，在道醫裏是一種醫、武結合的治療方法。它既不同於推拿按摩，又不同於針灸療法，但它與二者又有不可分割的內在聯繫。

中國醫學認為，經絡在人體中的作用是非常重要的，五臟六腑、四肢百骸、皮肉筋脈的生理功能，必須依靠經絡的密切聯繫，經絡和穴位組成一個循環系統，疏通全身，使臟腑、骨肉、關節等等形成一個有機的整體。如果經絡不通，就不能發揮它的聯絡和傳導作用，臟腑器官功能就不能達到協調，人體的氣血就得不到營衛，因氣血是供養機體最寶貴的物質，全身的皮肉、筋脈、肢體骨骼都需要它滋潤和保護，故經絡受阻，則出現各種病痛。

點穴法很注重三個要素：一是時間，二是部位（穴位），三是手法。如武術中按時點穴（襲擊）可使人致殘或者限時取人性命；或變換手法，就能達到救命、治病的目的。下邊就點穴主要理論與技術分別予以說明。

1、經絡氣血流注的理論

人體的十二經脈氣血流注的理論，早在《內經》已有詳細的論述，《靈樞·營氣》指出：『營氣之道……常營無已，終而復始，是謂天之紀。故氣從太陰出，注手陽明，上行注足陽明，下行至跗上，注大指間，與太陰合，上行抵脾，從脾注心中，循手少陰出腋下，臂注小指合手太陽』……總之說明十二經脈氣血流注的次序是從手太陰肺經開始，到手陽明，到足陽明，到足太陰，到手太陰，到手太陽，到足太陽，到足少陰，到手厥陰，到手少陰，到足少陽，到足厥陰，再注於肺。另外，除十二經脈流注外，還有支別即督、任二脈流注的途徑，是始於額，循巔下項中貫脊入骶，再到任脈上行，還注於肺。由此可知，血頭行走的血道（即氣血運行的開始部分），氣血的運行，是周而復始的。這個『始』字，就是指血頭。它是依據《靈樞》有關氣血運行的理論。如《靈樞·五十營》認為：『日行二十八宿，人經脈上下，左右、前後二十八脈，周身十六丈二尺，以應二十八宿，漏水下百刻，以分晝夜。故人一呼，脈再動，氣行三寸；一吸脈亦再動，氣行三寸。呼吸定息，氣行六寸……』這種論點，其精神實質是說明人體氣血運行隨時間的催移而運轉。人體十二經脈流注的規律，即寅時手太陰，卯時手陽明，辰時足陽明，巳時足太陽，午時手少陰，未時手太陽，申時足太陽，酉時足少陰，戌時手厥陽，亥時手少陽，子時足少陽，丑時足厥陰，周而復始地進行着。

《靈樞》已指出十二經血氣流注都有支別與任、督二脈交會而成任、督流注，因此十二時辰裏的十二經脈的氣血流注都與任、督二脈有關係。這是血頭行走血道的重要依據之一。

2、十二穴道、十二經脉

任、督二脈在人體中起着統帥陰陽的作用，醫家認為，任脈有『諸陰之海』，督脈有『陽脈之海』。這就說明了任、督二脈分別與三陰三陽經脈有交會。這些交會的穴道，主要有十二個。如子時氣血流注足少陽膽經，膽經是『貫膈』，『絡屬肝膽』，在任脈線上『心窩』穴，處於橫膈之中，與肝膽相連，所以血行足少陽經，血頭聚於心窩穴。丑時氣血流注於足厥陰肝經，而足厥陰散於胸中，絡膻中穴，所以血行足厥陰，血頭聚於膻中部位的『泉井』穴。

寅時氣血流注手太陰肺經，而手太陰為肺系，開竅於鼻門，為手陽明經與督脈交會之所，故血行手太陰、血頭聚於鼻門井口穴。

卯時氣血流注手陽明大腸經，而手陽明經挾鼻孔與足陽明根結於頏顙，故血於手陽明，血頭聚於兩目之間的『山根』穴。

辰時氣血流注足陽明胃經，而足陽明經行上耳前，循『髮際』，故血行足陽明，血頭聚於『天心』穴。

巳時氣血流注足太陰脾經，而足太陰支別與足陽明並行，上絡頭項合諸經之氣，故巳時血行足太陽，血頭聚於與督脈交合之後枕，『鳳頭』穴。

午時為陽消陰長之時，氣血流注少陰，『陽盡於陰』，陰受氣其始於陰，常從足少陽注於腎，腎主於心。（《靈樞·衛氣行》）而心腎互交命門腎中之火，故血行少陰，血頭聚於命門部位的『中源』穴。

未時氣血流注手太陽經，而手足太陽相互交會，足太陽絡腎，背俞穴與督脈相通，故血行太陽，血頭聚於腎俞穴之『蟾宮』穴。

申時氣血流注足太陽，足太陽支別，『從腰中直下臀部』，與督脈交會於長强穴，二陰之間血行足太陽，血頭聚於二陰之間的『鳳尾』穴。

酉時氣血流注足少陰腎經，足少陰屬腎，於命門歸屬帶脈，通過帶脈、任脈交會於神厥，此外，從任、督的流注來說，氣血流至鳳尾穴已與任脈相通，『絡陰器上過毛中，入臍中』，所以血行足少陰，血頭聚於『屈井』穴。

戌時氣血流注手厥心包經，手厥陰『下膈，筋絡三焦，與下焦之的關元穴交會於任脈』。故血行於厥陰，血頭聚於關元部的『丹腎』穴。

亥時氣血流注手少陽三焦經，手太陽三焦之下焦當膀胱上口，其治在臍下一寸，當與任脈通，故血行手少陽經，血頭與任脈起始的部位『六宮』穴相聚。從以上十二時辰十二穴道、血頭的聚集，究其本質，它是根據十二經脈流注和經絡學說的推理提出來的，長時期的修煉氣功有成者，在練功實踐中對內氣運行任督二脈之重要穴位，是會有體驗的。前人對血頭行走之時辰路線曾總結出一首歌，見本書第三章第四節，可參閱。

3、點穴與臟腑、氣血、骨髓的關係

點穴對臟腑也有影響，因為人體是由氣血、筋脈、臟腑、骨髓等組成，各組成間相互聯繫影響，不可分割。而氣為血之帥，氣行則血行，氣止則血止。筋為脈之使，筋動則脈急，

筋靜則脈緩。骨為髓之府，骨堅則髓實，骨軟則髓虛。腑為臟之表，腑壯則臟盛，腑弱則臟衰，可見它們都是屬表裏陰陽的。當中，起主導作用的為五臟六腑。五臟六腑配合着木、火、土、金、水，起着互相生剋、制約，以互相維持其平衡作用。

點穴一法除與五臟六腑的關係外，還直接影響着氣、血、筋、脈、骨髓的各方面的正常的生理關係。無論人體哪一部分發生病變，都與臟腑的生剋制約有着密切關係。因為十二筋脈統屬臟腑，而臟腑與經、穴又有着密切的關係。醫者在人的體表進行點穴，就能够對臟腑起到一定的影響。它直接地調節五臟六腑之間的有餘或不足，使之互相間生剋制約，恢復到平衡的狀態。經穴是營、衛、氣血在人體循環的心經之點。人體一旦發生病變，與病變有關的經脈區內的經穴就發生一定的反應變化，如麻木疼痛，紅腫等，這些現象直接妨礙了營、衛、氣血的正常循環。使用點穴一法，就能消除經穴及其它範圍内的這些反應現象。起到調節營、衛、氣血的作用，以達到治療疾病的目的。

4、穴位

道醫點穴療法之關鍵技術，在於對穴位的詳細瞭解，準確掌握與恰當運用。人體共有三百六十五個穴位，其中前胸有三十六穴，後背二十四穴，共六十穴，此六十穴為穴法中之最關鍵穴位。六十穴中，除十二大穴是按時辰襲擊，以定生死外，其餘四十八穴擊中者均有傷殘的危險。因為點法分生死穴道，必須掌握好按十二時辰血液流注進行。所以何時血流何宮？什麼時辰又流轉至何界？穴是何名？血又交何處？點穴之人要做到長短分寸絲毫不差。因為一個時辰分為八刻（一時辰為兩小時）所以有上四刻和下四刻之分，武家於交手中點到上四刻和下四刻的交界處，其人定死無救。被點着之人，必須請點穴之人使用點穴法中的解救法，按時再點，按宮穴撫摩穴道，將血頭點活，將點活之氣血推入宮中，被點者才能得救。若時間過久，縱然能救活，也必將造成殘廢。除此之外使用湯藥按時內服，外敷，亦能救人性命。在冷兵器時代，點穴一法實為密術，傳人必須嚴查其人品，僅傳道德高尚，品行良好之人以作自衛防身之用。筆者在四十餘年的長期實踐中，苦練穴法，主於治病，治癒了不少的傷病。

（本章末附人體穴位圖一、二、三、四、五）

5、點穴的各種不同手法

點穴之法既可阻滯氣血，使其不能流動，又可疏通經絡氣血，治療疾病。所以這個辦法一經熟練掌握後，既能傷人性命，同時又能救人性命，解除人疾病的痛苦。當然，在為重傷病員治療時，必須採用點穴法中的解救法，並配合獨特的藥物，打開門户，將氣血點活進入血宮，使其經脈暢通，收到神奇的治病療傷的功效。

筆者所習點穴法中，包括點、（打）閉、拿、彈、撥、提、壓、掐等手法，統稱點穴。它與按摩有不可分割的內在聯繫，是相輔相成的。

◉點法

以一指（如食指）或兩指（食指與中指）相併，按照時辰朝一個穴位用力擊下，此為點法（如圖一）。也有用鷄心錘、鳳眼錘、肘部尖等手法點取某一穴位，按時辰用力擊下。當然，這種用力不是用死力，而是量力。

◉閉法

用掌的後半部，按時辰取一穴位，突然發出寸勁拍下，然後緊緊貼住所拍之穴位，好像要把那個穴位閉住，此為閉法（如圖二）

◉拿法

用拇指和食指或拇指和中指，按時辰扣按在相對稱的兩個穴位上，以對合之力拿之，此為拿法（如圖三）。

◉彈法

一般取筋絡和神經的走行部位的關鍵處，以拇指和中食指將該部位的筋頭捏拿着，突然向上一提，再向下一丟，如彈弓弦一般，此為彈法（如圖四）。在以彈法施治時，被治者一般會出現酸、麻、脹的觸電傳導感覺。

◉撥法

以左手的拇指和中指、食指，將經筋和神經的走向部位一端拿穩後，固定不動，右手的拇指、食指、中指沿着經筋行走的部位突然提起丟下，或向相反的方向直推向另一端頭，此法為撥法（如圖五）。

◉提法

根據各個不同的部位，如腰部，用雙手的拇指、食指、中指將肌肉和肌腱提起向上並依次走動為提法（如圖六）。

◉壓法

用拇指的指面，或四指併攏，按時辰接觸在某一穴位上，突然用力按下，此為壓法。也可以用雙手掌重疊進行此法（如圖七）。

◉掐法

以兩手對稱的姿勢按時辰，掐住某一穴位，停留片刻，此法為掐（如圖八）。

6、氣功點穴開門法

此法有起始、擴大、發展、融化，使通之意。對於氣血閉塞一類的疾病，醫者必須在影響人體整體機能的部位，首先開其門，然後守之，打開壅塞之門户，以使其氣血暢通，疾病消失。它不僅具有開通的作用，而且常用在一般點穴、按摩治病之前。

氣功點穴的最大特點，就是治病要先『開門』，若門不開，好比捉賊一樣，人進不了門，賊就捉不到，這是從根本上治病的方法。打開了門，醫者的內氣才能從病人身體關竅的通道上發放進去，起到治病的作用。氣功點穴一法，是在熟知人體經絡、經穴的基礎上，醫者根據不同的病變，採用點穴手法，不用針、藥、而僅僅運用醫者的兩手去點開有關部位的門户，然後以强烈的意念將自己的內丹之氣提起，直達雙手掌指，再對準病竈處，經一定的時間，就可以達到治療的奇效。

此法可以疏通氣血，通經活絡，增强人體的免疫能力和抗病能力，營衛氣血，平衡陰陽，持正袪邪，動員機體的潛在能量，調動人體氣血的正常運轉。對防病治病，增强體質，延年益壽，具有可靠的作用。

點穴開門術共分八法：

◉開天門

天門起於兩眉之間，止於百會。醫者用右手中指，有節奏地點擊兩眉之間的印堂穴九次，天心穴九次，天庭穴九次，囟門穴九次，百會穴九次。然手用左手掌扶着病者的後頸部位，右手以大拇指的羅紋面，緊貼於天門穴，向上直推，經天星、天庭、上星、囟門（泥丸宮）直達百會穴為止，力度不宜過重，為開天門。

◉開地門

地門乃腸的終點。醫者用點法以右手中指在病者肚臍（神闕）處點擊七次，左盲俞點擊七次，右盲俞點擊七次，氣海點擊七次，雙天框各穴位按上述次序各點擊七次，然後醫者將左手重疊在右手上，緊貼於病者腹部神闕周圍，按反時針方向運轉多次；然後將雙手重疊於肚臍上敷一至三分鐘，使病者肚臍部發熱。通過揉動點擊達到氣通為度。其作用是加强大小腸的蠕動，以促進臟腑氣流通暢。

◉開氣門

醫者以右手中指點擊肺門穴七次，肺俞穴七次，天突穴七次，膻中穴七次，期門穴七次，後以右手拇指第一節緊貼天突穴上，從天突穴至肺門穴，膻中穴，期門穴，直至章門穴，連續直推三次；後背從肺俞穴直推至章門穴三次，點太淵穴九次，點列缺穴九次。此法打開氣道，使氣流通行無阻。重傷者在直推時需要病者配合呼吸進行，以排出濁氣。

◉開血門

人身體裏的血如河中的流水一樣，日夜不停地流動着，當流到某一個部位時，人體的那個部位因受到了損傷，氣血被阻礙不能流通，並使全身受其牽制，人就有疾病症狀。若能開其門户，使氣血流行，則筋脈自舒，其病自消。

醫者可按子午流注法血流的運轉時間，打開病者的血門。以右手拇指點腎經線路上的石關穴七次，任脈線路上的下脘穴七次，陽交穴七次，氣海穴七次，關元穴七次，中極穴七次。然後以雙手拇指點按肝經上的陰廉穴五次，脾經上的血海穴五次，胃經上的足三里穴九次，腎經上的湧泉穴九次，然後在所點的各穴位上以輕手法拍擊各十二次，使所閉穴受到震蕩，慢慢開放，所阻滯之氣血將緩緩通過，得以恢復運行。

◉開風門

醫者讓患者仰臥於床上，在患者的督脈路線上，點按天突穴、身柱穴、靈臺穴、脊中穴、命門穴各五次，後以拇指近於天柱穴上直推至命門穴共三次。點在督脈旁一點五寸的膀胱經上的風門穴，督俞穴、腎俞穴、肝俞穴、氣海穴，大小腸穴各三次，後以雙手大拇指第一節緊貼風門穴，並加重力量直至小腸穴三次。點按膽經路線上的淵腋穴，京門穴各七次。點按湧泉穴、太衝穴、金門穴、水泉穴各五次。此為開風門。

◉開火門

患者端正直坐，醫者左手中指對準患者督脈路線上的腎俞穴，右手中指對準任脈路線上的關元穴，同時用中強度的力量，各點擊五次。

醫者左手中指對準命門穴，右手中指對準中極穴，用同樣強度的力量同時點擊五次，然後左右手成掌，雙手掌心分別貼緊在命門、關元穴上，左手在命門穴，右手在關元穴，各向反時針方向運轉十八次，以調陰陽之氣使其運轉全身。

◉開筋門

人體中筋門共有四處：一為雙手腕後橫紋中與一窩風穴正對之筋；二為雙肩井中兩條大筋；三為背脊左右處兩條大筋；四為雙脚解溪穴處之筋。醫者按以下次序施治：

（1）醫者將患者的雙手掌後腕橫紋穴，用左右手的拇指各朝左右撥筋五次，要撥得乾脆利落；然後用左右手拇指、食指、中指掐住此處，用力推擊中指尖。

（2）醫者以雙手拇、食、中指分別掐住患者雙肩之筋，向上各提三次，然後突然丢下，再用雙手掌後溪處拍擊肩井穴七次。

（3）醫者用雙手拇指、食指、中指分別將督脈路線上脊兩旁的大筋，向上連續提起五次，然後突然丢手，再將雙手拇指放置於雙大筋上分別直推至中髎穴處共三次，順着路線搖動而下。

（4）醫者用雙手大拇指分別掐住患者雙足解溪穴部位，分別向左右撥七次，然後順此路線由足一窩風穴直推至內庭、八風穴。此法為開筋門。

◉開骨門

人體的骨關節大多數集中於脊背督脈一線上，起着支持人體的作用。三十三個脊椎骨中，活動量最大的是頸椎，其次是腰椎。頸椎又名大椎，為調益陽氣的總綱。凡治療腰背疼痛的疾病，醫者必須首先施治大椎。

醫者以拇指加强力度點按大椎穴九次，重拿大椎穴九次，然後將頸椎七個，胸椎十二個，腰椎五個，按順序一個個地拍擊、震動，以調和各骨關節的氣血。這種方法為打開骨門。

上述各法即為道醫秘傳之點穴法。此法從手法上說是以武功中的點穴法為基本手法的。同時，主要運用點穴法中的『解救法』為治療手段，並將氣功按摩、經絡按摩、傷科按摩、穴位按摩、子午按摩融為一體，並嚴格遵循古代子午流注針法中的氣血運轉時間而施術。對病重者，醫者在點穴開門之後，以强烈的意念調動內氣，將氣從丹田內提出，從手三陰通過指梢，對準病竈將內氣外放，直照患者有關部位，收到顯著的療效。為了達到這一目的，醫者必須苦練功夫，使自己身體强健，內氣充盈，方能取得良好的治療效果。為說明點穴治病之具體運用，下面結合若干病例解說分析。

7、點穴治療舉例

〔例一〕高敏，國家跳水隊員、國際運動健將、多次世界女子跳水冠軍獲得者，在訓練中不慎左手肘關節脫臼，復位後，又發現鷹咀骨受損，長期疼痛，形成『肘關節陳舊性損傷』，經多方治療，效果不佳。一九八八年二十四屆奥運會前夕，接受筆者治療，其病為外傷牽延所致，氣血瘀滯，筆者以點穴法將其被阻血頭點活，十日之內治癒，後連續多次獲世界跳水冠軍，病未復發。醫者每日上午十時（巳時）施術治療。

治療方法

點肩井穴、肩俞穴、曲尺穴、手三里穴，點分陽八卦穴、點撥三陰穴、內外關穴、合谷穴並向肘部發放內氣，十天之後頑疾治癒。

〔例二〕許艷梅，國家女子跳水隊隊員，國際運動健將，腰部陳舊性扭傷，伴腰肌勞損。奧運會前夕，腰部再次扭傷，三、四、五腰椎部位疼痛難忍，不能參加正常訓練。一九八八年奧運會即將召開，迫在眉睫。醫者施以道醫點穴法進行治療，該病係新陳二傷一起發作，氣血瘀滯，運行受阻，肌肉、神經均受損傷。治療當以疏通經脈、調理氣血，並以內氣滋養傷處。

治療方法

每日下午申時點百會穴、大椎穴、脊中穴、八髎穴、雙環跳穴、雙委中穴、雙承山穴、雙太溪穴、雙太衝穴、雙精靈穴、雙三里穴、雙脚湧泉穴、並順沿大椎至底椎推體五次。對準命門以內氣滋補五分鐘，經五次治療，使痛體痊癒，投入正常訓練，按時參加二十四屆奧林匹克運動會，奪得世界第一個女子跳臺冠軍。

〔例三〕童輝，國家跳水隊男子十米跳臺隊員，國際運動健將，在世界大賽中，從十米高跳臺入水中，不慎胸部拍水受傷。被同伴救出水面，扶上岸不能動彈，胸部劇痛。此症為外傷所致的氣血上逆，實為『閉氣症』，應即時搶治。

治療方法

點雙缺盆穴、華蓋穴、紫宮穴、乳旁穴、雙肺門穴、雙期門穴、雙章門穴、七坎穴、點雙血海、點雙三陰交穴、點雙湧泉穴、點雙太衝穴。並以雙手拇指分陰八封穴八次，最後猛擊一掌在肺俞穴上，傷者疼痛頓減，再次上場，奪得亞軍。醫者治療此病以練通兼以祛除病氣為法，故先以點穴開門，（點穴每穴一指）使閉阻之氣有路可逃，再以分法練以氣抗，最後以一擊法助正氣振奮，祛邪氣外出。故能在短短六分鐘內收到立竿見影之效，重上賽場，奪得世界大賽亞軍。

〔例四〕孫樹偉，男，國家跳水隊員，國際運動健將。

二十五屆奧運會前夕，陸上訓練時不慎頸部扭傷，右手腕關節受傷，痛楚難忍。奧賽即將開始，萬分焦急。醫者施以道家醫術點穴法，予以施治，病者因新傷氣滯不通，不通則痛。

治療方法

以上午九點至十點為最佳時刻。

點雙風池穴三次，點三、四、五頸椎穴各三次，點大椎穴三次，點雙肩井穴各三次，點爽眷穴三次，理肩筋三次，撥右手三陰筋頭三次，擊雙鳳眼穴三次，撥下麻穴三次，點曲池穴三次，點手三里穴三次，點神門穴三次，點一窩風穴三次，經兩次治療後痊癒，在二十五屆奧運會上奪得世界男子十米跳臺冠軍。

〔例五〕伏明霞，國家跳水隊女子十米跳臺運動員，國際運動健將。

該隊員在一九九二年二十五屆奧運會前夕，在三亞基地訓練時右脚膝下頸骨處受傷，骨面受損，步履艱難，無法訓練，醫者以道家醫術點穴法治之，配以三十六道醫古驗散劑敷患處，以三次治療，康復痊癒。

治療方法

時間以下午酉時為佳。

點雙環跳穴，點血海穴，點陰、陽陵泉穴，點三里穴，點復溜穴，點崑崙穴，點太溪穴，理腿三陰、三陽經，並以三十六散劑敷患處，經三次治療疼痛全消，赴巴塞羅那奪得世界女子跳臺冠軍。

（二）按摩

按摩又稱推拿，摩挲和按蹻。它是按摩者以適當的手法，作用於被按摩部位的體表上，使被按摩者的機體得到各種力的刺激產生反應，從而提高人體自然抗病能力，促使病體康復的醫術。這種治療方法，既經濟簡便，利於推廣，同時又無副作用。它是祖國醫學寶庫中的珍貴財產。我國按摩由於歷史悠久，所以各種流派繁多，如氣功按摩、保健按摩、運動按摩、臟腑按摩、經穴按摩、子午按摩、小兒按摩、放鬆按摩、踩摩等等。這裏介紹之道醫按摩是一種武功點穴按摩，是氣功按摩、經穴按摩、子午按摩和傷科按摩的綜合運用。其醫療原理與中醫按摩的基礎理論是一致的，有着遵循整體觀念和辨證施治的特點，是按照四診八綱、理法、方、藥的原則進行的。在施行的過程中，必須尋經取穴，明辨補瀉，掌握好時間和次數，點摩結合，剛柔相濟；通過調陰陽，舒氣血，通經絡，利關節，以實現扶正祛邪、陰陽平衡。同時醫者在施術上必須做到由點到線，由線到面；由表入裏；由輕到重，由重到輕；循經取穴，補瀉分明，以達到防病治病的目的。

此處介紹之按摩法，是與點穴法中的解救法密切配合進行的。對重傷、陳傷的病員，先使用按時點穴的幾種手法，後使用按摩手法。手法的輕重深淺，根據病員所傷的程度決定。醫者必須首先熟悉按摩的身體常用部位和穴位。

1、按摩常用部位及分部穴位

◉常用部位

（1）人體基本方位：在叙述人體各部位時，以人體直立，上肢下垂，手掌向前的姿勢為標準。有前後、上下、左右等方位，有背側、腹側以及顱側、尾側等名稱。在四肢部，有近側（靠近肢體根部）、遠側（離根部較遠）、掌側、背側、橈側、尺側、脛側、腓側等區別。在比較左右兩個結構的位置時，以軀幹正中線為基準，分內側和外側。對於上肢或下肢，是以該肢本身的中軸為標準，不用軀幹的正中線。

（2）人體部位及體表標誌

a·頭面頸項部

額部——髮際至眼眶。　頭頂部——顱頂中部。
顳部——頭顱兩側。　枕部——在顱的後下部。
眼眶部——眼裂周圍。　鼻部——鼻骨周圍。
顴部——顴骨周圍。　口部——口裂周圍。
頰部——口裂兩側。
腮腺咬肌部——頰部之外側緣。
頦下部——口裂以下至下頜骨。
頸部——下頜骨至鎖骨。
項部——後髮際至肩平面。當頸前俯時出現的隆起為第七頸椎的棘突。

b·肩背腰臀部

肩胛部——肩鎖關節、肩關節和肩胛骨的整個部位。

背部——第一至十二胸椎。當上肢下垂時，肩胛骨的下角與第七胸椎棘突在同一高度。

腰部——第一至五腰椎。兩側髂嵴連綫為四至五腰椎的間隙。

臀部——由髖骨和髂關節的後方組成。

骶髂部——由骶椎和髂骨組成的骶髂關節周圍。

髖部——髖關節周圍。

c. 胸腹部

胸部——鎖骨平面至十二肋骨。胸骨角正對第二肋骨。

胃脘部——胸骨劍突以下，臍以上和左右肋軟骨間的部位。

腹部——胃脘以下和趾骨毛際以上的整個部位。

脅肋部——腋下至第十二肋骨以上的胸背間。

d. 上肢部

肩部—肩關節周圍。

上臂部——肩關節至肘關節。

肘部——肘關節周圍。

前臂部——肘關節至腕關節。

手掌部——腕關節至掌指關節。

掌心——手的掌側面及其中心。
掌背——手的背側面。
小魚際部——手的尺側緣。
大魚際部——手的橈側緣之拇指邊。
手指部——掌指關節至指端關節。

e．下肢部

股部——髖關節至膝關節。
膝部——髕骨和膝關節周圍。
小腿腓腸部——膕窩至跟踺。
脛部——小腿前側。
踝部——踝關節周圍。
蹠部——足掌部分。
足趾部——足趾關節周圍。

● 分部穴位

（1）經絡：經絡所包括的範圍很廣，主要內容有十二經脈、十二經別、奇經八脈、十五絡脈、十二筋經和十二皮部及孫絡等。其中以經脈為主，絡脈和孫絡僅是起聯絡作用的分支，經別是它的內部支干，奇經八脈則參於其間，共同構成整個經絡系統。

在推拿的臨牀治療中，應分部取穴。經常應用到的有下列數條經脈：

足太陽膀胱經——起於目內眥至小趾外側。該經脈在腰背部挾脊柱循二條支脈直行，其第一側線在脊柱旁一點五寸處（相當於二橫指），第二側線在脊柱旁三寸處（相當於四橫指）。

督脈——起於會陰部至鼻柱，循行在頭背腰臀正中脊柱處。

任脈——起於會陰部至目眶下，循行在胸腹部之正中。

（2）分部穴位及其分寸（分部穴位可參見章末『人體穴位圖』）

a．頭面頸部

頭維——前額兩髮角，入髮際五分，當神庭穴旁開四寸五分處。

神庭——鼻直上，入前髮際五分。

百會——入前髮際五寸，當兩耳尖直上頭頂正中。

風池——項後枕骨下，在筋外側凹陷中，略與風池穴相平。

風府——枕骨下，在項後入髮際一寸。

天柱——在項的後髮際（當第一、二頸柱之間）大筋外側陷中。

太陽——眉梢外梢下端，橫指陷中。

攢竹——眉頭陷中。

印堂——兩眉之正中，準對鼻尖。
瞳子髎——目外眦角後五分許。
承泣——目下七分。
迎香——緊靠鼻孔旁外五分。
下關——閉嘴，當耳屏前約一横指，顴骨弓下陷中。此處張口時即鼓起。
頰車——耳下方約一寸，當下頜骨咬肌突起處。
地倉——平口角旁四分許。
水溝——上唇人中溝上三分之一處。
承漿——下唇下陷凹中。
翳風——耳垂後，距耳約五分，骨邊陷中。
魚腰——眉毛正中。

b. 肩背腰部

肩井——缺盆上，肩胛骨前，當大椎、肩髃兩穴之間，略向前些。
大椎——第七頸椎棘突下。
大杼——項後第一椎下旁一寸五分。
肩髃——肩端兩骨陷中，舉臂有凹陷處。

風門——第二椎下旁一寸五分。

秉門——肩胛崗上骨縫空內，近外側緣（曲垣穴外約二寸）。

肺俞——第三椎旁一寸五分。

盲育——第四椎下旁三寸（肩胛骨內緣）。

肩真——肩胛下兩骨之間，後腋縫紋端一寸。

心俞——第五椎下旁一寸五分。

天宗——秉風穴下方（約平第四椎）大骨下陷中。

肺俞——第七椎下旁一寸五分。

肝俞——每九椎下旁一寸五分。

膽俞——第十椎下旁一寸五分。

脾俞——第十一椎下旁一寸五分。

脊中——第十一椎下。

胃俞——第十二椎下旁三寸。

胃俞——第十二椎下旁一寸五分。

志室——第十四椎下（命門穴）旁三寸（平腎俞穴）。

大腸俞——第十六椎下旁一寸五分。

陽關——第十六椎之下（即第四腰椎之下）。
小腸俞——第十八椎下（第一骶椎）旁一寸五分。
上髎——第十八椎旁，在第一骶骨孔中。
次髎——第十九椎旁，在第二骶骨孔中。
中髎——第二十椎旁，在第三骶骨孔中。
下髎——第二十一椎旁，在第四骶骨孔中。
八髎——即上、次、中、下髎的總稱。
長强——尾骶骨端下五分處。
承扶——臀下橫紋中央。

c．胸腹部

雲門——在巨骨下方，肱骨頭内緣喙突下，距正中線六寸。
中府——乳上第三肋間，當雲門穴下一寸。
肩内俞——在三角肌前側緣，與肩外俞穴相對。
膻中——胸前正中線，兩乳正中。
期門——乳頭直下二肋端，距正中線四寸。
日月——期門穴下五分。

章門——季肋下，當第十一肋骨之端。
居髎——髂前上棘三分之一的髖後凹陷處。
環跳——髀樞中，大轉子的後方，兩足並立有凹陷處。
中脘——臍上四寸。
大橫——臍旁四寸。
天樞——臍旁二寸。
神闕——臍窩中央。
氣海——臍下一寸五分。
關元——臍下三寸。
中極——臍下四寸。
d. 上肢部
少海——屈肋內側，大骨（肱骨內上髁）前五分許。
尺澤——肘窩横紋中，偏拇指側筋外陷中。
內關——腕横紋上二寸，兩筋間。
列缺——腕横紋上橈側一寸五分，當兩手虎口交叉，食指盡處。
神門——常後尺側鋭骨之端，腕紋線中。

曲池——曲肘外側橫紋頭陷中。
手三里——曲池下二寸。
外關——腕後（陽池穴上）二寸兩骨間。
陽池——常背腕部，無名指直上橫紋陷中。
合谷——手虎口間，歧骨陷中。
八邪——兩手指縫間，左右共八個穴點。

e．下肢部

髀關——伏兔之上交紋。
伏兔——膝蓋上六寸，肉隆起處。
風市——直立垂手指尖盡處，膝上七寸。
鶴頂——膝蓋骨正中直上一寸。
膝眼——膝蓋骨下兩旁陷中。
陽陵泉——腓骨頭前陷中，膝下二寸。
陰陵泉——膝下二寸，内輔骨上陷中，與陽陵泉相對稍高些。
足三里——膝眼下三寸，脛骨旁約一寸筋間。
三陰交——内踝正中（去踝）直上三寸。

解溪——足次趾直上，足背與小腿齊界處橫紋中。
委中——膕窩橫紋正中央。
承山——小腿肚下，分肉之間陷中。
懸鍾——足外踝三寸，腓骨前。
崑崙——足外踝後五分，跟骨之上陷中。
太溪——足內踝後五分跟骨上。
湧泉——足掌心中央（紅相當於足的前五分之二處）。

2、按摩手法

（1）按法

醫者以拇指羅紋面或四指間羅紋面，或以手掌的陰面，或以單掌、雙掌的掌根部，附在某穴位上，由輕到重地上下掀壓或旋轉，即為按法。（見按法圖）

（2）摩法

醫者用手掌的掌面或四指的指前第一節的指面附著在一定的穴位上，以腕關節連同前臂作環形的移動摩擦，為摩法。（見摩法圖）

（3）推法

醫者用大拇指的指端或羅紋面部分著力於一定的穴位上，其餘四指成握拳狀，或由內向外推出，或由下向上、由上向下、由左向右、由右向左推出，此為推法。（見推法圖）

（4）揉法

醫者用手掌面或掌根，或掌指，或掌背，或小魚際按壓在體表部位，根據患者病情的輕重程度，作順時針或反時針方向揉動，此法為揉法。（見揉法圖）

（5）滾法

醫者用手背的小指外側部分附在患者一定的部位上，以腕部內外靈活轉動，連續不斷地進行，速度稍快，此法為滾法。（見滾法圖）

（6）捻法

醫者以拇指和食指的第一節的羅紋面做對稱性的捻動，如捻線狀，力量使用要均勻，動作要緩和，此法為捻法。（見捻法圖）

（7）分法

醫者以單手或雙手大拇指的羅紋面緊貼於患者一定的部位，作上下或左右的緩緩移動。並根據病情進行輕重緩急的刺激，此法為分法。（見分法圖）

（8）搓法

醫者以雙手的全掌面，挾住患者一定的部位，以指、掌面帶動皮肉作均勻快速的上下左

右的搓揉，並來回盤旋，使被操作的部位的氣血調和，筋絡舒鬆，此法為搓法。（見搓法圖）

（9）搖法

醫者用雙手托住或握住所搖的關節的兩端作環旋搖動，以加強關節處的活動能力，在初搖動時醫者的手法宜輕、宜緩，搖動的幅度須在生理範圍內進行，並由小到大，由輕到重，由慢到快。（見搖法圖）

（10）擊法

醫者或以手指、指尖，或握成空拳，有節奏地叩擊某部位的肌肉，同時根據病情的輕重緩急決定所擊的次數與輕重。也可以用掌側擊，掌心擊。此法為擊法。這種手法特別用於肌肉肥厚部位，當肌肉受到振動後，有興奮肌纖維神經的作用，消除傷後帶來的瘀血凝滯，增强血液循環，消除疲勞及酸脹等現象。

（11）通法

『通法』有疏通開導的意思。中醫學認為通法有調和營衛，通經活絡，祛邪導津的作用。若周身腫脹，肌肉麻木、經絡不通，在按摩中使用按、推、壓、摩等手法作用於精、氣、血的特定部位，以通閉鬱之氣。

（12）和法

和，即有調和之意。和法是運用按摩的開鬱和臟功能，配合患者的吐納，以調整臟腑間的不平衡狀態，從而增强内臟功能的一種方法。醫者以運氣並配合平穩而柔和的手法，對氣血不和、經絡不通、陰陽失調等病，如脾胃不和，婦女月經不調，周身脹痛等進行治療，使病人氣血調和，陰陽相對平衡，從而恢復生理正常狀態。

（13）補法

有修填、充實的意思。按摩中的補法，是針對人體因虧損所引起的各種疾病現象，採取各種不同的手法，達到對人體虛而補之的一種治療方法。醫者通過强烈的意念將所煉的内丹之氣，從丹田提出直達雙手發出，使氣至病所，達到温經補氣的作用，從而使病痛減輕、活力提高。補法對於氣虛、血少、體弱或肢體寒冷木脹者，療效尤佳。

運用此法，醫者先以右手拇、中指點按肺門穴二十四次，繼而右手按於胸骨柄上，掌根壓於膻中，中指指向天突，左手覆壓於右手指上，隨着一呼一吸加壓，助呼吸逐漸加長；後以左手分按氣海穴處，右手仍按膻中穴不動，雙手隨呼吸交替進行，從而使呼吸增長。

（14）瀉法

瀉，有瀉、降、散之意。本法是瀉其實邪之氣。患者由於結津濕熱引起腹脹滿或脹痛，食積火盛、二便不通，均用瀉法，以推、摩，逆時針方向揉等手法用於患者體表的不同穴位上，以達到通瀉的目的。

（15）拿法

與點穴中的拿法相同。

3、按摩治療舉例

道教醫家按摩之重要特色之一，是按摩治療必須與點穴、氣功等療法相結合，根據病情，綜合運用，才能收到顯著療效。為具體説明道醫按摩療疾，現舉數例分析解説。

〔例一〕李青，國家跳水女隊員，運動健將。奥運前夕，在緊張的訓練中不慎腰部扭傷，直不起腰，疼痛難忍，經醫者診斷為腰部新傷，因扭挫而致，局部氣血瘀滯，運行不暢，治療當從疏通經絡，緩解腰部肌肉的痙攣為法。

治療方法

治療時間：下午申時。

先使用劃法，打開氣門、血門、筋門，點按脊中穴、雙環跳穴、雙委中穴、雙承山穴、雙太衝穴，醫者並用右手掌撫摩疼痛部由淺入深，由小到大，二十四次，以運轉氣血流通。再以推拿手法，沿着背部、腰部的腎經路線直推二十四次，亦由淺入深，由輕到重。經三次治療，五日後痊癒，按時參加奥運會的比賽，奪得世界女子跳板賽亞軍。

〔例二〕譚良德，男，國家跳水隊員，國際運動健將，二十五屆奥運會前夕，不慎左踝關節扭傷，醫者以道家按摩法配合藥酒予以治療。

治療方法

治療時間：酉時

點按三里穴、復溜穴、三陰交穴、崑崙穴、太衝穴、承山穴、太溪穴各三次。

劃理足三陰筋、三陽筋、足一窩各三次。將左踝關節泡浸在藥酒內半小時，以醫者的左右手同時抱住受傷部位輕輕摩揉五十六次。經一次治療後，疼痛大減，經二次治療後，痊癒。在二十五屆奧運會上奪得男子跳板賽世界亞軍。

〔例三〕王濤，男，四川滑水隊員，運動健將，在亞運會前夕不慎將右腿肌肉拉傷，疼痛難忍，訓練停止，醫者以道家按摩法予以治療。

治療方法

治療時間：下午酉時。

將傷者的腿部傷處浸泡在道家青城山温筋通絡藥酒中，醫者雙手對抱撫摩傷處，在攝氏四十度的藥酒中雙手由輕到重，由點到面，由淺入深揉動，時間為三十分鐘，每日一次，經三次治療後痊癒，該隊員在亞洲運動會中獲男子五項全能冠軍。筆者以上述按摩藥酒治癒之病例甚多，如治癒女排名將巫丹、姜英，男籃名將宋濤等之不同運動損傷，均取得較好療效，證明道教醫家綜合運用點穴、按摩及藥物，的確在醫治傷科疾患上有獨到之處。

第八章附圖

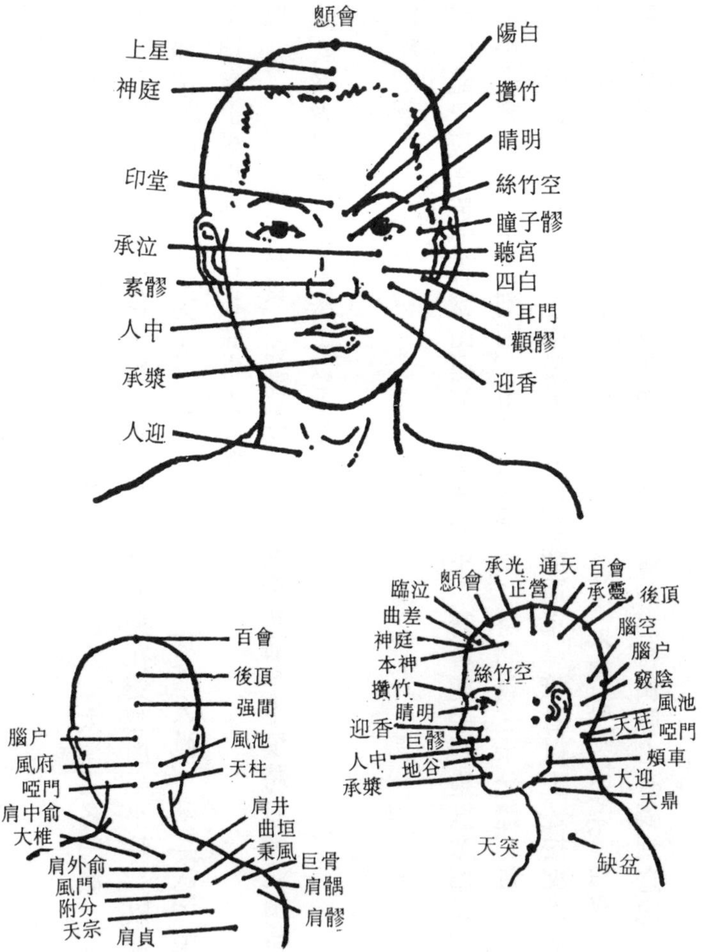

人體穴位圖（一）

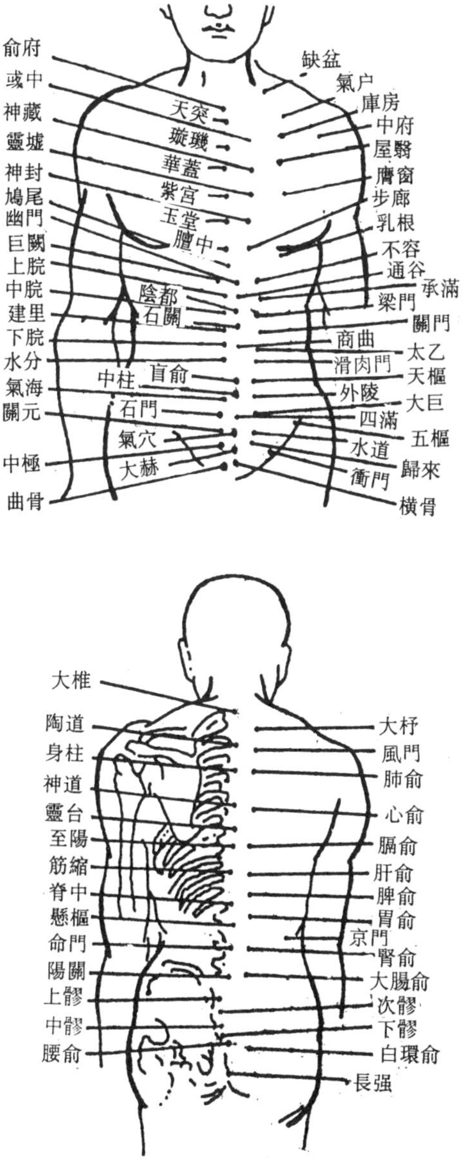
俞府
彧中
神藏
靈墟
神封
鳩尾
幽門
巨闕
上脘
中脘
建里
下脘
水分
氣海
關元
中極
曲骨
天突
璇璣
華蓋
紫宮
玉堂
膻中
陰都
石關
中柱
肓俞
石門
氣穴
大赫
缺盆
氣户
庫房
中府
屋翳
膺窗
步廊
乳根
不容
通谷
承滿
梁門
關門
商曲
太乙
滑肉門
天樞
外陵
大巨
四滿
五樞
水道
歸來
衝門
橫骨
大椎
陶道
身柱
神道
靈台
至陽
筋縮
脊中
懸樞
命門
陽關
上髎
中髎
腰俞
大杼
風門
肺俞
心俞
膈俞
肝俞
脾俞
胃俞
京門
腎俞
大腸俞
次髎
下髎
白環俞
長強

人體穴位圖（二）

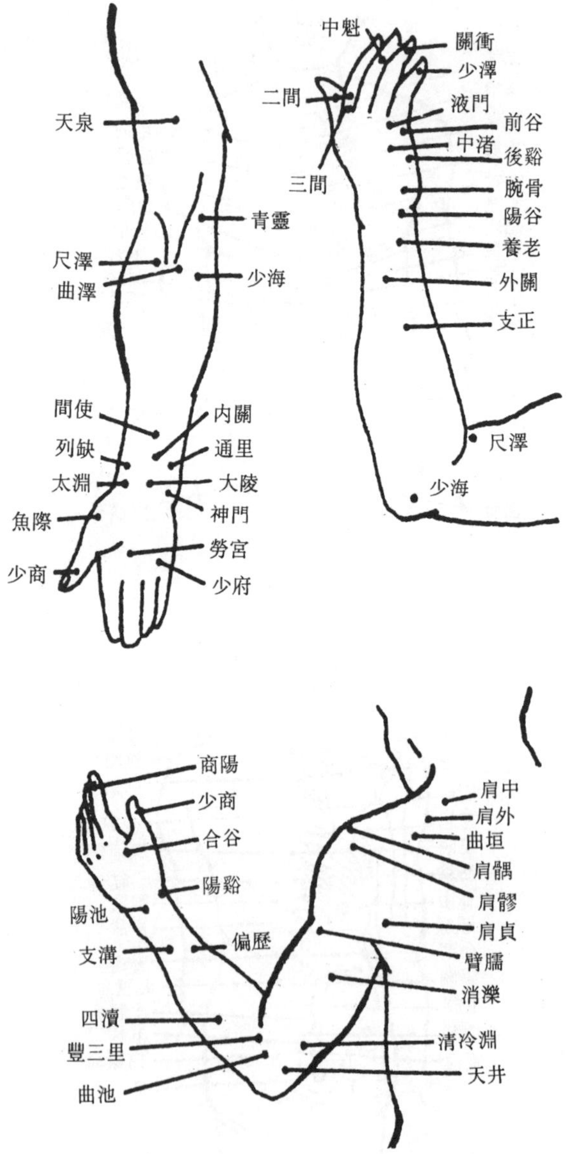

天泉
尺澤
曲澤
青靈
少海
間使
列缺
太淵
魚際
少商
內關
通里
大陵
神門
勞宮
少府
中魁
二間
三間
關衝
少澤
液門
前谷
中渚
後谿
腕骨
陽谷
養老
外關
支正
尺澤
少海
商陽
少商
合谷
陽谿
陽池
支溝
偏歷
四瀆
豐三里
曲池
肩中
肩外
曲垣
肩髃
肩髎
肩貞
臂臑
消濼
清泠淵
天井

人體穴位圖（三）

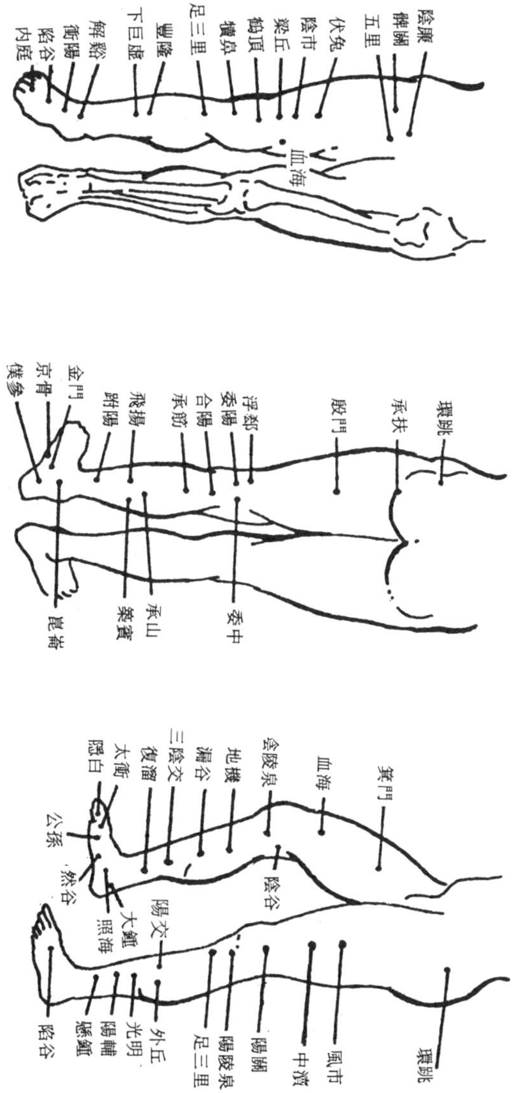
陰廉
髀關
五里
伏兔
陰市
梁丘
鶴頂
犢鼻
足三里
豐隆
下巨虛
解谿
衝陽
陷谷
內庭
血海
環跳
承扶
殷門
浮郄
委陽
合陽
承筋
飛揚
跗陽
金門
京骨
僕參
委中
承山
築賓
崑崙
箕門
血海
陰陵泉
地機
漏谷
三陰交
復溜
太衝
隱白
公孫
然谷
陰谷
陽交
大鍾
照海
環跳
風市
中瀆
陽關
陽陵泉
足三里
外丘
光明
陽輔
懸鍾
陷谷

人體穴位圖（四）

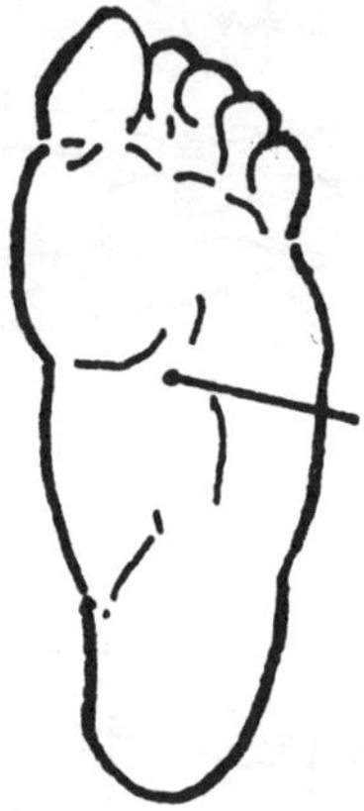

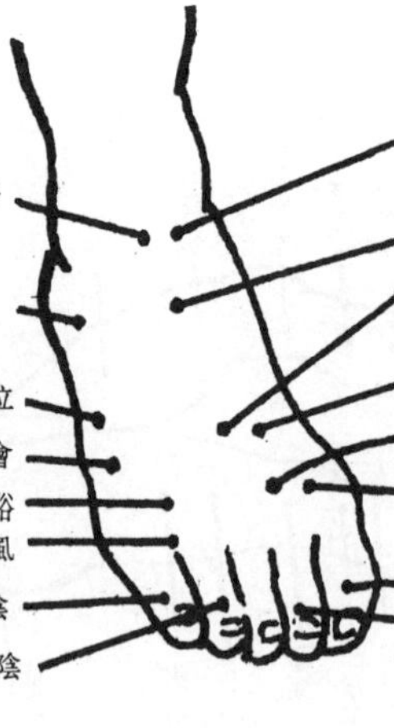

人體穴位圖（五）

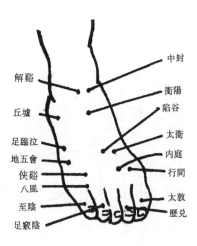

點穴的各種手法圖

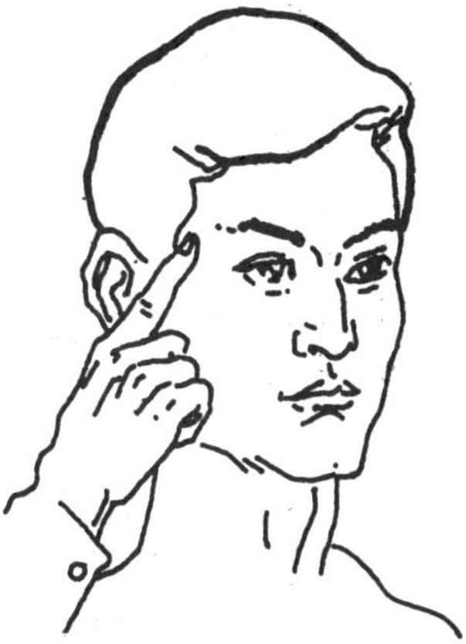
圖一：點法

圖二：閉法

圖三：拿法

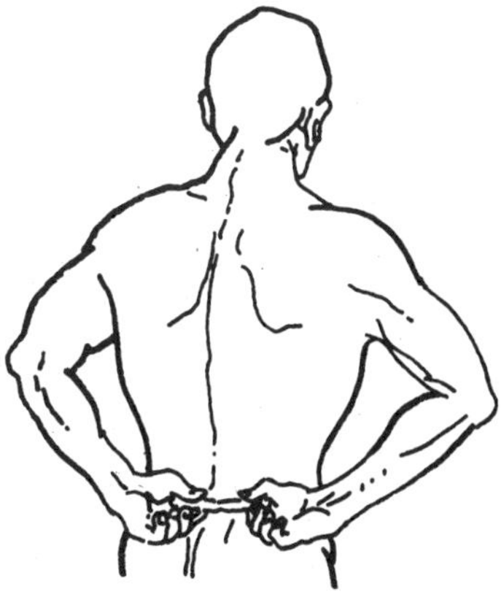
圖四：彈法

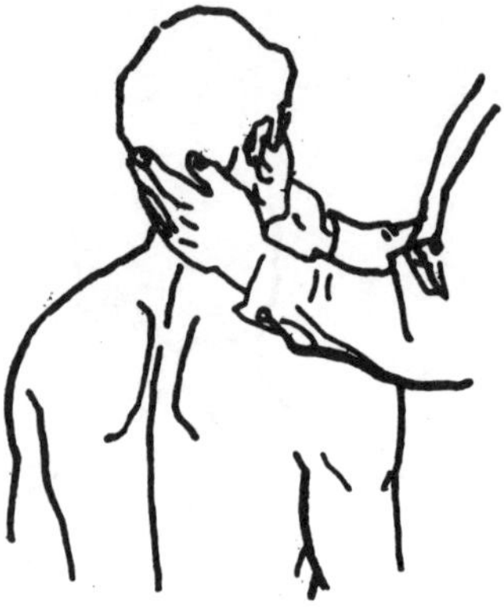

圖五：撥法

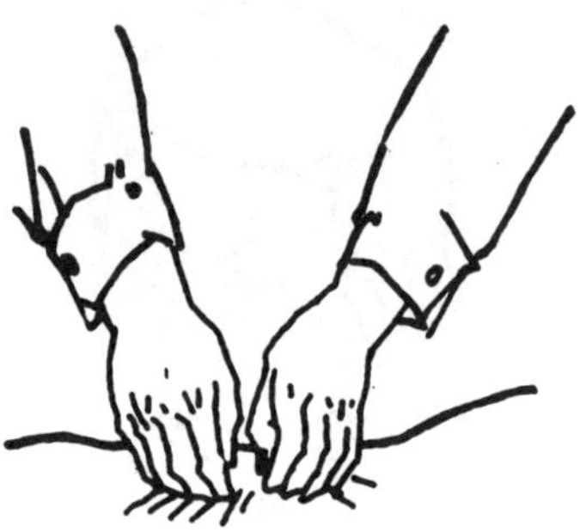

圖六：提法

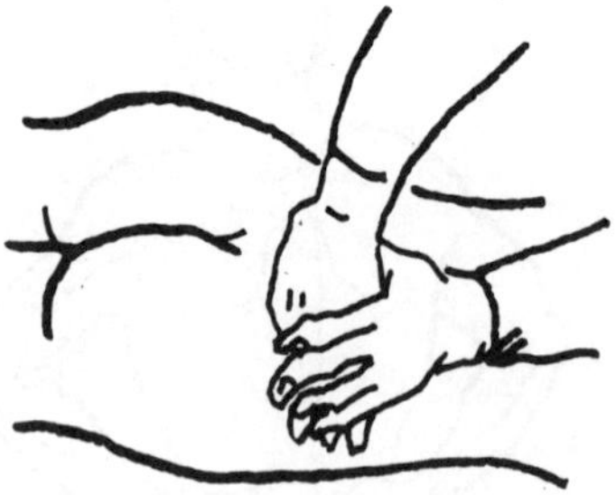

圖七：壓法

圖八：掐法

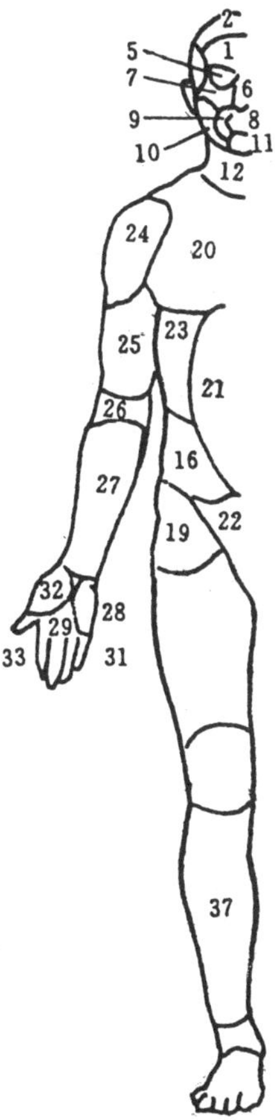

1. 額部
2. 頭頂部
3. 顱部
4. 枕部
5. 眼眶部
6. 鼻部
7. 顴部
8. 口部
9. 頰部
10. 腮腺咬肌部
11. 頦下部
12. 頸部
13. 項部
14. 肩胛部
15. 背部
16. 腰部
17. 臀部
18. 骶髂部
19. 髖部
20. 胸部
21. 胃脘部
22. 腹部
23. 脇肋部
24. 肩部
25. 上臂部
26. 肘部
27. 前臂部
28. 手掌部
29. 掌心
30. 掌背
31. 小魚際部
32. 大魚際部
33. 手指部
34. 股部
35. 膝部
36. 小腿腓腸部
37. 脛部
38. 踝部
39. 蹠部
40. 足趾部

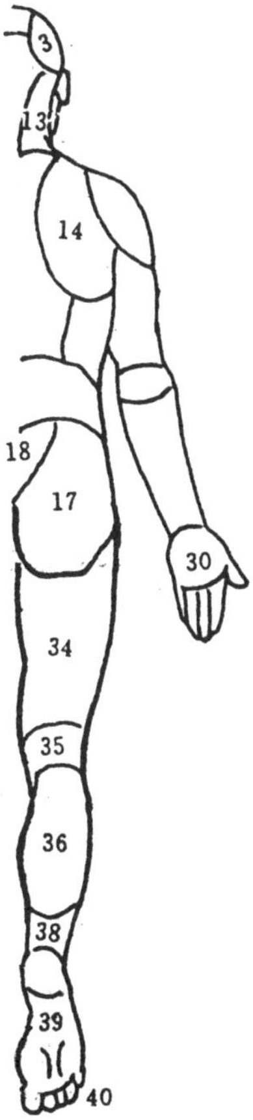

人體部位及體表標誌圖

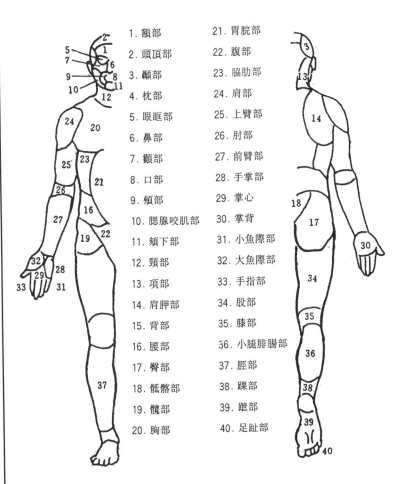

按摩各種手法圖

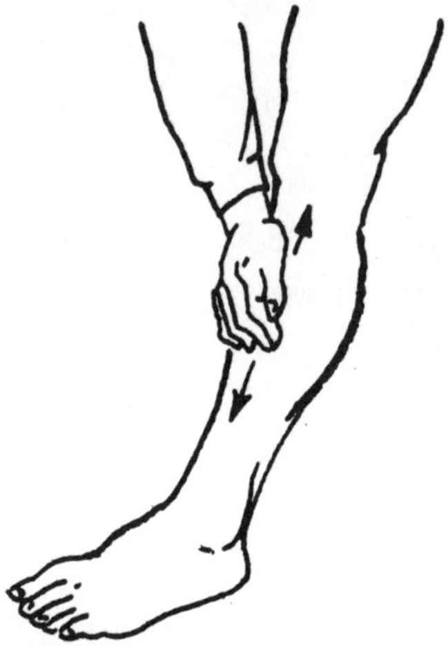

摩法圖

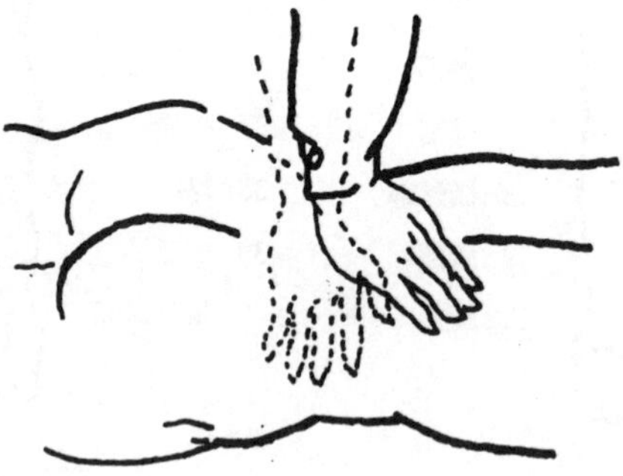

按法圖

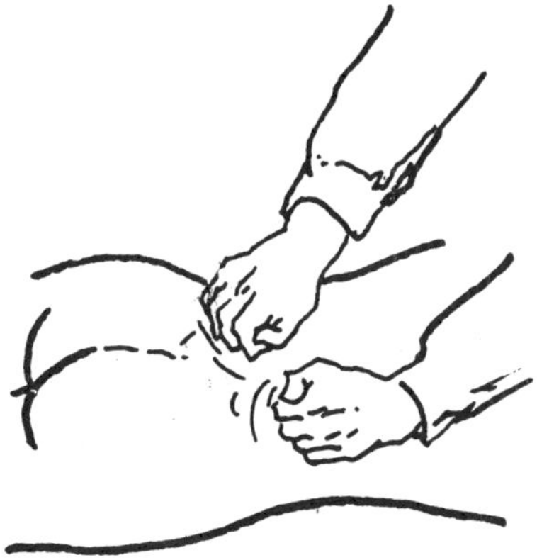

推法圖

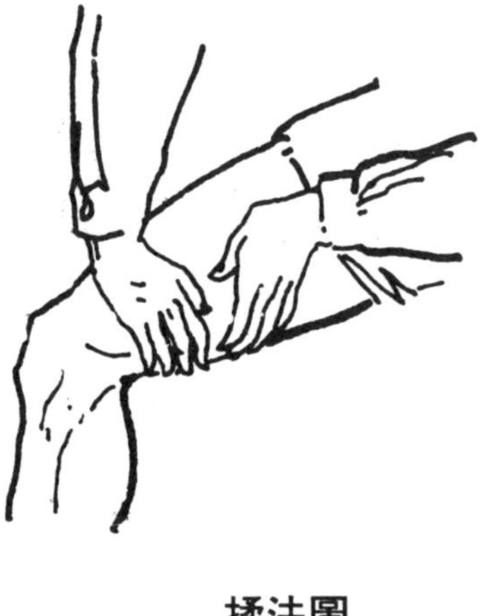

揉法圖

捻法圖

滚法圖

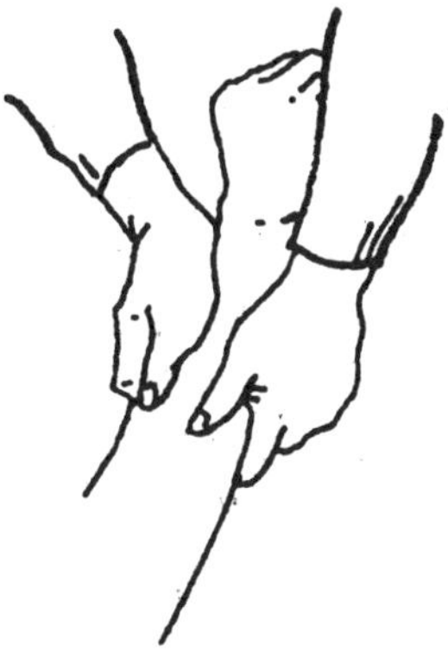

分法圖

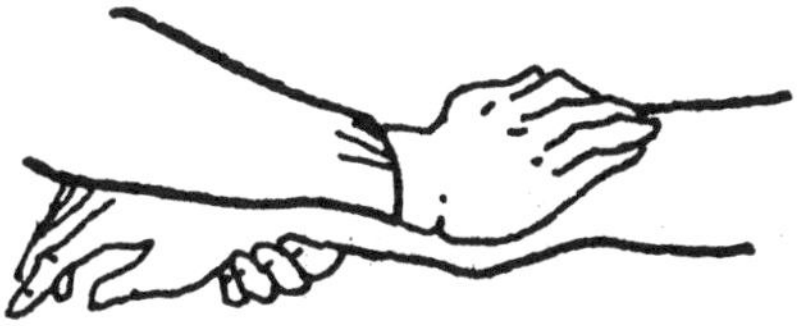

搓法圖

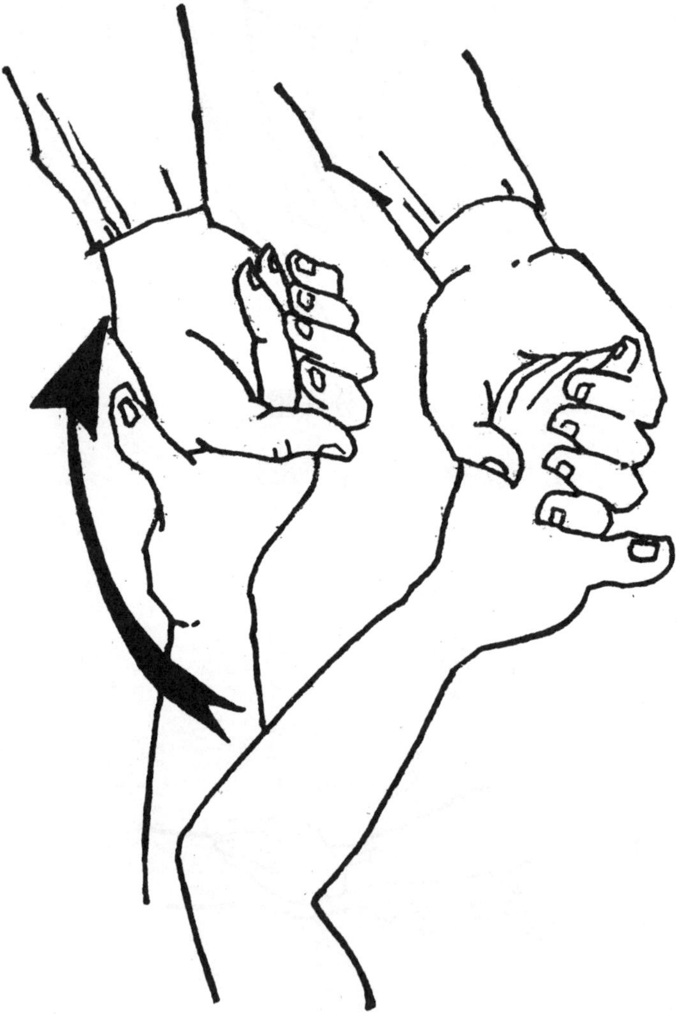

搖法圖

九、道醫氣功診療

氣功是道家修煉的核心，亦是道醫治疾病之主要手段。道家内煉成丹，養性延命，祛病長壽，所賴者為經過長期修煉而存於體内之元氣，即真氣。道醫以氣功診斷疾病，並以發放内氣治療疾病，所憑藉者，亦為體内長期修煉而聚集之元氣。故道醫以氣功診治疾病之能否奏效，以及其效果之大小差異，則完全取決於道者修煉之程度，功夫達到之深淺。可知氣功診治疾病，於醫療體系中是與一般診治性質迴然不同的特殊之醫療手段與方法。有關氣功診治的原理，本書上編已有詳論，此處結合診治實際，著重下述幾個方面。

氣為醫者診治疾病之主要憑藉，故道醫首在煉氣。

（一）煉 氣

煉氣就是煉氣功，又稱之為練功。練功是理與法辨證的統一，在煉氣功的過程中，不論任何一種功法都離不開三個關鍵的步驟：一調形、二調氣、三調意。動功則重於調形，調氣；靜功則重於調氣、調意。調形是引動形體、舒展活動四肢百骸，促使氣血流通。調氣即是調節呼吸的頻率、長短與輕重，呼出體內的濁氣；吸入天地間的精陽之氣，將它進入體內，存入丹田，孕育出真氣以增強人體內在功能。調意是去掉雜念，精神守一，使內氣得以調養，而昇清降濁，來調節陰陽，這三者是密切相關不可分割的。如果三者處理得當，就能使練功者達到人體的小宇宙與天地大宇宙之間進行氣的交流，誘發真氣的產生。因此人們通過定時期的練功，體內的真氣漸漸充實，成團成丹，待內氣充實後，丹田慢慢地自動啟開，至於啟開的多少，完全是由氣的多少來決定，它主要是受氣的指揮，而不是受神經的制約。練到這個時候，丹田也就變『活』了，內氣也就開始隨着意念流動而通過，真氣不斷地運行，人體的每一根經絡逐漸通暢。穴位是經絡的通道口，經絡外聯穴位，內通臟腑，隨着練功深入功夫的長進，真氣越聚越多，長此下去就自然出現了練精化氣→練氣化神→練神還虛的重大變化，從而達到養生健身，除病延壽的目的。同時，也就具有了以氣診治的物質基礎。

（二）內氣與外氣

內氣，一般指人體內的元氣（營氣、衛氣、宗氣與水穀之氣），其中又有先天之氣與後天之氣的區別。如嬰兒墜地之時，它體內之氣，稱為元氣；嬰兒出世之後，漸食五穀，長大成人，其體內之氣，為後天之氣。這裏所說的內氣是指人體經練功之後所得的真氣。《內經》說：『真氣者，所受於天，與穀氣並而充身者也。』又說：『恬淡虛無，真氣從之，精神內守，病安從來。』古人認為：真氣是通過練功者用一種特殊的方法，採吸日精月華、天地精微之氣與水穀之氣相結合後修煉而成，藏於體內受意念支配的一種物質。修煉內氣時，必須做到頭腦虛靜，無慾無求。意要靜，意靜了神思就能定，神定後氣才能定，氣定後精就定，精氣神定而凝煉，三者結合為一，真氣自然產生。經筆者多年修煉道家《經筋內丹功》（該功法已整理成書，人民體育出版社出版）的切實體驗，內氣是通過調身、調心、調息的不斷鍛鍊，達到意念導引來控制氣的聚、散及運行。實際上是一種自身調節，實現氣在人體内循經絡系統運行，使氣機調和，達到强身健體，袪病延年的目的。當氣功練到相當的程度時，一般都是在實現了打通任、督二脈，完成小周天、大周天的運行之後，内氣充足旺盛時，才可能談到『外氣』的放發。外氣，就是在氣功狀態時運用强烈的意念，將自己丹田内聚集的氣，從身體的某一個穴位，或經絡部位集中，而以强烈的意念將它發出體外，為他人治病。由此可見，内氣是外氣的基礎。一個人如果沒有内氣，也就談不上外氣了。也可以說外氣是内氣在體外的表現。因此，習外氣發放，必須首先要刻苦不斷地修煉内氣，只有煉到自己體内的内氣由少到多，由分散到集中，從而充盈旺盛，並能按你的意念在體内的經絡、穴位循行，才談得上發放外氣。不然不僅發不出外氣，反而毀壞了自己的身體。

因為内氣講的是氣沉丹田，氣在丹田得到充實之後，才能健體强身，這是氣功的共同要求，是最基本的不變的原則。它不外乎昇『陰』搜『陽』。

『外陽』者，氣聚一處（指丹田），用此真陽照徹内臟，有所謂『陽長陰消，年壽自高』之說。

醫家與養生家都很重視『陽』的作用。古代的醫家、養生家他們取名字，都喜歡帶一個『陽』字，如漢代的魏伯陽、唐代的呂純陽、宋代的張紫陽、馬丹陽等，就表達了他們對『陽』的重視。

搜陽者，即人在氣定神足之後，以意導氣調流全身，即搜盡全身的『陰氣』，借以通經活絡，扶正祛邪，即所謂『陰盡陽變，百病消除。』

(三) 外氣的治病作用

近幾年來，用外氣治病在科技界和廣大人民群衆中就有很多各種不同的『疑』和『議』，形成了『左祖』『右祖』兩大派。通過現代儀器進行了科學的測驗和分析，證明發放出去的外氣有『象』，同時還有『物』，它是物質的，具有磁、電、光等物質的特性。用外氣治病的理論根據到底在哪裏呢？這在《內經》裏早就有了記載：『古之治病惟其移精變氣』，『移精』是談的治者本人，把全部精神力量用强烈的意念，將人體內含有的生物電磁波發出體外；『變氣』是指被治者，接受了治者的外氣，在生理上發生了一種良性的變化，因而達到治癒疾病的目的。《素問》『人神失守，神光不聚』，一個人五臟六腑神全，則光聚了。神光是什麼呢？就是外氣。所謂神光中的『神』，就是指包括人的精神和意識，也就是醫者要經過特殊的修煉，使真氣（神光）內聚，治病時才能到人。

有一份資料介紹了對氣功外氣進行科學實驗的結果，證明：外氣對革蘭氏陽性菌和革蘭氏陰性菌，有着極强的殺傷力；對癌細胞也有一定的殺傷力；並能調節血壓，提高免疫能力。總之，外氣治病並不神秘，更不虛妄，它是確實存在的東西。

(四) 外氣診病

據上節科學測驗結果説明，真氣既有物理性能，它能按照人的意志從體內向外發放，發放到患者身體的任何一個部位，同時能用意念控制它的發放方向，與發放量的大小。當內氣外放而成為外氣時，它具有信息作用，在探查病人的病竈區時，通過信息的反饋回收與辨析，發功者就可以較準確地知道患者的病情。什麼是信息的反饋呢？它是指發功者的外氣輸出之後，遇到了人體生物場而出現的種種反應。説具體一點，就是當外氣通過手掌和手指發出去後，越過空間一旦接觸到對方的肌體，大部分外氣向縱深推進；其中一部分又迅速反回(即瞬間産生一種回波)，這種回波就是返饋信息。因此使用外氣探查病竈區的目的就有兩個，一是探查其經絡閉塞的程度，範圍與氣血流通的情況；二是瞭解各種不同的病氣種類性質及特點，是風寒？是濕熱？還是別的病症。

當外氣對病竈區進行探診時，因經絡閉塞的程度不同，對外氣的阻抗力與吸引力不同，手掌、手指將會出現各種不同程度的沉重或輕鬆感覺；另一方面，因病氣的種類與輕重程度的不同，診者的手掌、手指立刻就會出現各種不同的反應。如酸、麻、脹、疼、涼、熱及癢、重、鬆散、浮、沉、緊、針刺等各種不同的感覺。反之，在健康區，外氣受到阻力較小，行進通暢、輕鬆，基本上沒有什麼反應。

在探診患者病情的過程中，一些反饋信息是患者身上的各種病症的直接反應；一些反饋信息代表患者病情的某種象徵，若患者的患處脹痛、脹麻，接受反饋時，則手指就有麻感；若患處酸脹，則手指就有脹、酸麻感；若患處像針刺、刀扎一般地疼痛，則手指就有刺痛感。以上這種反饋信息就代表着患者的某種病象。如患者有風濕性關節炎，診者接受反饋信息的手掌，手指就有麻脹或酸脹的感覺。如風濕病中以風為主，則麻感突出，麻中帶脹；以濕為主，則有酸脹感；如風寒以寒為主，則有脹痛感。如遇胃潰瘍點，則手指有麻感，如潰瘍度較深，則手指有輕微的刺痛感；若胃虛則覺得有吸附感；如胃脹、小腹脹、肝氣鬱，則手指有外排感；若胃寒，手指脹而略有涼意；如骨質增生，手指則有輕微刺痛感；若遇腎結石、膽結石，手指則有短促的麻脹感；如遇腫瘤，手指有沉脹感或明顯的麻脹感；若患者體內燥熱，則手指有熱感；如患者局部寒冷，手就有涼意。

探診者根據患者這些反饋信息瞭解病情後，再經過對患者的詢問，對患者病史的瞭解，及各種病情臨牀的表現，然後進行綜合的分析，這樣才能較準確地對疾病作出正確判斷，達到確診的目的。

（五）外氣治病

前面講了氣功的探診，掌握了各種病竈的不同反應；現在筆者根據多年實踐經驗的切身感受，來談談放發外氣治療疾病的體會，以供讀者參考。

用外氣治病的方法很多，形式也各不一樣，但概括起來不外乎一個『照』字，所以『筋經功』又把外氣治病叫『照功』。要使用好『照功』，醫者必須做到以下幾點：

1、醫者本身必須具備內氣充實，這是根本。醫者經過正確的功法，長期地、嚴格地訓練以後，丹田之氣越聚越多，達到能聚能散，憑意念調動，運用自如，只有在此基礎上，方能發放外氣為人治療疾病。

2、外氣必須依靠意念才能提出體外，所以要調動強烈的意念；同時必須對發放外氣治療充滿信心，才可能施行。

3、內氣的運行，外氣的提出，用氣治療疾病，無一不循經絡穴位進行。因此練外氣治病必須首先熟習人體經絡、穴位及子午流注等知識，同時有意地加强內氣與外氣、丹田與穴位的聯繫，使經絡通暢，建立起意念、經絡、穴位三方面的條件反射，才能達到自如運用外氣的目的。

4、注意呼吸配合的作用。外氣發放常常以呼吸為動力，同時外氣的速度、流量等等，又要依靠呼吸的長短、强弱、多少、快慢來決定。所以習者必須能自如地運用呼吸配合外氣發放。

5、醫者必須能熟練地掌握和運用點穴法、按摩法、理法、撥法、擊法、補法、瀉法等等各種不同的手法，根據血液在人體內按子午流注的循環運轉時間，施以手法，點開病人的八大門後，才能以强烈的意念調動醫者自身的內丹之氣，直達病人的病竈區進行發功治療。至於發功時間的長短、次數，那就要根據病人的病情來決定。

近些年來氣功這門養身科學發展飛躍，在國內、國際上都形成了高潮，氣功功法層出不窮，『氣功大師』遍及每一個角落，發功治病之法各具特色。此處著重介紹筆者氣功治療方法『照功』。『照功』的手法主要有三種，分敘於下：

◉手照

手照即手掌之照。醫者待神定氣足之後，用强烈的意念將丹田所儲之真氣（內氣）調出，由任脈路線配合呼吸上行。穿過雙手三陰經，直達掌心的勞宮穴，或指尖十鮮穴，對準點開的門户，將真氣直達病人的病竈。手照是氣功治病中發放外氣的一般常用手法。

◉目照

目照是醫者待神定氣足之後，將內氣以强烈的意念集中於自己的雙目，炯炯注視病者的病竈區，從打開的門户，運氣注入病體。按病情輕重決定時間長短。

◉意照

意照又稱『心照』。醫者在氣足神定之後，面對病者，加强意念，調動內氣注其病處，閉目存神，將體內之真氣從打開門户注入病竈，按病情輕重決定時間長短。

在這三照之中，尤以『心照』為難，醫者沒有深厚的功夫是做不到的。其次是目照，醫者要做到目不轉瞬，也要經過艱苦的鍛鍊才能達到的。常用的照功中，一般是『手照』。當然如果功夫深、內氣充盈，也不一定用手。如指、掌、肘、膝均可。同時也可以調動內氣對準病竈徐徐吹之，仍能達到治癒疾病的目的。

還必須指出，道醫以氣功治病，對於需較長期治療之慢性疾病患者，除醫者以點穴、按摩及外氣治療之外，還可視病人年齡、體質情況，傳授一些適合的氣功修煉方法，使患者經過自身練功而增强體力，達到自我治療之目的。道家功法，首先是自我完善的功法，外氣治病，僅是用其餘力；而患者如能經過練功，增强自身元氣，才是從根本上調動自身積極因素戰勝疾病。為使讀者較具體瞭解道醫外氣治病之法，亦舉數例加以分析。

（六）氣功治療舉例

〔例二〕瓊瑤，臺灣著名女作家。一九八八年五月診治。因長期從事寫作工作，氣血運轉不佳，氣滯血瘀明顯，影響氣血、津的正常運行。

經檢查，頸椎四至六椎體，四至五腰椎體均有骨質增生現象，伴更年期綜合症的疾病，加之外出，旅途勞頓，睡眠不好，陰陽不調，病員全身疼痛，精氣內消，神志外礫，卧牀不起。

醫者認為除加强局部治療外，並對幾個經脈交匯的穴位如百會穴、肺俞穴、命門穴、膻中穴、關元穴、湧泉穴，進行點穴施治，調動全身氣血的活力，同時給以外氣治療。

治療方法

治療時間：上午巳時

（1）開門

醫者以點、理、劃、分、推的手當打開病者之天門、地門、氣門、血門、筋門。

（2）用理法、推法、擊法、分法，依次作用於百會穴、風池穴、大椎穴、肩井穴、鳳眼穴、脊中穴、腎俞穴、命門穴、三里穴、三陰交穴。

（3）推陽八卦七次。

（4）分頸椎七次。

（5）沿着督脈路線從胸椎一節直推腰椎五節，至底椎。

（6）醫者調動丹田之內氣沿任脈而上，通過手三陰經脈直達雙手勞宮穴，以强烈的意念將真氣發出體外，對準病員的百會穴、大椎穴、夾脊穴、命門穴、膻中穴、關元穴，共發動十分鐘，病員頓覺全身輕鬆、舒適、冷、熱二氣明顯交錯、迂迴，疼痛立止。

說明：本病由於氣血虧損，久坐傷陰而骨質增生，故採用綜合治療的方法，當然以發功為主配以開門點穴為輔，以達祛邪扶正，提高患者自身恢復能力，促進健康。

〔例二〕高敏，女，國際跳水健將。二十五屆奥運會前由於過度的訓練、比賽、體力消耗過大，加之腰部扭傷，經期紊亂，精氣内消。三亞氣候炎熱，每日頭昏，四肢發軟，厭食，醫者予以發功治療。

治療方法

治療時間：上午巳時。

（1）開門。開天門、開血門、開地門、開氣門、開水門。

（2）發放内氣。醫者調動内氣於雙手勞宮穴，左掌對命門右掌對準神厥，距離約四十公分成環抱狀，發功十分鐘，病員高敏感到涼、熱、脹、麻，治後全身舒適輕鬆，第二天食慾增進，頭腦清醒，隔天一次，連續三次，使患者完全康復，精神飽滿，精力充沛，奔赴二十五屆奧運賽場，又為中國奪一枚世界冠軍的金牌。

〔例三〕賴亞力，男，七十八歲，原外交部副部長，因在戰爭年月戎馬勞頓，傷痛復發，加之繁重工作，寒濕邪氣浸入，脊髓損傷，有震蕩、挫傷、撕裂等不同的病理變化，形成右腿肢體癱瘓、肌肉萎縮，不能行動。中醫學認為是由於五臟之血耗灼津液，使皮肉筋骨失其所養，加之跌僕損傷，督脈受損，帶脈不運而形成此症。醫者以發功治療為主，結合點穴按摩，藥功治療為輔的辨證施治。

治療方法

治療時間：隔日一次，每次為下午申時。

（1）理法，理手三陰經、手三陽經。

（2）劃法，以食指觸肌膚劃任脈、督脈、帶脈，劃脚三陰、三陽經。

（3）點開天門、地門、水門、氣門、筋門、骨門、血門、火門。

（4）摩揉右腿血海穴、鬼眼穴、陰、陽陵泉穴、太溪穴、崑崙穴。

（5）以强烈的意念調動丹田之氣運於雙手掌的勞宮穴，對準百穴，發功五分鐘，大椎穴發功五分鐘，夾脊穴發功五分鐘，命門穴發功五分鐘，神厥穴發功十分鐘，病者頓覺全身舒適；而醫者已疲困不堪。後敷以道醫『還魂散』於大椎穴，經兩次治療後，病者下地扶杖行走，三次治療後，甩掉拐杖自行，微有顛跛現象。經四次治療，恢復如常人行走，至今未發，同時囑病者習練《筋經功之陰陽昇降功》以鞏固療效。

〔例四〕熊倪，男，十四歲，國家高跳臺運動員，國際運動健將。二十四屆奧運前夕，由於訓練緊張，過度疲勞，血不養氣，腰部挫傷，行動困難，頭昏，惡心嘔吐，失眠，並有遺精現象。實屬血氣虧損，神經組織、血液循環受到嚴重影響。

醫者施以氣功治療。

治療方法

治療時間：寅時（三至五點）醫者施治於四點。

醫者於日四點，當病者正熟睡時，站在牀前，對準病者之百會穴、膻中穴、神厥穴，發功治療，共二十分鐘，病者醒來後感到全身輕鬆，精神飽滿。經三次治療，體力康復，投入訓練，十日後赴二十四屆奧運賽場，奪得世界男子十公尺跳臺亞軍。二十五屆大賽前，該員左踝關節受傷，經治療二次復康，並又奪得二十五屆奧運會男子跳臺季軍。

〔例五〕詹世昌，男，五十歲，泰國游協主席，曾是游泳、水球運動員，有過關節受損，近年來先是關節疼痛，日漸加劇，且紅腫，疼痛如火燒火燎，難以忍受。繼而頭髮眉毛相繼脫落，手足關節變大，手足掌指漸成爪形，不能伸屈，出現硬化，後來疼痛從關節蔓延至皮膚，皮膚變為黑色，每疼痛後，表面起一層硬殼，脱屑如雪下。這種少見之病使患者十分痛楚，感到絶望。曾奔走於歐美及東南亞各國求名醫治療，一年有餘，花費數十萬元，但療效不佳，深為失望，靠服激素度日，認為自己得『不治之症』。

一九八七年，全國第六屆全運會在廣州舉行。國家體委領導人介紹筆者為痛苦萬分的詹先生診治。經醫者細緻診斷，判斷詹得的是『類風濕串皮症』。

醫者施以道家氣功與藥功治療。

治療方法

治療時間：晚上子時。

（一）施以劃法，順經絡進行。

（二）打開天門、地門、筋門、血門、水門、氣門。

（三）發放内氣沿着全身經絡移動進行，約二十分鐘。開出道醫『追邪祛疾』藥方，内服中藥三十副；並配合以道家仙方『五枝湯』久熬水浸泡全身三十至四十分鐘，經發功多次，藥物治療配合，十四天後，關節與皮膚疼痛大減，不再起殼掉屑，並逐漸痊癒。患者絶口稱讚：『中國道家醫術真是神妙之極。』

〔例六〕穆靜德，男，六十四歲。成都軍區幹部修所軍級幹部，因曾患腦血栓後遺症引起右偏癱已兩年，於一九八八年四月七日求治，當時醫者正在華西醫學院為學生講課。

十四點二十三分，由兩人將病員扶進教室，醫者當即現場治療，為學生上了一堂生動的道醫氣功治癱的實踐課。

經醫者診斷：病者情志抑鬱，精氣虧乏，為其發病因素。病者右下肢體伸直性痙攣，膝關節僵直，背屈功能障礙，整肢出現冷、麻、軟等現象。

治療方法

治療時間：未時。

(一) 開門：開天門、地門、筋門、血門、氣門。

(二) 發功治療：

醫者對準病者大椎穴、膻中穴、命門穴、環跳穴各發功八分鐘左右，要病人丟掉拐杖，不要人攙扶，患者戰戰兢兢來回走動四次，最後醫者要他自己走進轎車，衆人驚嘆！

該員回家後不久寫來一封感謝信，稱一次治療後，即見成效，丟了拐杖，無人攙扶，自己來回走動，還能一人上樓，全家感恩不盡。

〔例七〕李端凡，男，五十六歲，成都電機廠幹部

一九八四年患類風濕關節炎，以後病情逐漸加重，長期多次住院，經中、西醫治療，療效不明顯，後又出現壓縮性骨折，（X片報告）雙下肢放射性疼痛，終日卧牀，友人介紹求治於醫者。

醫者認為：本病例患病時間長、症狀重，故除發功外，還必須配合綜合治療方法。

治療方法

治療時間：下午申時。

（1）開門：開天門、血門、風門、筋門。

（2）點穴：點藏穴、風池、大椎、夾脊、環跳、白蟲、膝眼、膝窩、承山、三里、太溪。

（3）分法：從病者頸椎一直分至呂尾。（註：沿各椎體兩邊均勻地分理。）

（4）對準大椎穴、夾脊穴、命門穴、關元穴發功治療共十五分鐘。

（5）外敷道醫『還魂通絡散』並加麝香……等藥物，經二次治療，疼痛減輕。三次治療，疼痛大減，四次治療後疼痛消失，五次治療後起牀行走；七次治療後上班工作。單位及本人家屬寫來了熱情的感謝信。

多年來，筆者治癒之癱症、雜症、難症等，數以百計，由此可知道家按摩、點穴氣功等醫術，確實有着獨特的神奇療效。

實踐證明道家氣功在治療癱症上有獨到之處，醫者認為，它可以消除或減弱不良反射抑制過程，包括大腦皮層功能性——精神性的抑制過程，植物神經系統的抑制過程，從而提高病人的情緒。改善睡眠和食慾，增强全身抵抗力，起到扶正祛邪的作用。同時氣功治療可以加强運動和感覺神經衝動的傳遞，即疏通經絡，對不完全性的截癱，還可以促進運動和感覺功能的恢復；可以促進癱瘓肢體的血液循環，起到活躍氣血的作用，進而改進肌肉的新陳代謝，恢復麻痹肌肉的能力。對痙攣性癱瘓亦可以緩解痙攣。當然根據不同的病情，還必須教患者習練適應病情的功法，練功自療，才能收到良好治療效果。

十、道醫方劑舉要

道家醫學，經數千年實踐積累，秘方秘訣頗多，成為中國醫學寶庫中之燦爛明珠，為民造福，世代相傳，其理法方藥，多為家傳師授，為更好繼承發揚道教醫學遺產，這裏將筆者多年來師授家傳之部分方劑公諸於衆。宋明以來，道教與武家進一步結合，修道與練武相表裏，故道醫自明清以來，尤長於傷科治療，其方劑亦以傷科、外科為其特色，故這裏匯集道醫方劑，亦以傷科醫方為主，兼及五官疾患及雜症。必須指出，這裏所列方劑，均為長期實踐證明效驗顯著，其方劑組成之特色，藥物君臣佐使之作用，有心之讀者可詳審焉。

道醫和中醫治病從方法上，理論上基本相同，都是從整體出發，十分重視病人的身體素質和體力，把疾病看成是一個正、邪相搏的過程。也就是説經過治療後，正氣戰勝了，疾病也就痊癒了；如果邪氣戰勝，就會導致病情加重，甚至死亡。所以《內經》提出了一個綱領：『虛則補之，實則瀉之』。補是扶持正氣的不足，瀉是驅除邪氣的侵害；補瀉之中又有各種方法，本著虛就用補，實就用瀉，或虛、實同時存在，醫者就應根據具體情況或先補後瀉，或先瀉後補，或補瀉並用。

凡是從正面進行治療，使用與病情相反性質的一種治法，不論補還是瀉，這種方法均稱為『正治』。凡是使用與病情性質相一致的治法則稱為『反治』。具體地說：正治法就是寒症用熱藥；熱症用寒藥；症狀呈現乾燥的用滋潤法，拘急的用舒緩法，耗散的用收斂法。一般說反治的運用較少，實質上正治和反治的性質是一致的。在運用這兩種不同的方法之前，瞭解病人的病因和症狀是最為重要的。隨着醫學事業的不斷發展，後人所創立的許多治療方法，基本上還是以《內經》作為根據並加以推廣應用的。

至於正治和反治的具體應用，在《內經》中已有比較詳細的提示，特別是關於病因方面如『寒者熱之，熱者寒之；客者除之；勞者温之；實者散而瀉之』；症狀方面如『堅者削之，結者散之；驚者平之，慓悍者按而收之』均為正治之法。至於『寒之而熱者取之陰；熱者而寒之取之陽』，則為反治。在道醫方劑中，可以看到，正治反治均有運用，以充分發揮藥物的作用，達到扶正祛邪，補虛固本，驅毒療疾之目的。

以下介紹若干方劑組成及運用。

（一）傷科方劑

搽藥，用藥所泡的水或酒搽於受傷體表。藥物大多由藥與純高粱酒、醋經過一定的時間浸泡而成，（酒與醋的比例一般是八比二）用於按摩、推拿手法的前後，對患者體表局部的搽洗。其作用在於舒筋活絡追風祛寒濕。常用的有舒筋活絡藥水，活血酒，茴香酒等等。

方一、舒筋活絡藥水

〔功能主治〕活血舒筋，祛風通絡，主治筋絡攣縮，筋骨酸痛，風濕麻木。

〔處方組成〕

生大黃四十克　生南星二十克　生梔子四十克　生川烏四十克　生草烏四十克　生半夏四十克　生木瓜四十克　生蒲黃三十克　羌活四十克　獨活四十克　路路通四十克　樟腦三十克　蘇木三十克　赤芍二十克　紅花二十克　白酒三千五百克　米醋七百五十克

將上述藥在酒醋內浸泡七天，（封閉嚴密）裝入瓶中備用，在受傷局部搽本藥水，亦可結合推拿，按摩使用。每日三至五次。

方二、活血酒

〔功能主治〕舒筋活血，祛風通絡，主治關節疼痛，活動受限制，風寒濕痹等症。

〔處方組成〕

伸筋草十二克　透骨消十二克　羌活十二克　獨活十二克　川桂枝九克　川烏九克

將藥置於鍋或盆中加水煮沸十五分鐘後，去掉藥渣取汁，加溫以蒸氣熏患處二十分鐘後，待水溫降至攝氏四十五度時浸泡洗患處。

本法能使關節筋絡舒鬆，活血止痛，尤其對關節強直，痙攣，酸痛麻木或損傷夾濕者，均有顯著療效。此法多用於四肢關節傷痛。

方三、散瘀和傷湯

〔功能主治〕治一切跌打損傷，瘀血積聚，散風祛寒。

〔處方組成〕

番木二十克　紅花二十克　生半夏二十克　骨碎補十四克　甘草十二克　蔥鬚五十克

以上藥加水五碗煎沸，再加醋一百克熬開後熏洗患處，每日三至四次。

草烏九克　全當歸十二克　紅花九克　桑枝九克　紫草九克　虎仗九克　絡石藤九克

地鱉蟲六克

將上藥用高粱酒浸泡，約一週時間即可外用。用時先以熱水洗淨患處，再搽此藥酒，每次搽十分鐘左右，每日二至三次。

方四、茴香酒

〔功能主治〕治一切扭、閃、挫傷、腫痛、消瘀、活血、追風、驅寒。

〔處方組成〕

茴香二十克　丁香十六克　樟腦二十克　紅花十二克　白酒六十克

將上藥用白酒浸泡後，去渣取酒，用棉花蘸藥酒塗搽患處，每日二至三次。

方五、海桐皮湯

〔功能主治〕治一切跌打閃挫扭傷及筋傷骨錯疼痛。

〔處方組成〕

海桐皮八克　透骨消八克　乳香八克　當歸三克　川椒十二克　没藥八克　川芎四克

紅花四克　白芷三十克　威靈仙三十克　防風三十克　甘草三十克

將上藥共為細末裝布袋内煎湯熏洗患處，每日三至四次。

方六、八仙逍遙湯

〔功能主治〕治跌打損傷，腫硬疼痛及一切冷熱風濕筋骨疼痛。

〔處方組成〕

防風四克　荊芥四克　川芎四克　蒼朮十二克　川椒十二克　丹皮四克　甘草四克　苦參十八克

將以上藥物煎水熏洗，每日三至四次。

敷藥是道醫在傷科、瘍、癰、疔、疽、毒、痹、瘤、癌等應用最多的一種治療手段。它可分為膏藥、藥膏、藥膠、藥粉（散）等數種。一般都是先將藥物烘乾碾成細末，加蜂蜜、油、水、酒、醋或用凡士林、葱、薑等製作，按病情部位，配一定的比例、厚度，調勻後塗敷患處。傷科敷藥的種類很多，按其功效有消瘀止痛、舒筋活血、接骨續筋、生肌長肉、溫筋通絡、祛風利濕等。大部均在損傷早、中期應用。

方七、消瘀止痛藥膏、散

〔功能主治〕主治骨折及急性扭挫傷，退腫止痛。

〔處方組成〕

大黄十五克　梔子四十克　地鱉蟲四十克　乳香四十克　没藥四十克　蒲公英八十克

以上藥共碾為細末，加飴糖或凡士林油膏調敷患處，每日一次，二十四小時後換藥再敷。

方八、消腫散

〔功能主治〕治傷後血腫，肌膚烏黑，局部發熱疼痛等症。

〔處方組成〕

黄柏二百克　薑黄一百二十克　大黄一百二十克　蒼朮二百克　陳皮一百二十克

香附一百二十克　透骨一百二十克　散血草一百二十克　甘草四十克

以上藥共碾為細末，局部青腫者用酒、醋調敷；灼痛者用水、蜜調敷，每日換藥一次。

方九、接骨續筋藥膏

〔功能主治〕治骨折、骨斷、骨裂、骨碎及筋斷等症。

〔處方組成〕

自然銅一百二十克　荆芥一百二十克　防風一百二十克　五加皮一百二十克　皂角核一百二十克　茜草一百二十克　川斷一百二十克　羌活一百二十克　獨活一百二十克　乳藥八十克　肉桂八十克　白芨一百克　血蝎一百六十克　硼砂一百六十克　螃蟹（殼）一百六十克

將上藥碾為細末，用蜂蜜調敷患處，二十四小時換藥再敷。

方十、紅玉膏

〔功能主治〕治一切瘡、毒、傷口、潰瘍，能生肌長肉、止痛。

〔處方組成〕

紫草八十克　乳香八十克　没藥八十克　象皮八十克　當歸八十克　生地一百六十克　甘草十五克　合歡皮八十克　麻油二百五十克

以上藥物用麻油炸枯去渣，再入黄占一百二十克、白占八十克、白蝎十六克，製成軟膏外敷患處，每日換藥一次至癒為止。

方十一、活血散瘀散

〔功能主治〕治跌打損傷、瘀血停滯、腫痛、陳舊傷痛及風寒濕痹、血滯筋脈不舒者，可外敷也可內服。

〔處方組成〕

乳香二十五克　没藥二十五克　羌活十五克　楠木香十克　厚樸十五克　川烏五克　草烏五克　尖貝母十克　白芷四十克　麝香五克　當歸四十克　紫荆皮四十克　川芎二十五克　獨活二十五克　續斷二十五克　生香附二十五克　甲珠十五克　自然銅二十克　木瓜二十五克　上安桂十五克　血竭二十五克　真虎骨二十五克　小茴香十五克

將藥碾為細末後，用藥粉二十五克泡酒一斤，服藥時摇蕩酒瓶，連藥粉並服。成人每次服藥酒十五克，早晚各一次，體弱者劑量酌減。外用時以開水調藥粉為糊狀，用牛皮紙貼敷患處，敷藥如銅錢厚，輕傷宜薄，重傷宜厚，隔一至二日換藥一次。

禁忌：孕婦及熱者忌内服。

方十二、碧玉膏

〔功能主治〕功能清洩濕熱，解毒消腫，主治濕熱内蘊，肌膚紅腫及伴濕疹起瘰作癢者。

〔處方組成〕

青黛百克　大黄百克　熟石膏百克　黄柏百克

將藥碾為細末，和勻，用凡士林油調成軟膏，攤於紗布敷料上，貼患處，二日換藥。

方十三、黑虎丹

〔功能主治〕功能祛瘀軟堅散結，化痰消腫，解毒。主治積疼結成塊；骨節黏連活動受限，及無名腫毒堅硬疼痛者。

〔處方組成〕

爐甘石百克　五倍子百克　炙山甲百克　乳香百克　没藥百克　輕粉百克

兒茶百克　梅片百克　腰黃百克　全蝎百克　麝香百克　蜘蛛百克　蜈蚣百克

經炮製後碾為細末，和勻收藏，宜密封，摻與三色敷藥，隨時使用。

方十四、桂麝丹

〔功能主治〕温筋散寒，活血止痛。主治一切損傷，日久筋骨酸痛和風寒痹症疼痛。

〔處方組成〕

廣香二十克　肉桂十五克　公丁香十克

將上三藥各碾為細末，和勻收貯，摻藥或摻於藥膏中，膏藥上，敷藥中均可，二日一換。

方十五、跌打新傷藥

〔功能主治〕主治跌打新傷，百用百靈，極為神效。

〔處方組成〕

麝香五克　三棱十克　峨朮十克　山楂十克　甘松十克　細辛十克　紫荊皮十克
公丁香十克　桂枝十克　紅花十克　三七十克　羌活十克　獨活十克

將上藥碾為細末，貯藏於瓶內。日服三次，每次十克至十五克，用童子小便送服。服藥期忌房事，孕婦禁用。

方十六、止血癒合方

〔功能主治〕主治凡破皮流血不止，傷處青腫疼痛者，療效特佳。

〔處方組成〕

血蝎九克　當歸九克　膽南星十五克　雄土鱉十二克　没藥二十四克　馬錢子四個（微炒）　龍骨九克　南紅花十五克　川羌活九克　螃蟹骨九克　淨乳香三十克　防風十五克　金絲毛二十四克　三七三克　白芷十五克　七葉一枝花十五克　菖蒲九克　昇麻十五克　冰片九克

將上藥碾為細末，入瓶備用。使用時用老陳醋調敷患處，或唾液調和後敷患處亦可。敷藥後約五分鐘即會止血，痛消。此方經多年屢次使用，療效尤為突出。

方十七、青城山仙傳接骨散

〔功能主治〕主治接骨生新，長期骨痂不形成，有消腫止痛、舒筋活血之功效。

〔處方組成〕

一方、

生半夏二百克　炮製六次即成。

炮製方法：

第一次用淘米水浸泡三日（冬季五日）

第二次用鹽水浸泡一日（冬季三日）

第三次用醋浸泡一日（冬季三日）

第四次用童小便浸泡一日（冬季二日）

第五次用黃酒浸泡一日（冬季二日）

第六次用薑汁浸泡一日（冬季二日）

再加黃芩二百克，共碾為細末，用老酒吞服，若係腫痛患者，用醋調敷外傷處即可。

二方：小公鷄一隻（重五六兩連毛）。取五加皮五十克同鷄一併搗爛，為糊狀敷傷處，一柱香時解下，後用山螃蟹二百克、白酒一碗、煎成膏敷之，再以大瓦松煎酒服，對骨折患者療效尤為顯著。

方十八、碎骨方

〔功能主治〕主治骨折、骨碎、骨裂及骨膜損壞，有活血長肉之功效。

〔處方組成〕

紫靈芝一棵　遠志四十克　狗脊四十克　自然銅三十二克　五加皮三十二克　蘆根二十四克　紫河車一具　茜草三十二克　仙茅三十二克　白簽草二十四克　土苓六十克　粉丹六十克　獨活六十克　老鷹爪一雙　白芍八十克　甘草二十克　生地十六克　羌活六十克　骨碎補六十克　當歸九十克　茅根二十克　續斷六十克　川牛膝二十八克　白附子二十八克　地鱉蟲十四個　澤蘭四十五克　紅花三十二克　防風六十克

白芨三十二克　香油七百五十克　麝香十五克　乳香六十克　没藥六十克　肉桂三十二克　冰片十六克　煅象皮十六克　黄丹二百八十克　三七四十克

將麝香以下七藥共碾成細粉，其餘之藥熬成黑色膏藥，使用時將細粉放在膏藥内，外貼骨傷處。經多年使用，此藥效特佳。

方十九、痹痛散（湯）

〔功能主治〕功能通筋絡，祛風濕，主治風濕阻滯，肌肉筋骨酸痛等症。

〔處方組成〕

絡石藤九克　鷄血藤九克　海風藤六克　天仙藤六克　桑枝九克　全當歸九克　南川芎九克　川牛膝九克

將以上各藥碾細成粉末，可用熱酒調敷患處，可煎水内服，也可將所煎之藥水洗敷患處。

方二十、續骨生痂散

〔功能主治〕主治續骨生新、消腫止痛。
〔處方組成〕
狗骨頭五十克　透骨乾五十克　海馬五十克　松香三十克　五倍子三十克　大風子三十克　蟬蛻五十克
將以上七藥碾為細末，用白酒浸泡十至十五日之後，再用藥酒洗擦患處。嚴禁內服。
方二十一、青城山道家接骨續斷方
〔功能主治〕主治跌打損傷，垂死可救，勿食鷄肉。（註：臨牀觀察用此方食鷄肉易得併發症）。
〔處方組成〕
荆芥、黄蠟、魚鰾膠（炒黄）各十五克　艾葉三片　無灰酒（三碗）煮熬四十分鐘，熱服後患者若出汗即生效。
方二十二、損傷筋骨方
〔功能主治〕主治筋骨損傷，腫脹疼痛、難忍者。
〔處方組成〕
黄榔刺根（又名鑽地風、黄泡刺根）七十克，紅曲粉六十克，老山枝一百克，共碾為末，用糯米飯同搗爛成糊，敷患處，並用杉樹皮作夾板包紮固定，以免骨折外移位，形成畸形，導致功能喪失。

方二十三、治傷驗方

〔功能主治〕骨損、骨裂、紅腫、疼痛。

〔外方組成〕

小公鷄一隻（連毛重五、六兩），五加皮四十克，同搗爛為糊狀，敷在傷處四十五分鐘後解下，後用山枝十克，五加皮十五克，酒一碗煎成膏；再以大瓦松煎酒服之。此方多年來百用百靈，實乃神效。

方二十四、仙傳膏

〔功能主治〕主治打後重傷，死血瘀結，嘔逆不進食物，神志昏迷，及夾傷肉爛，貼此膏有起死回生之功效。

〔處方組成及製用〕

乳香五分（去油）　沒藥七克（去油）　樟腦七克　輕粉十點五克　血竭十點五克

冰片三克　麝香一分　黃蠟四十克　猪油一百克

將以上七藥共碾成末後，將蠟油同化，調成膏貼患處一日一夜即甦醒。

〔附〕道家青城山四季金瘡秘藥方

道家四季金瘡藥方的應用，是根據四季氣候的辨證治療而實施的，它包括外洗、外敷，內服治療瘡口感染潰瘍期、肉芽形成期，以防治感染，如加用三黃散、三黃敗毒散、消風敗毒散及温涼散，以促使受傷部位生肌、收口，如春、夏、秋、冬四季合口藥粉，進行醫治。

這些藥方是根據四季不同的氣候條件，分別在常用的藥方中，加進祛風、清熱、活血、解毒、潤燥及温筋散寒的藥物。這就充分説明了治療潰瘍創面，不僅要根據身體條件，局部辨證，同時還要根據所處的環境，氣候的不同變化，而施行四季各種不同的藥方。從這裏也充分反映了在中國的道家醫學中，道醫治傷科極其寶貴的經驗。

春天屬木，木能生火，醫者應當先祛風清火；有膿血用『三黃散』洗淨傷口之後，又將新鮮猪油同艾葉搗爛敷在傷口上，然後再用合口藥物敷之即癒。

方二十五、三黃散

〔功能主治〕主要用於洗淨膿血。

〔處方組成〕

金銀花十六克　歸尾十六克　大黃十四克　黃柏十三點五克　黃芩十三點五克　赤芍十三點五克　荊芥十三點五克　薄荷十三點五克　山慈姑十三點五克　甘草十三點五克　防風三點五克　黃連三點五克

將以上各藥煎湯洗患處後，再以春天合口藥粉敷患處。

方二十六、春天合口藥粉方

赤石脂、乳香（去油）、没藥（去油）各一兩，血蝎、杉木灰各五錢，胎髮灰二錢（指新生嬰兒頭髮燒成的灰）共碾為末，敷患處。

夏天屬火，以去熱為主，藥宜涼，若有膿血用『三黃散、敗毒散』洗之，後敷夏天合口藥。

方二十七、三黃敗毒散

〔處方組成〕

金銀花十四克　防風十點五克（燒灰）　杉木蕊十點五克（燒灰）　黃蓮十點五克　黃嶺九點五克　赤芍七克　黃柏四克　共煎水，待冷即洗之。

方二十八、夏天合口藥方

〔處方組成〕

黃柏十克（去油）　没藥十克（去油）　海螵蛸十克　赤石脂十克、觀音竹各五錢（盆景用栽培的竹）　冰片（少許）　珠砂各七克共碾為細末，敷患處。

秋天氣涼，若有膿血，用『温涼散』洗之後敷合口藥即癒。

方二十九、温涼散

〔處方組成〕

連翹十點五克　赤芍十點五克　羌活十點五克　茯苓十點五克

穿山甲七克　川連七克　山枝仁四克　桃仁四克　防風四克　甘草四克
將上藥用水煎洗患處後，敷秋天合口藥。
方三十、秋天合口藥粉
〔處方組成〕
松香（水製）海螵蛸　生半夏三點五克　赤石脂三點五克　白蠟三點五克
雄黃十六點五克　花龍骨十六點五克　兒茶十六點五克　血竭七克
將以上各藥共碾為末，敷患處即癒。
冬天氣寒，藥宜近熱，切不可以寒涼凝血，先用『消風敗毒散』洗之，再敷冬季合口藥粉。
方三十一、消風敗毒散
〔處方組成〕
芒硝七克　皮硝（即樸硝）七克　荊芥七克　穿山甲七克　檳榔七克　草烏七克　赤芍七克　甘草七克
將各藥用水煎洗患處，敷冬天合口藥。
方三十二、冬天合口藥粉
〔處方組成〕

花龍骨一百克（火煅）　赤石脂十六點五克　雄黃五十克　頭髮灰十六點五克

象皮三點五克（水製切片紙包煨）　血竭三點五克

將以上各藥共碾為末，調敷患處即癒。

（二）五官雜症方劑

道教秘傳方劑中，還有一些醫治五官雜症之方，效果亦佳，現摘錄如下：

治眼病方

方三十三、損目破睛方

（功能主治）主治眼睛外損破。

（處方組成）取牛口涎（牛口中唾液），每日點兩次入眼內，堅持七日自癒。

注意事項：在用藥期間必須避風，若黑色睛體破者，以此療傷同樣可癒。

方三十四、洗青盲方

眼睛外觀無異常，但視力模糊，甚至失明，西醫稱為視網膜發炎，或視神經萎縮等症。

（處方組成）

取青桑葉（新研焙乾）燒灰，存性，放於盆子內，煎熬二分鐘，倒出澄清後，濕熱洗目，直到視力恢復。

方三十五、石膏羌活散

〔功能主治〕主治久患雙目不明，內外氣障，風昏，睫毛倒捲，一切眼病。

〔處方組成〕

羌活、荊芥、白芷、棠木、細辛、蒼朮、甘菊、密蒙花、菜子、麻子、木賊草、黃芩、石膏、甘草各五十克，共碾為細末，每日服：三——七克，食後臨睡前，蜜水調和吞下，連續服藥三月之內，眼病可痊癒。

方三十六、羊肝丸

〔功能主治〕主治一切睛生內障（白內障）。

〔處方組成〕

夜明沙二十五克（淘淨）　蟬蛻二十克　木賊草三十克（去節）

當歸三十五克（酒洗）　羊肝一百四十克（煮，或生用）

用羊肝去筋膜，水煮後搗爛和成丸，每丸重三克，早晚各服一丸，百日後內障自退。

方三十七、又方

〔功能主治〕主治白翳遮睛，視物不明。

〔處方組成〕

紅桐麻米五十克　蕺耳根一百克　木賊草五十克　炖豬肉內服，每日三次，飯後食，每次一小碗。

治耳病方

方三十八、灌耳心方

〔功能主治〕主治耳心發炎，出濃，或流黃水及久治不癒者。

〔處方組成〕

海浮石七克　枯礬五分　麝香二厘。

將海浮石碾細，再加枯礬，麝香合調均勻待用。洗淨耳內膿液，用吹粉器吹入耳內，每日二次，每次適量，直到痊癒為止。

方三十九、又方

熟葡萄一斤。將熟葡萄去皮，取汁液，過濾收入瓶中待用。

用棉簽洗淨濃液，將藥水滴入耳中，病情重者可加少許冰片，若頭部腫者，可內服銀翹散。每日三次，治癒為止。

方四十、主治灌耳流血不止

藥物：石榴花

製法：將石榴花放在瓦上焙乾，碾為細末，加入少許冰片碾細和勻。
用法：用吹粉器吹入耳中，每日三次（每次適量）。

方四十一、耳心痛方

主治：耳心痛、腫大。
藥物：石燕十七點五克。
製法：磨水備用。
用法：滴入耳中，每日三次，直到痊癒為止。

治口中疾病方

方四十二、熏舌方

主治：舌下腫硬，妨礙吞食及語言。
藥物：蒲黃四克。
製法：碾為細末。
用法：用銀針一根，將舌下腫處刺出血，然後灑上藥粉[illegible]。

方四十三、喉風、喉痺方。

主治：喉風、喉痺、喉爛等症。
藥物：櫻桃三斤。

製法：將櫻桃放在瓷缸中，任它腐化成水，去掉殼蒂，封固後埋於地下備用。

用法：用一茶匙滴藥水入口中，慢慢嚥下，用三斤櫻桃製成的水服完後，喉痛自癒。

方四十四、喉頭腫脹方

主治：喉頭腫痛，聲音嘶啞。

藥物：玉簪花葉五張。

製用：將玉簪花葉五張搗爛，沖冷開水取汁服完後自癒。

方四十五、齒痛方

主治：牙齒久痛不癒。

藥物：蒺藜五十克（用布包）　紅活麻頭二百克，骨碎補一百克（用布包）。

用法：將上藥煎水炖猪泡泡肉内服（藥内不加鹽）加冰糖，如無猪肉只加冰糖也可。每日三次，飯後服，可立即止痛。

方四十六、治牙痛急方

藥物：花椒一點五克　細辛一克　白芷、防風各三點五克。

將上藥一起，用鮮開水泡透。

用法：時時含藥入口，片刻吐去再含，再吐，直到不痛為止。

方四十七、陰虛牙痛方

藥物：生附子七克，碾末，口水調敷雙脚心，三十分鐘內立即止痛，神效。

方四十八、風熱上蒸牙痛方

主治：風熱上蒸、牙腫、脹痛、頭痛。

藥物：連翹、滑石、銀花、西瓜皮、青皮、生豆豉皮、鮮蘆根各藥十克，煎服，每日三次即癒。

治鼻藥方

方四十八、主治鼻淵症

藥物、鵝不食草（適量）。

用法：將藥搓爛後塞鼻孔。

方四十九、主治鼻流血不止

取人頭髮一撮，燒灰成性，碾細，沖涼水一碗服下，取少量細末吹入鼻中。

又法：取細線一根，將中指第二節紮緊，左鼻孔出血紮左中指，右鼻孔出血紮右中指；若雙鼻孔出血，紮雙手中指二節，血立止。

再法：以大蒜搗爛，製成小餅狀，貼脚心。（湧泉穴）血自止。

方五十、治風濕痹症方

〔功能主治〕主治風濕痹症，關節腫痛。

〔處方組成〕製川烏七點五克　地龍十六克　黑豆二十粒，麝香二分五厘。

用法：將上藥共碾為細末，用米糊作丸狀如綠豆大，每日臨睡前服藥一次，每次七粒，溫酒吞服，直到關節無腫痛後停藥。

方五十二、風濕腰痛方

〔功能主治〕主治風濕性腰痛，不論時間長短。

〔處方組成〕將松毛燒灰，趁熱氣用布包熨腰部，每日二至三次，此法簡單，一用就靈。

方五十二、治冷骨風方

〔功能主治〕主治受風即痛

將桑柴燒成炭後，火炭燒紅時取出放在地上成一長條形，再噴水於炭面，用熱氣熏蒸病人腿、足。腿面可用棉衣搭好，使熱氣不外洩，移動腿部熏氣，數次則癒。

方五十三、救絕仙丹

〔功能主治〕主治突然昏倒之假死，及各種病邪作祟，有起死回生之效，堪稱絕方。

〔處方組成〕菖蒲七克　人參七克　紅花三點五克　製半夏十點五克　皂角刺三點五克

茄葉七克　麝香七克　山羊血七克

〔製用說明〕將以上各藥碾為細末，製成蜜丸龍眼核大，在每年『端午』之日配製好，共十丸，急救時以酒化開，灌入患者口中，可見奇效。

方五十四、治痢疾神方

〔功能主治〕主治急性痢疾，便膿血，一日數十餘次，此藥功效顯著，一服即癒。

〔處方組成〕白芍七十克　當歸七十克　積殼七克　檳榔七克　甘草七克　木香三點五克　滑石粉十點五克　蘿蔔籽三點五克

〔製用說明〕將以上各藥用水煎服，每日一劑，每劑服三次，當病人服一劑後，病症減輕，連服三劑後痊癒。此藥服後立即止泄，堪稱治痢神方。

方五十五、長髮方

〔功能主治〕主治禿頭，長期不生頭髮。

〔處方組成〕取羊屎不拘多少，鯽魚一至二條。

〔製用說明〕將羊屎裝入鯽魚腹中，用瓦缸固定，密封不讓漏氣。三至五日後取出羊屎燒灰，再用香油和羊屎灰調合塗頭部，此法療效神奇。

後記

道教醫學是中華文化寶庫中閃耀異樣光彩的明珠，是傳統醫學中有著鮮明特色的重要流派，對道教醫學的研究與整理，對深化宗教文化研究及弘揚傳統醫學，均有著重大的意義。因此，當中華道學文化中心在組織中華道學文化系列時，我們十分欣然地接受了《道醫窺秘》一書的編撰任務。鑑於對道教醫學。

這一課題過去還少有系統研究的著述出版，因而我們是抱着探索的態度，來作一次開創性的嘗試。本書上編側重道醫淵源、特色及基本理論的研究與闡述，下編側重道醫診療技術及秘傳方劑的探討與介紹。引言及上編為成都體院體育史研究所教授曠文楠撰稿，下編為四川省文史研究館館員王慶餘撰搞。慶餘少年時代從道教名家青城山歡喜道人李永宏學武、練功、習醫，得道家醫療真傳，數十年從事醫療實踐，故本書亦為點滴經驗之總結。本書的編寫與出版，得中華道學文化中心及四川人民出版社的大力支持與熱情關懷，特此致謝！本書課題實屬開創，不當不足之處，切望讀者不吝教正。

作者

3. 上班女性的壓力症候群	池下育子著	200 元
4. 漏尿、尿失禁	中田真木著	200 元
5. 高齡生產	大鷹美子著	200 元
6. 子宮癌	上坊敏子著	200 元
7. 避孕	早乙女智子著	200 元
8. 不孕症	中村春根著	200 元
9. 生理痛與生理不順	堀口雅子著	200 元
10. 更年期	野末悅子著	200 元

・傳統民俗療法・品冠編號 63

1. 神奇刀療法	潘文雄著	200 元
2. 神奇拍打療法	安在峰著	200 元
3. 神奇拔罐療法	安在峰著	200 元
4. 神奇艾灸療法	安在峰著	200 元
5. 神奇貼敷療法	安在峰著	200 元
6. 神奇薰洗療法	安在峰著	200 元
7. 神奇耳穴療法	安在峰著	200 元
8. 神奇指針療法	安在峰著	200 元
9. 神奇藥酒療法	安在峰著	200 元
10. 神奇藥茶療法	安在峰著	200 元
11. 神奇推拿療法	張貴荷著	200 元
12. 神奇止痛療法	漆 浩 著	200 元
13. 神奇天然藥食物療法	李琳編著	200 元

・常見病藥膳調養叢書・品冠編號 631

1. 脂肪肝四季飲食	蕭守貴著	200 元
2. 高血壓四季飲食	秦玖剛著	200 元
3. 慢性腎炎四季飲食	魏從強著	200 元
4. 高脂血症四季飲食	薛輝著	200 元
5. 慢性胃炎四季飲食	馬秉祥著	200 元
6. 糖尿病四季飲食	王耀獻著	200 元
7. 癌症四季飲食	李忠著	200 元
8. 痛風四季飲食	魯焰主編	200 元
9. 肝炎四季飲食	王虹等著	200 元
10. 肥胖症四季飲食	李偉等著	200 元
11. 膽囊炎、膽石症四季飲食	謝春娥著	200 元

・彩色圖解保健・品冠編號 64

1. 瘦身	主婦之友社	300 元
2. 腰痛	主婦之友社	300 元
3. 肩膀痠痛	主婦之友社	300 元

4. 腰、膝、腳的疼痛		主婦之友社	300 元
5. 壓力、精神疲勞		主婦之友社	300 元
6. 眼睛疲勞、視力減退		主婦之友社	300 元

・心想事成・品冠編號 65

1. 魔法愛情點心	結城莫拉著	120 元
2. 可愛手工飾品	結城莫拉著	120 元
3. 可愛打扮 & 髮型	結城莫拉著	120 元
4. 撲克牌算命	結城莫拉著	120 元

・少年偵探・品冠編號 66

1. 怪盜二十面相	（精）	江戶川亂步著	特價 189 元
2. 少年偵探團	（精）	江戶川亂步著	特價 189 元
3. 妖怪博士	（精）	江戶川亂步著	特價 189 元
4. 大金塊	（精）	江戶川亂步著	特價 230 元
5. 青銅魔人	（精）	江戶川亂步著	特價 230 元
6. 地底魔術王	（精）	江戶川亂步著	特價 230 元
7. 透明怪人	（精）	江戶川亂步著	特價 230 元
8. 怪人四十面相	（精）	江戶川亂步著	特價 230 元
9. 宇宙怪人	（精）	江戶川亂步著	特價 230 元
10. 恐怖的鐵塔王國	（精）	江戶川亂步著	特價 230 元
11. 灰色巨人	（精）	江戶川亂步著	特價 230 元
12. 海底魔術師	（精）	江戶川亂步著	特價 230 元
13. 黃金豹	（精）	江戶川亂步著	特價 230 元
14. 魔法博士	（精）	江戶川亂步著	特價 230 元
15. 馬戲怪人	（精）	江戶川亂步著	特價 230 元
16. 魔人銅鑼	（精）	江戶川亂步著	特價 230 元
17. 魔法人偶	（精）	江戶川亂步著	特價 230 元
18. 奇面城的秘密	（精）	江戶川亂步著	特價 230 元
19. 夜光人	（精）	江戶川亂步著	特價 230 元
20. 塔上的魔術師	（精）	江戶川亂步著	特價 230 元
21. 鐵人Q	（精）	江戶川亂步著	特價 230 元
22. 假面恐怖王	（精）	江戶川亂步著	特價 230 元
23. 電人M	（精）	江戶川亂步著	特價 230 元
24. 二十面相的詛咒	（精）	江戶川亂步著	特價 230 元
25. 飛天二十面相	（精）	江戶川亂步著	特價 230 元
26. 黃金怪獸	（精）	江戶川亂步著	特價 230 元

・武術特輯・大展編號 10

1. 陳式太極拳入門	馮志強編著	180 元
2. 武式太極拳	郝少如編著	200 元

3. 中國跆拳道實戰 100 例	岳維傳著	220 元
4. 教門長拳	蕭京凌編著	150 元
5. 跆拳道	蕭京凌編譯	180 元
6. 正傳合氣道	程曉鈴譯	200 元
8. 格鬥空手道	鄭旭旭編著	200 元
9. 實用跆拳道	陳國榮編著	200 元
10. 武術初學指南	李文英、解守德編著	250 元
11. 泰國拳	陳國榮著	180 元
12. 中國式摔跤	黃　斌編著	180 元
13. 太極劍入門	李德印編著	180 元
14. 太極拳運動	運動司編	250 元
15. 太極拳譜	清・王宗岳等著	280 元
16. 散手初學	冷　峰編著	200 元
17. 南拳	朱瑞琪編著	180 元
18. 吳式太極劍	王培生著	200 元
19. 太極拳健身與技擊	王培生著	250 元
20. 秘傳武當八卦掌	狄兆龍著	250 元
21. 太極拳論譚	沈　壽著	250 元
22. 陳式太極拳技擊法	馬　虹著	250 元
23. 二十四式/三十二式太極拳/劍	闞桂香著	180 元
24. 楊式秘傳 129 式太極長拳	張楚全著	280 元
25. 楊式太極拳架詳解	林炳堯著	280 元
26. 華佗五禽劍	劉時榮著	180 元
27. 太極拳基礎講座：基本功與簡化 24 式	李德印著	250 元
28. 武式太極拳精華	薛乃印著	200 元
29. 陳式太極拳拳理闡微	馬　虹著	350 元
30. 陳式太極拳體用全書	馬　虹著	400 元
31. 張三豐太極拳	陳占奎著	200 元
32. 中國太極推手	張　山主編	300 元
33. 48 式太極拳入門	門惠豐編著	220 元
34. 太極拳奇人奇功	嚴翰秀編著	250 元
35. 心意門秘籍	李新民編著	220 元
36. 三才門乾坤戊己功	王培生編著	220 元
37. 武式太極劍精華＋VCD	薛乃印編著	350 元
38. 楊式太極拳	傅鐘文演述	200 元
39. 陳式太極拳、劍 36 式	闞桂香編著	250 元
40. 正宗武式太極拳	薛乃印著	220 元
41. 杜元化<太極拳正宗>考析	王海洲等著	300 元
42. <珍貴版>陳式太極拳	沈家楨著	280 元
43. 24 式太極拳＋VCD	中國國家體育總局著	350 元
44. 太極推手絕技	安在峰編著	250 元
45. 孫祿堂武學錄	孫祿堂著	300 元
46. <珍貴本>陳式太極拳精選	馮志強著	280 元
47. 武當趙堡太極拳小架	鄭悟清傳授	250 元

48. 太極拳習練知識問答	邱丕相主編	220 元
49. 八法拳 八法槍	武世俊著	220 元
50. 地趟拳＋VCD	張憲政著	350 元
51. 四十八式太極拳＋VCD	楊 靜演示	400 元
52. 三十二式太極劍＋VCD	楊 靜演示	300 元
53. 隨曲就伸 中國太極拳名家對話錄	余功保著	300 元
54. 陳式太極拳五功八法十三勢	鬫桂香著	200 元
55. 六合螳螂拳	劉敬儒等著	280 元
56. 古本新探華佗五禽戲	劉時榮編著	180 元
57. 陳式太極拳養生功＋VCD	陳正雷著	350 元
58. 中國循經太極拳二十四式教程	李兆生著	300 元
59. ＜珍貴本＞太極拳研究	唐豪・顧留馨著	250 元
60. 武當三豐太極拳	劉嗣傳著	300 元
61. 楊式太極拳體用圖解	崔仲三編著	400 元
62. 太極十三刀	張耀忠編著	230 元
63. 和式太極拳譜＋VCD	和有祿編著	450 元
64. 太極內功養生術	關永年著	300 元
65. 養生太極推手	黃康輝編著	280 元
66. 太極推手祕傳	安在峰編著	300 元
67. 楊少侯太極拳用架真詮	李璉編著	280 元
68. 細說陰陽相濟的太極拳	林冠澄著	350 元
69. 太極內功解祕	祝大彤編著	280 元

・彩色圖解太極武術・大展編號 102

1. 太極功夫扇	李德印編著	220 元
2. 武當太極劍	李德印編著	220 元
3. 楊式太極劍	李德印編著	220 元
4. 楊式太極刀	王志遠著	220 元
5. 二十四式太極拳（楊式）＋VCD	李德印編著	350 元
6. 三十二式太極劍（楊式）＋VCD	李德印編著	350 元
7. 四十二式太極劍＋VCD	李德印編著	350 元
8. 四十二式太極拳＋VCD	李德印編著	350 元
9. 16 式太極拳 18 式太極劍＋VCD	崔仲三著	350 元
10. 楊氏 28 式太極拳＋VCD	趙幼斌著	350 元
11. 楊式太極拳 40 式＋VCD	宗維潔編著	350 元
12. 陳式太極拳 56 式＋VCD	黃康輝等著	350 元
13. 吳式太極拳 45 式＋VCD	宗維潔編著	350 元
14. 精簡陳式太極拳 8 式、16 式	黃康輝編著	220 元
15. 精簡吳式太極拳<36 式拳架・推手>	柳恩久主編	220 元
16. 夕陽美功夫扇	李德印著	220 元
17. 綜合 48 式太極拳＋VCD	竺玉明編著	350 元
18. 32 式太極拳（四段）	宗維潔演示	220 元

・國際武術競賽套路・大展編號 103

1.	長拳	李巧玲執筆	220 元
2.	劍術	程慧琨執筆	220 元
3.	刀術	劉同為執筆	220 元
4.	槍術	張躍寧執筆	220 元
5.	棍術	殷玉柱執筆	220 元

・簡化太極拳・大展編號 104

1.	陳式太極拳十三式	陳正雷編著	200 元
2.	楊式太極拳十三式	楊振鐸編著	200 元
3.	吳式太極拳十三式	李秉慈編著	200 元
4.	武式太極拳十三式	喬松茂編著	200 元
5.	孫式太極拳十三式	孫劍雲編著	200 元
6.	趙堡太極拳十三式	王海洲編著	200 元

・導引養生功・大展編號 105

1.	疏筋壯骨功＋VCD	張廣德著	350 元
2.	導引保建功＋VCD	張廣德著	350 元
3.	頤身九段錦＋VCD	張廣德著	350 元
4.	九九還童功＋VCD	張廣德著	350 元
5.	舒心平血功＋VCD	張廣德著	350 元
6.	益氣養肺功＋VCD	張廣德著	350 元
7.	養生太極扇＋VCD	張廣德著	350 元
8.	養生太極棒＋VCD	張廣德著	350 元
9.	導引養生形體詩韻＋VCD	張廣德著	350 元
10.	四十九式經絡動功＋VCD	張廣德著	350 元

・中國當代太極拳名家名著・大展編號 106

1.	李德印太極拳規範教程	李德印著	550 元
2.	王培生吳式太極拳詮真	王培生著	500 元
3.	喬松茂武式太極拳詮真	喬松茂著	450 元
4.	孫劍雲孫式太極拳詮真	孫劍雲著	350 元
5.	王海洲趙堡太極拳詮真	王海洲著	500 元
6.	鄭琛太極拳道詮真	鄭琛著	450 元

・古代健身功法・大展編號 107

1.	練功十八法	蕭凌編著	200 元
2.	十段錦運動	劉時榮編著	180 元

3.	二十八式長壽健身操	劉時榮著	180 元
4.	簡易太極拳健身功	王建華著	200 元

・名師出高徒・大展編號 111

1.	武術基本功與基本動作	劉玉萍編著	200 元
2.	長拳入門與精進	吳彬等著	220 元
3.	劍術刀術入門與精進	楊柏龍等著	220 元
4.	棍術、槍術入門與精進	邱丕相編著	220 元
5.	南拳入門與精進	朱瑞琪編著	220 元
6.	散手入門與精進	張山等著	220 元
7.	太極拳入門與精進	李德印編著	280 元
8.	太極推手入門與精進	田金龍編著	220 元

・實用武術技擊・大展編號 112

1.	實用自衛拳法	溫佐惠著	250 元
2.	搏擊術精選	陳清山等著	220 元
3.	秘傳防身絕技	程崑彬著	230 元
4.	振藩截拳道入門	陳琦平著	220 元
5.	實用擒拿法	韓建中著	220 元
6.	擒拿反擒拿 88 法	韓建中著	250 元
7.	武當秘門技擊術入門篇	高翔著	250 元
8.	武當秘門技擊術絕技篇	高翔著	250 元
9.	太極拳實用技擊法	武世俊著	220 元
10.	奪凶器基本技法	韓建中著	220 元

・中國武術規定套路・大展編號 113

1.	螳螂拳	中國武術系列	300 元
2.	劈掛拳	規定套路編寫組	300 元
3.	八極拳	國家體育總局	250 元
4.	木蘭拳	國家體育總局	230 元

・中華傳統武術・大展編號 114

1.	中華古今兵械圖考	裴錫榮主編	280 元
2.	武當劍	陳湘陵編著	200 元
3.	梁派八卦掌（老八掌）	李子鳴遺著	220 元
4.	少林 72 藝與武當 36 功	裴錫榮主編	230 元
5.	三十六把擒拿	佐藤金兵衛主編	200 元
6.	武當太極拳與盤手 20 法	裴錫榮主編	220 元

・少林功夫・大展編號 115

1.	少林打擂秘訣	德虔、素法編著	300 元
2.	少林三大名拳 炮拳、大洪拳、六合拳	門惠豐等著	200 元
3.	少林三絕 氣功、點穴、擒拿	德虔編著	300 元
4.	少林怪兵器秘傳	素法等著	250 元
5.	少林護身暗器秘傳	素法等著	220 元
6.	少林金剛硬氣功	楊維編著	250 元
7.	少林棍法大全	德虔、素法編著	250 元
8.	少林看家拳	德虔、素法編著	250 元
9.	少林正宗七十二藝	德虔、素法編著	280 元
10.	少林瘋魔棍闡宗	馬德著	250 元
11.	少林正宗太祖拳法	高翔著	280 元
12.	少林拳技擊入門	劉世君編著	220 元
13.	少林十路鎮山拳	吳景川主編	300 元
14.	少林氣功秘集	釋德虔編著	220 元
15.	少林十大武藝	吳景川主編	450 元

・迷蹤拳系列・大展編號 116

1.	迷蹤拳（一）+VCD	李玉川編著	350 元
2.	迷蹤拳（二）+VCD	李玉川編著	350 元
3.	迷蹤拳（三）	李玉川編著	250 元
4.	迷蹤拳（四）+VCD	李玉川編著	580 元
5.	迷蹤拳（五）	李玉川編著	250 元

・原地太極拳系列・大展編號 11

1.	原地綜合太極拳 24 式	胡啟賢創編	220 元
2.	原地活步太極拳 42 式	胡啟賢創編	200 元
3.	原地簡化太極拳 24 式	胡啟賢創編	200 元
4.	原地太極拳 12 式	胡啟賢創編	200 元
5.	原地青少年太極拳 22 式	胡啟賢創編	220 元

・道學文化・大展編號 12

1.	道在養生：道教長壽術	郝勤等著	250 元
2.	龍虎丹道：道教內丹術	郝勤著	300 元
3.	天上人間：道教神仙譜系	黃德海著	250 元
4.	步罡踏斗：道教祭禮儀典	張澤洪著	250 元
5.	道醫窺秘：道教醫學康復術	王慶餘等著	250 元
6.	勸善成仙：道教生命倫理	李剛著	250 元
7.	洞天福地：道教宮觀勝境	沙銘壽著	250 元
8.	青詞碧簫：道教文學藝術	楊光文等著	250 元

9.	沈博絕麗：道教格言精粹	朱耕發等著	250 元

・易 學 智 慧・大展編號 122

1.	易學與管理	余敦康主編	250 元
2.	易學與養生	劉長林等著	300 元
3.	易學與美學	劉綱紀等著	300 元
4.	易學與科技	董光壁著	280 元
5.	易學與建築	韓增祿著	280 元
6.	易學源流	鄭萬耕著	280 元
7.	易學的思維	傅雲龍等著	250 元
8.	周易與易圖	李申著	250 元
9.	中國佛教與周易	王仲堯著	350 元
10.	易學與儒學	任俊華著	350 元
11.	易學與道教符號揭秘	詹石窗著	350 元
12.	易傳通論	王博著	250 元
13.	談古論今說周易	龐鈺龍著	280 元
14.	易學與史學	吳懷祺著	230 元
15.	易學與天文	盧央著	230 元
16.	易學與生態環境	楊文衡著	230 元
17.	易學與中國傳統醫學	蕭漢民著	280 元

・神 算 大 師・大展編號 123

1.	劉伯溫神算兵法	應涵編著	280 元
2.	姜太公神算兵法	應涵編著	280 元
3.	鬼谷子神算兵法	應涵編著	280 元
4.	諸葛亮神算兵法	應涵編著	280 元

・鑑 往 知 來・大展編號 124

1.	《三國志》給現代人的啟示	陳羲主編	220 元
2.	《史記》給現代人的啟示	陳羲主編	220 元
3.	《論語》給現代人的啟示	陳羲主編	220 元

・秘傳占卜系列・大展編號 14

1.	手相術	淺野八郎著	180 元
2.	人相術	淺野八郎著	180 元
3.	西洋占星術	淺野八郎著	180 元
4.	中國神奇占卜	淺野八郎著	150 元
5.	夢判斷	淺野八郎著	150 元
7.	法國式血型學	淺野八郎著	150 元
8.	靈感、符咒學	淺野八郎著	150 元

9.	紙牌占卜術	淺野八郎著	150 元
10.	ESP 超能力占卜	淺野八郎著	150 元
11.	猶太數的秘術	淺野八郎著	150 元
13.	塔羅牌預言秘法	淺野八郎著	200 元

・趣味心理講座・大展編號 15

1.	性格測驗（1） 探索男與女	淺野八郎著	140 元
2.	性格測驗（2） 透視人心奧秘	淺野八郎著	140 元
3.	性格測驗（3） 發現陌生的自己	淺野八郎著	140 元
4.	性格測驗（4） 發現你的真面目	淺野八郎著	140 元
5.	性格測驗（5） 讓你們吃驚	淺野八郎著	140 元
6.	性格測驗（6） 洞穿心理盲點	淺野八郎著	140 元
7.	性格測驗（7） 探索對方心理	淺野八郎著	140 元
8.	性格測驗（8） 由吃認識自己	淺野八郎著	160 元
9.	性格測驗（9） 戀愛知多少	淺野八郎著	160 元
10.	性格測驗（10）由裝扮瞭解人心	淺野八郎著	160 元
11.	性格測驗（11）敲開內心玄機	淺野八郎著	140 元
12.	性格測驗（12）透視你的未來	淺野八郎著	160 元
13.	血型與你的一生	淺野八郎著	160 元
14.	趣味推理遊戲	淺野八郎著	160 元
15.	行為語言解析	淺野八郎著	160 元

・婦 幼 天 地・大展編號 16

1.	八萬人減肥成果	黃靜香譯	180 元
2.	三分鐘減肥體操	楊鴻儒譯	150 元
3.	窈窕淑女美髮秘訣	柯素娥譯	130 元
4.	使妳更迷人	成 玉譯	130 元
5.	女性的更年期	官舒妍編譯	160 元
6.	胎內育兒法	李玉瓊編譯	150 元
7.	早產兒袋鼠式護理	唐岱蘭譯	200 元
9.	初次育兒 12 個月	婦幼天地編譯組	180 元
10.	斷乳食與幼兒食	婦幼天地編譯組	180 元
11.	培養幼兒能力與性向	婦幼天地編譯組	180 元
12.	培養幼兒創造力的玩具與遊戲	婦幼天地編譯組	180 元
13.	幼兒的症狀與疾病	婦幼天地編譯組	180 元
14.	腿部苗條健美法	婦幼天地編譯組	180 元
15.	女性腰痛別忽視	婦幼天地編譯組	150 元
16.	舒展身心體操術	李玉瓊編譯	130 元
17.	三分鐘臉部體操	趙薇妮著	160 元
18.	生動的笑容表情術	趙薇妮著	160 元
19.	心曠神怡減肥法	川津祐介著	130 元
20.	內衣使妳更美麗	陳玄茹譯	130 元

21. 瑜伽美姿美容	黃靜香編著	180 元
22. 高雅女性裝扮學	陳珮玲譯	180 元
23. 蠶糞肌膚美顏法	梨秀子著	160 元
24. 認識妳的身體	李玉瓊譯	160 元
25. 產後恢復苗條體態	居理安・芙萊喬著	200 元
26. 正確護髮美容法	山崎伊久江著	180 元
27. 安琪拉美姿養生學	安琪拉蘭斯博瑞著	180 元
28. 女體性醫學剖析	增田豐著	220 元
29. 懷孕與生產剖析	岡部綾子著	180 元
30. 斷奶後的健康育兒	東城百合子著	220 元
31. 引出孩子幹勁的責罵藝術	多湖輝著	170 元
32. 培養孩子獨立的藝術	多湖輝著	170 元
33. 子宮肌瘤與卵巢囊腫	陳秀琳編著	180 元
34. 下半身減肥法	納他夏・史達賓著	180 元
35. 女性自然美容法	吳雅菁編著	180 元
36. 再也不發胖	池園悅太郎著	170 元
37. 生男生女控制術	中垣勝裕著	220 元
38. 使妳的肌膚更亮麗	楊　皓編著	170 元
39. 臉部輪廓變美	芝崎義夫著	180 元
40. 斑點、皺紋自己治療	高須克彌著	180 元
41. 面皰自己治療	伊藤雄康著	180 元
42. 隨心所欲瘦身冥想法	原久子著	180 元
43. 胎兒革命	鈴木丈織著	180 元
44. NS 磁氣平衡法塑造窈窕奇蹟	古屋和江著	180 元
45. 享瘦從腳開始	山田陽子著	180 元
46. 小改變瘦 4 公斤	宮本裕子著	180 元
47. 軟管減肥瘦身	高橋輝男著	180 元
48. 海藻精神秘美容法	劉名揚編著	180 元
49. 肌膚保養與脫毛	鈴木真理著	180 元
50. 10 天減肥 3 公斤	彤雲編輯組	180 元
51. 穿出自己的品味	西村玲子著	280 元
52. 小孩髮型設計	李芳黛譯	250 元

・青　春　天　地・大展編號 17

1. A 血型與星座	柯素娥編譯	160 元
2. B 血型與星座	柯素娥編譯	160 元
3. O 血型與星座	柯素娥編譯	160 元
4. AB 血型與星座	柯素娥編譯	120 元
5. 青春期性教室	呂貴嵐編譯	130 元
9. 小論文寫作秘訣	林顯茂編譯	120 元
11. 中學生野外遊戲	熊谷康編著	120 元
12. 恐怖極短篇	柯素娥編譯	130 元
13. 恐怖夜話	小毛驢編譯	130 元

14. 恐怖幽默短篇	小毛驢編譯	120 元
15. 黑色幽默短篇	小毛驢編譯	120 元
16. 靈異怪談	小毛驢編譯	130 元
17. 錯覺遊戲	小毛驢編著	130 元
18. 整人遊戲	小毛驢編著	150 元
19. 有趣的超常識	柯素娥編譯	130 元
20. 哦！原來如此	林慶旺編譯	130 元
21. 趣味競賽 100 種	劉名揚編譯	120 元
22. 數學謎題入門	宋釗宜編譯	150 元
23. 數學謎題解析	宋釗宜編譯	150 元
24. 透視男女心理	林慶旺編譯	120 元
25. 少女情懷的自白	李桂蘭編譯	120 元
26. 由兄弟姊妹看命運	李玉瓊編譯	130 元
27. 趣味的科學魔術	林慶旺編譯	150 元
28. 趣味的心理實驗室	李燕玲編譯	150 元
29. 愛與性心理測驗	小毛驢編譯	130 元
30. 刑案推理解謎	小毛驢編譯	180 元
31. 偵探常識推理	小毛驢編譯	180 元
32. 偵探常識解謎	小毛驢編譯	130 元
33. 偵探推理遊戲	小毛驢編譯	180 元
34. 趣味的超魔術	廖玉山編著	150 元
35. 趣味的珍奇發明	柯素娥編著	150 元
36. 登山用具與技巧	陳瑞菊編著	150 元
37. 性的漫談	蘇燕謀編著	180 元
38. 無的漫談	蘇燕謀編著	180 元
39. 黑色漫談	蘇燕謀編著	180 元
40. 白色漫談	蘇燕謀編著	180 元

・健 康 天 地・大展編號 18

1. 壓力的預防與治療	柯素娥編譯	130 元
2. 超科學氣的魔力	柯素娥編譯	130 元
3. 尿療法治病的神奇	中尾良一著	130 元
4. 鐵證如山的尿療法奇蹟	廖玉山譯	120 元
5. 一日斷食健康法	葉慈容編譯	150 元
6. 胃部強健法	陳炳崑譯	120 元
7. 癌症早期檢查法	廖松濤譯	160 元
8. 老人痴呆症防止法	柯素娥編譯	170 元
9. 松葉汁健康飲料	陳麗芬編譯	150 元
10. 揉肚臍健康法	永井秋夫著	150 元
11. 過勞死、猝死的預防	卓秀貞編譯	130 元
12. 高血壓治療與飲食	藤山順豐著	180 元
13. 老人看護指南	柯素娥編譯	150 元
14. 美容外科淺談	楊啟宏著	150 元

15. 美容外科新境界	楊啟宏著	150 元
16. 鹽是天然的醫生	西英司郎著	140 元
17. 年輕十歲不是夢	梁瑞麟譯	200 元
18. 茶料理治百病	桑野和民著	180 元
20. 杜仲茶養顏減肥法	西田博著	170 元
21. 蜂膠驚人療效	瀨長良三郎著	180 元
22. 蜂膠治百病	瀨長良三郎著	180 元
23. 醫藥與生活	鄭炳全著	180 元
24. 鈣長生寶典	落合敏著	180 元
25. 大蒜長生寶典	木下繁太郎著	160 元
26. 居家自我健康檢查	石川恭三著	160 元
27. 永恆的健康人生	李秀鈴譯	200 元
28. 大豆卵磷脂長生寶典	劉雪卿譯	150 元
29. 芳香療法	梁艾琳譯	160 元
30. 醋長生寶典	柯素娥譯	180 元
31. 從星座透視健康	席拉・吉蒂斯著	180 元
32. 愉悅自在保健學	野本二士夫著	160 元
33. 裸睡健康法	丸山淳士等著	160 元
35. 維他命長生寶典	菅原明子著	180 元
36. 維他命 C 新效果	鐘文訓編	150 元
37. 手、腳病理按摩	堤芳朗著	160 元
38. AIDS 瞭解與預防	彼得塔歇爾著	180 元
39. 甲殼質殼聚糖健康法	沈永嘉譯	160 元
40. 神經痛預防與治療	木下真男著	160 元
41. 室內身體鍛鍊法	陳炳崑編著	160 元
42. 吃出健康藥膳	劉大器編著	180 元
43. 自我指壓術	蘇燕謀編著	160 元
44. 紅蘿蔔汁斷食療法	李玉瓊編著	150 元
45. 洗心術健康秘法	竺翠萍編譯	170 元
46. 枇杷葉健康療法	柯素娥編譯	180 元
47. 抗衰血癒	楊啟宏著	180 元
48. 與癌搏鬥記	逸見政孝著	180 元
49. 冬蟲夏草長生寶典	高橋義博著	170 元
50. 痔瘡・大腸疾病先端療法	宮島伸宜著	180 元
51. 膠布治癒頑固慢性病	加瀨建造著	180 元
52. 芝麻神奇健康法	小林貞作著	170 元
53. 香煙能防止癡呆？	高田明和著	180 元
54. 穀菜食治癌療法	佐藤成志著	180 元
55. 貼藥健康法	松原英多著	180 元
56. 克服癌症調和道呼吸法	帶津良一著	180 元
58. 青春永駐養生導引術	早島正雄著	180 元
59. 改變呼吸法創造健康	原久子著	180 元
60. 荷爾蒙平衡養生秘訣	出村博著	180 元
61. 水美肌健康法	井戶勝富著	170 元

62.	認識食物掌握健康	廖梅珠編著	170元
64.	酸莖菌驚人療效	上田明彥著	180元
65.	大豆卵磷脂治現代病	神津健一著	200元
66.	時辰療法—危險時刻凌晨4時	呂建強等著	180元
67.	自然治癒力提升法	帶津良一著	180元
68.	巧妙的氣保健法	藤平墨子著	180元
69.	治癒C型肝炎	熊田博光著	180元
70.	肝臟病預防與治療	劉名揚編著	180元
71.	腰痛平衡療法	荒井政信著	180元
72.	根治多汗症、狐臭	稻葉益巳著	220元
73.	40歲以後的骨質疏鬆症	沈永嘉譯	180元
74.	認識中藥	松下一成著	180元
75.	認識氣的科學	佐佐木茂美著	180元
76.	我戰勝了癌症	安田伸著	180元
77.	斑點是身心的危險信號	中野進著	180元
78.	艾波拉病毒大震撼	玉川重德著	180元
79.	重新還我黑髮	桑名隆一郎著	180元
80.	身體節律與健康	林博史著	180元
81.	生薑治萬病	石原結實著	180元
83.	木炭驚人的威力	大槻彰著	200元
84.	認識活性氧	井土貴司著	180元
85.	深海鮫治百病	廖玉山編著	180元
86.	神奇的蜂王乳	井上丹治著	180元
87.	卡拉OK健腦法	東潔著	180元
88.	卡拉OK健康法	福田伴男著	180元
89.	醫藥與生活（二）	鄭炳全著	200元
91.	年輕10歲快步健康法	石塚忠雄著	180元
92.	石榴的驚人神效	岡本順子著	180元
93.	飲料健康法	白鳥早奈英著	180元
94.	健康棒體操	劉名揚編譯	180元
95.	催眠健康法	蕭京凌編著	180元
96.	鬱金（美王）治百病	水野修一著	180元
97.	醫藥與生活（三）	鄭炳全著	200元

・實用女性學講座・大展編號19

1.	解讀女性內心世界	島田一男著	150元
2.	塑造成熟的女性	島田一男著	150元
3.	女性整體裝扮學	黃靜香編著	180元
4.	女性應對禮儀	黃靜香編著	180元
5.	女性婚前必修	小野十傳著	200元
6.	徹底瞭解女人	田口二州著	180元
7.	拆穿女性謊言88招	島田一男著	200元
8.	解讀女人心	島田一男著	200元

9. 俘獲女性絕招	志賀貢著	200 元
10. 愛情的壓力解套	中村理英子著	200 元
11. 妳是人見人愛的女孩	廖松濤編著	200 元

・校 園 系 列・大展編號 20

1. 讀書集中術	多湖輝著	180 元
2. 應考的訣竅	多湖輝著	150 元
3. 輕鬆讀書贏得聯考	多湖輝著	180 元
4. 讀書記憶秘訣	多湖輝著	180 元
5. 視力恢復！超速讀術	江錦雲譯	180 元
6. 讀書 36 計	黃柏松編著	180 元
7. 驚人的速讀術	鐘文訓編著	170 元
8. 學生課業輔導良方	多湖輝著	180 元
9. 超速讀超記憶法	廖松濤編著	180 元
10. 速算解題技巧	宋釗宜編著	200 元
11. 看圖學英文	陳炳崑編著	200 元
12. 讓孩子最喜歡數學	沈永嘉譯	180 元
13. 催眠記憶術	林碧清譯	180 元
14. 催眠速讀術	林碧清譯	180 元
15. 數學式思考學習法	劉淑錦譯	200 元
16. 考試憑要領	劉孝暉著	180 元
17. 事半功倍讀書法	王毅希著	200 元
18. 超金榜題名術	陳蒼杰譯	200 元
19. 靈活記憶術	林耀慶編著	180 元
20. 數學增強要領	江修楨編著	180 元
21. 使頭腦靈活的數學	逢澤明著	200 元
22. 難解數學破題	宋釗宜著	200 元

・實用心理學講座・大展編號 21

1. 拆穿欺騙伎倆	多湖輝著	140 元
2. 創造好構想	多湖輝著	140 元
3. 面對面心理術	多湖輝著	160 元
4. 偽裝心理術	多湖輝著	140 元
5. 透視人性弱點	多湖輝著	180 元
6. 自我表現術	多湖輝著	180 元
7. 不可思議的人性心理	多湖輝著	180 元
8. 催眠術入門	多湖輝著	180 元
9. 責罵部屬的藝術	多湖輝著	150 元
10. 精神力	多湖輝著	150 元
11. 厚黑說服術	多湖輝著	150 元
12. 集中力	多湖輝著	150 元
13. 構想力	多湖輝著	150 元

14. 深層心理術	多湖輝著	160 元
15. 深層語言術	多湖輝著	160 元
16. 深層說服術	多湖輝著	180 元
17. 掌握潛在心理	多湖輝著	160 元
18. 洞悉心理陷阱	多湖輝著	180 元
19. 解讀金錢心理	多湖輝著	180 元
20. 拆穿語言圈套	多湖輝著	180 元
21. 語言的內心玄機	多湖輝著	180 元
22. 積極力	多湖輝著	180 元

・超現實心靈講座・大展編號 22

1. 超意識覺醒法	詹蔚芬編譯	130 元
2. 護摩秘法與人生	劉名揚編譯	130 元
3. 秘法！超級仙術入門	陸明譯	150 元
4. 給地球人的訊息	柯素娥編著	150 元
5. 密教的神通力	劉名揚編著	130 元
6. 神秘奇妙的世界	平川陽一著	200 元
7. 地球文明的超革命	吳秋嬌譯	200 元
8. 力量石的秘密	吳秋嬌譯	180 元
9. 超能力的靈異世界	馬小莉譯	200 元
10. 逃離地球毀滅的命運	吳秋嬌譯	200 元
11. 宇宙與地球終結之謎	南山宏著	200 元
12. 驚世奇功揭秘	傅起鳳著	200 元
13. 啟發身心潛力心象訓練法	栗田昌裕著	180 元
14. 仙道術遁甲法	高藤聰一郎著	220 元
15. 神通力的秘密	中岡俊哉著	180 元
16. 仙人成仙術	高藤聰一郎著	200 元
17. 仙道符咒氣功法	高藤聰一郎著	220 元
18. 仙道風水術尋龍法	高藤聰一郎著	200 元
19. 仙道奇蹟超幻像	高藤聰一郎著	200 元
20. 仙道鍊金術房中法	高藤聰一郎著	200 元
21. 奇蹟超醫療治癒難病	深野一幸著	220 元
22. 揭開月球的神秘力量	超科學研究會	180 元
23. 秘傳！西藏密教奧義	高藤聰一郎著	250 元
24. 改變你的夢術入門	高藤聰一郎著	250 元
25. 21 世紀拯救地球超技術	深野一幸著	250 元

・養 生 保 健・大展編號 23

1. 醫療養生氣功	黃孝寬著	250 元
2. 中國氣功圖譜	余功保著	250 元
3. 少林醫療氣功精粹	井玉蘭著	250 元
4. 龍形實用氣功	吳大才等著	220 元

5. 魚戲增視強身氣功	宮 嬰著	220 元
7. 道家玄牝氣功	張 章著	200 元
8. 仙家秘傳袪病功	李遠國著	160 元
9. 少林十大健身功	秦慶豐著	180 元
10. 中國自控氣功	張明武著	250 元
11. 醫療防癌氣功	黃孝寬著	250 元
12. 醫療強身氣功	黃孝寬著	250 元
13. 醫療點穴氣功	黃孝寬著	250 元
14. 中國八卦如意功	趙維漢著	180 元
15. 正宗馬禮堂養氣功	馬禮堂著	420 元
16. 秘傳道家筋經內丹功	王慶餘著	300 元
17. 三元開慧功	辛桂林著	250 元
18. 防癌治癌新氣功	郭 林著	180 元
19. 禪定與佛家氣功修煉	劉天君著	200 元
20. 顛倒之術	梅自強著	360 元
21. 簡明氣功辭典	吳家駿編	360 元
22. 八卦三合功	張全亮著	230 元
23. 朱砂掌健身養生功	楊永著	250 元
24. 抗老功	陳九鶴著	230 元
25. 意氣按穴排濁自療法	黃啟運編著	250 元
26. 陳式太極拳養生功	陳正雷著	200 元
27. 健身祛病小功法	王培生著	200 元
28. 張式太極混元功	張春銘著	250 元
29. 中國璇密功	羅琴編著	250 元
30. 中國少林禪密功	齊飛龍著	200 元
31. 郭林新氣功	郭林新氣功研究所	400 元
32. 太極 八卦之源與健身養生	鄭志鴻等著	280 元
33. 現代原始氣功<1>	林始原著	400 元

・社會人智囊・大展編號 24

1. 糾紛談判術	清水增三著	160 元
2. 創造關鍵術	淺野八郎著	150 元
3. 觀人術	淺野八郎著	200 元
4. 應急詭辯術	廖英迪編著	160 元
5. 天才家學習術	木原武一著	160 元
6. 貓型狗式鑑人術	淺野八郎著	180 元
7. 逆轉運掌握術	淺野八郎著	180 元
8. 人際圓融術	澀谷昌三著	160 元
9. 解讀人心術	淺野八郎著	180 元
10. 與上司水乳交融術	秋元隆司著	180 元
11. 男女心態定律	小田晉著	180 元
12. 幽默說話術	林振輝編著	200 元
13. 人能信賴幾分	淺野八郎著	180 元

14. 我一定能成功	李玉瓊譯	180 元
15. 獻給青年的嘉言	陳蒼杰譯	180 元
16. 知人、知面、知其心	林振輝編著	180 元
17. 塑造堅強的個性	坂上肇著	180 元
18. 為自己而活	佐藤綾子著	180 元
19. 未來十年與愉快生活有約	船井幸雄著	180 元
20. 超級銷售話術	杜秀卿譯	180 元
21. 感性培育術	黃靜香編著	180 元
22. 公司新鮮人的禮儀規範	蔡媛惠譯	180 元
23. 傑出職員鍛鍊術	佐佐木正著	180 元
24. 面談獲勝戰略	李芳黛譯	180 元
25. 金玉良言撼人心	森純大著	180 元
26. 男女幽默趣典	劉華亭編著	180 元
27. 機智說話術	劉華亭編著	180 元
28. 心理諮商室	柯素娥譯	180 元
29. 如何在公司崢嶸頭角	佐佐木正著	180 元
30. 機智應對術	李玉瓊編著	200 元
31. 克服低潮良方	坂野雄二著	180 元
32. 智慧型說話技巧	沈永嘉編著	180 元
33. 記憶力、集中力增進術	廖松濤編著	180 元
34. 女職員培育術	林慶旺編著	180 元
35. 自我介紹與社交禮儀	柯素娥編著	180 元
36. 積極生活創幸福	田中真澄著	180 元
37. 妙點子超構想	多湖輝著	180 元
38. 說 NO 的技巧	廖玉山編著	180 元
39. 一流說服力	李玉瓊編著	180 元
40. 般若心經成功哲學	陳鴻蘭編著	180 元
41. 訪問推銷術	黃靜香編著	180 元
42. 男性成功秘訣	陳蒼杰編著	180 元
43. 笑容、人際智商	宮川澄子著	180 元
44. 多湖輝的構想工作室	多湖輝著	200 元
45. 名人名語啟示錄	喬家楓著	180 元
46. 口才必勝術	黃柏松編著	220 元
47. 能言善道的說話秘訣	章智冠編著	180 元
48. 改變人心成為贏家	多湖輝著	200 元
49. 說服的ＩＱ	沈永嘉譯	200 元
50. 提升腦力超速讀術	齊藤英治著	200 元
51. 操控對手百戰百勝	多湖輝著	200 元
52. 面試成功戰略	柯素娥編著	200 元
53. 摸透男人心	劉華亭編著	180 元
54. 撼動人心優勢口才	龔伯牧編著	180 元
55. 如何使對方說 yes	程　羲編著	200 元
56. 小道理・美好生活	林政峰編著	180 元
57. 拿破崙智慧箴言	柯素娥編著	200 元

58. 解開第六感之謎	匠英一編著	200 元
59. 讀心術入門	王嘉成編著	180 元
60. 這趟人生怎麼走	李亦盛編著	200 元
61. 這趟人生無限好	李亦盛編著	200 元

・精 選 系 列・大展編號 25

1. 毛澤東與鄧小平	渡邊利夫等著	280 元
2. 中國大崩裂	江戶介雄著	180 元
3. 台灣・亞洲奇蹟	上村幸治著	220 元
4. 7-ELEVEN 高盈收策略	國友隆一著	180 元
5. 台灣獨立（新・中國日本戰爭一）	森詠著	200 元
6. 迷失中國的末路	江戶雄介著	220 元
7. 2000 年 5 月全世界毀滅	紫藤甲子男著	180 元
8. 失去鄧小平的中國	小島朋之著	220 元
9. 世界史爭議性異人傳	桐生操著	200 元
10. 淨化心靈享人生	松濤弘道著	220 元
11. 人生心情診斷	賴藤和寬著	220 元
12. 中美大決戰	檜山良昭著	220 元
13. 黃昏帝國美國	莊雯琳譯	220 元
14. 兩岸衝突（新・中國日本戰爭二）	森詠著	220 元
15. 封鎖台灣（新・中國日本戰爭三）	森詠著	220 元
16. 中國分裂（新・中國日本戰爭四）	森詠著	220 元
17. 由女變男的我	虎井正衛著	200 元
18. 佛學的安心立命	松濤弘道著	220 元
19. 世界喪禮大觀	松濤弘道著	280 元
20. 中國內戰（新・中國日本戰爭五）	森詠著	220 元
21. 台灣內亂（新・中國日本戰爭六）	森詠著	220 元
22. 琉球戰爭①（新・中國日本戰爭七）	森詠著	220 元
23. 琉球戰爭②（新・中國日本戰爭八）	森詠著	220 元
24. 台海戰爭（新・中國日本戰爭九）	森詠著	220 元
25. 美中開戰（新・中國日本戰爭十）	森詠著	220 元
26. 東海戰爭①（新・中國日本戰爭十一）	森詠著	220 元
27. 東海戰爭②（新・中國日本戰爭十二）	森詠著	220 元

・運 動 遊 戲・大展編號 26

1. 雙人運動	李玉瓊譯	160 元
2. 愉快的跳繩運動	廖玉山譯	180 元
3. 運動會項目精選	王佑京譯	150 元
4. 肋木運動	廖玉山譯	150 元
5. 測力運動	王佑宗譯	150 元
6. 游泳入門	唐桂萍編著	200 元
7. 帆板衝浪	王勝利譯	300 元

8. 蛙泳七日通	溫仲華編著	180 元
9. 中老年人游泳指導	溫仲華著	180 元
10. 爬泳(自由式)技術與練習	吳河海著	180 元
11. 仰泳技術與練習	吳河海著	180 元
12. 蝶泳技術與練習	吳河海著	180 元
19. 直排輪休閒與競技	劉仁輝編著	220 元
20. 乒乓球發球與接發球	張良西著	200 元
21. 乒乓球雙打	李浩松著	180 元
22. 乒乓球削球	王蒲主編	220 元
23. 乒乓球打法與戰術	岳海鵬編著	220 元
24. 乒乓球步法的技巧	張博著	220 元

・運動精進叢書・大展編號 261

1. 怎樣跑得快	沈信生主編	200 元
2. 怎樣投得遠	沈信生主編	180 元
3. 怎樣跳得遠	沈信生主編	180 元
4. 怎樣跳得高	沈信生主編	180 元
5. 高爾夫揮桿原理	耿玉東編著	220 元
6. 網球技巧圖解	宋強編著	220 元
7. 排球技巧圖解	鍾秉樞主編	230 元
8. 沙灘排球技巧圖解	鍾秉樞主編	230 元

・休 閒 娛 樂・大展編號 27

1. 海水魚飼養法	田中智浩著	300 元
2. 金魚飼養法	曾雪玫譯	250 元
3. 熱門海水魚	毛利匡明著	480 元
4. 愛犬的教養與訓練	池田好雄著	250 元
5. 狗教養與疾病	杉浦哲著	220 元
6. 小動物養育技巧	三上昇著	300 元
7. 水草選擇、培育、消遣	安齊裕司著	300 元
8. 四季釣魚法	釣朋會著	200 元
9. 簡易釣魚入門	張果馨譯	200 元
10. 防波堤釣入門	張果馨譯	220 元
11. 透析愛犬習性	沈永嘉譯	200 元
15. 一年花事早知道	劉宏濤編著	280 元
16. 常見花卉栽培	科學研究所編著	280 元
17. 養花竅門 99 招	劉宏濤編著	220 元
18. 盆花養護 99 招	劉宏濤編著	220 元
19. 盆景養護 83 招	彭春生編著	220 元
20. 園藝植物管理	船越亮二著	220 元
21. 實用家庭菜園ＤＩＹ	孔翔儀著	200 元
22. 住宅修補ＤＩＹ	吉田徹著	200 元

23. 假日木工ＤＩＹ	李久霖譯	200 元
30. 汽車急救ＤＩＹ	陳瑞雄編著	200 元
31. 巴士旅行遊戲	陳羲編著	180 元
32. 測驗你的ＩＱ	蕭京凌編著	180 元
33. 益智數字遊戲	廖玉山編著	180 元
34. 益智腦力激盪	劉筱卉編著	180 元
35. 對人有助益的數字	伸田紀夫著	180 元
40. 撲克牌遊戲與贏牌秘訣	林振輝編著	180 元
41. 撲克牌魔術、算命、遊戲	林振輝編著	180 元
42. 撲克占卜入門	王家成編著	180 元
43. 撲克牌遊戲入門	張欣筑編著	180 元
49. 趣味性史漫談	玄虛叟編著	200 元
50. 兩性幽默	幽默選集編輯組	180 元
51. 異色幽默	幽默選集編輯組	180 元
52. 幽默魔法鏡	玄虛叟編著	180 元
53. 幽默樂透站	玄虛叟編著	180 元
60. 圖解交際舞速成	鐘文訓編著	220 元
70. 亞洲真實恐怖事件	楊鴻儒譯	200 元

・銀髮族智慧學・大展編號 28

1. 銀髮六十樂逍遙	多湖輝著	170 元
2. 人生六十反年輕	多湖輝著	170 元
3. 六十歲的決斷	多湖輝著	170 元
4. 銀髮族健身指南	孫瑞台編著	250 元
5. 退休後的夫妻健康生活	施聖茹譯	200 元

・飲 食 保 健・大展編號 29

1. 自己製作健康茶	大海淳著	220 元
2. 好吃、具藥效茶料理	德永睦子著	220 元
3. 改善慢性病健康藥草茶	吳秋嬌譯	200 元
4. 藥酒與健康果菜汁	成玉編著	250 元
5. 家庭保健養生湯	馬汴梁編著	220 元
6. 降低膽固醇的飲食	早川和志著	200 元
7. 女性癌症的飲食	女子營養大學	280 元
8. 痛風者的飲食	女子營養大學	280 元
9. 貧血者的飲食	女子營養大學	280 元
10. 高脂血症者的飲食	女子營養大學	280 元
11. 男性癌症的飲食	女子營養大學	280 元
12. 過敏者的飲食	女子營養大學	280 元
13. 心臟病的飲食	女子營養大學	280 元
14. 滋陰壯陽的飲食	王增著	220 元
15. 胃、十二指腸潰瘍的飲食	勝健一等著	280 元

國家圖書館出版品預行編目資料

道醫窺秘：道教醫學康復術 / 王慶餘,曠文楠
編著. -- 初版. -- 臺北市：大展，民 89
面；21 公分. --（道學文化；5）

ISBN 957-468-023-1（平裝）
1. 道教 – 修鍊 2. 中國醫學
235　　89010740

四川人民出版社授權中文繁體字版

道醫窺秘：道教醫學康復術　ISBN 957-468-023-1

編 著 者／王慶餘、曠文楠
發 行 人／蔡　森　明
出 版 者／大展出版社有限公司
社　　址／台北市北投區（石牌）致遠一路 2 段 12 巷 1 號
電　　話／(02) 28236031・28236033・28233123
傳　　真／(02) 28272069
郵政劃撥／01669551
網　　址／www.dah-jaan.com.tw
E-mail／service@dah-jaan.com.tw
登 記 證／局版臺業字第 2171 號
承 印 者／高星印刷品行
裝　　訂／建鑫印刷裝訂有限公司
排 版 者／千兵企業有限公司
初版1刷／2000 年（民 89 年） 9 月
初版2刷／2004 年（民 93 年） 8 月
定　價／250 元

大展好書　好書大展
品嘗好書　冠群可期

大展好書　好書大展
品嘗好書　冠群可期